Systematische Musikwissenschaft
und Musikkulturen der Gegenwart

Systematische Musikwissenschaft
und Musikkulturen der Gegenwart

Herausgegeben von Claudia Bullerjahn

Band 1

Felicitas Kukuck als Komponistin von Solo- und Chorliedern

Exemplarische Untersuchungen
zu zeitgeschichtlichem Umfeld
und stilistischen Einflüssen

von

Cordula Sprenger

Tectum Verlag

Zusatzmaterial zu diesem Buch ist unter folgendem Link abrufbar:

https://portal.nomos.de/download/qr/978-3-8288-9756-4/
Sprenger_Felicitas_Kukuck_978-3-8288-9756-4_BeilagenCD.iso

Cordula Sprenger

Felicitas Kukuck als Komponistin von Solo- und Chorliedern.
Exemplarische Untersuchungen zu zeitgeschichtlichem Umfeld
und stilistischen Einflüssen

Systematische Musikwissenschaft
und Musikkulturen der Gegenwart; Band 1

Umschlagabbildung:
Felicitas Kukuck mit ca. 37 Jahren (Foto:Privatbesitz)

ISBN: 978-3-8288-9756-4
© Tectum Verlag Marburg, 2008

Besuchen Sie uns im Internet
www.tectum-verlag.de

Bibliografische Informationen der Deutschen Nationalbibliothek
Die Deutsche Nationalbibliothek verzeichnet diese Publikation in der
Deutschen Nationalbibliografie; detaillierte bibliografische Angaben sind
im Internet über http://dnb.ddb.de abrufbar.

Inhaltsverzeichnis

I. Vorwort der Herausgeberin	9

II. Vorwort und Einleitung	11

III. Felicitas Kukucks Werdegang im zeitgeschichtlichen und sozialen Kontext	17
Werdegang als Komponistin und Musikpädagogin	17
Das Problem der jüdischen Abstammung in antisemitischen Zeiten	26
Felicitas Kukuck: eine Frau im Männerberuf	31

IV. Felicitas Kukuck als Schülerin von Paul Hindemith	41
Kompositionsunterricht bei Paul Hindemith	41
Paul Hindemiths Sicht auf seine Schülerin Felicitas Kukuck	46
Pädagogische Einflüsse	47
Kompositorische Einflüsse	49

V. Die Lied-Komponistin Felicitas Kukuck	55
Werk, Stil und musikalische Einflüsse	55
Bedeutung des Singens für Kukuck	65
Liedästhetik und Überblick über Kukucks Liedschaffen	67

VI. Vorstellung und Analyse ausgewählter Lieder	75
Volkslieder	75
Es führt über den Main eine Brücke von Stein	75

Religiöse Lieder	79
Manchmal kennen wir Gottes Willen	82
Die Ostergeschichte in Liedern	84
Drittes Lied	85
Kinderlieder und Lieder für pädagogische Zwecke	90
Die Sintflut	91
Lied von der Arche Noah	92
Gib dem kleinen Stöffel einen blanken Löffel	95
Das Lamm und die Wolke	96
Songs	99
Sterbelied	100
Lieder zu Hamburg	102
Hamburg, das Tor zur Welt	103
Dichterlieder	107
Storm-Lieder I und Storm-Lieder II	108
Die Nachtigall	109
Meeresstrand	114
Liebeslieder	119
Vier Lieder für Sopran und Klavier nach Texten aus dem Hohelied Salomonis	122
Liebesnacht	125
Lieder zu Krieg und Frieden	130
…und kein Soldat mehr sein. 10 Lieder gegen den Krieg	131
Kriegslied	132
Lieder zum Holocaust	137
Sieben Lieder zu Gedichten von Selma Meerbaum-Eisinger	138
Lied	139

VII. Resümee und Schlusswort   145

VIII. Quellenverzeichnis	153
Primärquellen	153
Sekundärliteratur	155
Websites	157
Tonträger	158
Noten	158
Klangbeispiele	159
IX. Felicitas Kukucks Lebensweg	161
X. Zusammenfassung des Interviews mit Margret Johannsen	165
XI. Lieder-Werkverzeichnis	177
Veröffentlichte Lieder	177
Unveröffentlichte Lieder	195
XII. Abbildungsverzeichnis	207
XIII. Struktur Material-CD-ROM	209
XIV. Register	213

I. Vorwort der Herausgeberin

Mit dem vorliegenden Band stellt sich eine neue Schriftenreihe zur *Systematischen Musikwissenschaft* und zu *Musikkulturen der Gegenwart* vor, zugleich die erste musikwissenschaftliche Reihe, die im *Tectum Verlag* erscheint.

Die Reihe präsentiert Erträge musikwissenschaftlicher Forschung und Ergebnisse wissenschaftlicher Kolloquien, die am *Institut für Musikwissenschaft und Musikpädagogik* der *Justus-Liebig-Universtät Gießen* entstanden sind. Schwerpunkt des musikwissenschaftlichen Studiums an der *Justus-Liebig-Universität Gießen* ist traditionell die Systematische Musikwissenschaft mit ihren Teildisziplinen Musikpsychologie, Musiksoziologie, Musiktheorie und Musikästhetik, jedoch wird den sich ändernden sozialgeschichtlichen, kulturhistorischen und politischen Kontexten von Musik ebenso Beachtung geschenkt. Vermittelt werden sowohl historische, musikanalytische als auch sozialwissenschaftlich-empirische Methoden, um ein problemorientiertes Arbeiten in Kooperationen und Nähe zur Berufspraxis zu ermöglichen. Die Musik der Gegenwart – insbesondere die Gebiete Jugendkulturen, populäre Musik und Medien, aber auch neue Kunstmusik – stehen als Gegenstände ständiger wissenschaftlicher Reflexion und Forschung dabei besonders im Vordergrund und prägen das Profil des Studienganges. Die interdisziplinäre Ausrichtung der Seminare ermöglicht die Einbindung in den gesamtkulturellen Kontext und die Einbeziehung des aktuellen Forschungsstands anderer Disziplinen.

Die Reihe bietet in sich abgeschlossene Beiträge zu allen Erscheinungsformen von Musik und musikkulturellem Leben und problematisiert diese unter musikwissenschaftlichem Schwerpunkt.

Bei dem vorliegenden Band, der aus einer Magisterarbeit hervorging, handelt es sich um die erste veröffentlichte Monografie zu der heute fast vergessenen Komponistin Felicitas Kukuck. Bemerkenswert war diese Frau in vielerlei Hinsicht: Als Schülerin von Paul Hindemith und jüdischstämmige Komponistin überlebte sie die Zeit des Nationalsozialismus in Deutschland bemerkenswert unbehelligt und konnte sich in der Nachkriegszeit besonders durch ihre publizierten Werke im Bereich der Gebrauchs- und Laienmusik unbesehen ihres Geschlechts Achtung verschaffen.

Erstmalig erfährt Felicitas Kukucks Nachlass eine wissenschaftliche Berücksichtigung. Detaillierte Analysen ausgewählter, teils unveröffentlichter Lieder belegen Kukucks Vielfältigkeit in diesem Schaffensbereich. Ein ausführliches Interview mit Margret Johannsen, einer Tochter der Komponistin, gewährleistet eine möglichst große historische Genauigkeit und biografische Nähe zur Person der Komponistin. Die beiliegende CD-ROM mit dem vollständigen Interview, Noten, Klangbeispielen und diversen Dokumenten lädt zum Stöbern ein und lässt den wissenschaftlichen Gegenstand lebendig werden. Dank geht an dieser Stelle an die Lektorin des *Tectum Verlags*, Frau Christina Sieg, für die angenehme Zusammenarbeit.

Möge dem ersten Band dieser neuen Reihe eine angemessen große Leserschaft beschieden sein, die zugleich neugierig gemacht werde für weitere Bände.

Gießen, im August 2008

Claudia Bullerjahn

II. Vorwort und Einleitung

Die im Jahr 2001 verstorbene deutsche Komponistin Felicitas Kukuck hat – trotz ihres umfangreichen Schaffens – heute nur einen geringen Bekanntheitsgrad. Auch mir selbst war die Komponistin bis vor wenigen Jahren unbekannt. Erst während eines Praktikums, das ich im Herbst 2004 im Frankfurter *Archiv Frau und Musik* absolvierte, hörte ich ihren Namen zum ersten Mal. Hier im Archiv wird der Nachlass Felicitas Kukucks verwaltet, bewahrt und der Öffentlichkeit zugänglich gemacht. Die damalige wissenschaftliche Leiterin des Archivs, Susanne Thieringer, gewährte mir einen ersten Einblick in die Fülle von Briefen, Noten, Manuskripten und Tonaufnahmen und brachte mich auf den Gedanken, meine studienabschließende Magisterarbeit über diese Komponistin zu schreiben. Nach nur kurzer Zeit, in der ich mich mit diesen Dokumenten beschäftigen konnte, ahnte ich, welch musikliebende, herzliche und leidenschaftliche Frau und Künstlerin Felicitas Kukuck gewesen ist und welch interessante Aufgabe es sein würde, hier intensiver zu forschen. Doch mit dem Beginn der ersten Recherchen stellte sich bald heraus, dass die Literatursituation nicht optimal ist. Zwar gibt es neben ein paar wenigen Hausarbeiten und Aufsätzen auch vereinzelte Monografien und Herausgeberschriften, die sich – jedoch immer nur kapitelweise im Umfang weniger Seiten – mit der Komponistin beschäftigen. Auch in den in der Musikwissenschaft so häufig zu Rate gezogenen Personenlexika *Musik in Geschichte und Gegenwart* sowie im *Riemann Musiklexikon* findet man (wenn überhaupt) zum Namen Felicitas Kukuck nur kleine Artikel (in der neuen *MGG* ist beispielsweise überhaupt kein Eintrag zu dieser Komponistin zu finden). Hilfreich dagegen waren neben einer Gesprächs-CD von Ulrike Loos zum einen die offizielle Homepage zum Leben und Werk von Felicitas Kukuck sowie das Internet-Lexikon verfolgter Musiker und Musikerinnen der NS-Zeit der *Uni-*

versität Hamburg. Ein besonders großer Dank gilt an dieser Stelle Frau Margret Johannsen, Felicitas Kukucks Tochter, mit der ich Anfang 2006 zum ersten Mal per E-Mail Kontakt aufnahm, die mit viel Engagement und Freude meine so zahlreichen Fragen immer ausführlich und gewinnbringend beantwortet hat und ohne deren Rat sowie tatkräftige Hilfe diese Arbeit nicht möglich gewesen wäre. Insbesondere das persönliche Gespräch, das wir am 17. März 2007 in Blankenese führen konnten, war hierbei überaus wertvoll und bereichernd (die schriftliche Zusammenfassung dieses Interviews ist in Form von Zitaten und Gesprächsnotizen der vorliegenden Arbeit angehängt). Darüber hinaus war die hervorragende Unterstützung, die ich durch das *Archiv Frau und Musik* im Rahmen der Recherchen für diese Arbeit erfahren habe, wichtig, und ich möchte Frau Teresa Blaszke für ihre fachkundige Hilfsbereitschaft ganz herzlich danken. Ebenso danke ich meiner Professorin, Frau Prof. Claudia Bullerjahn, besonders für die kompetente Betreuung, Beratung und Unterstützung.

Das außerordentlich umfangreiche kompositorische Schaffen Felicitas Kukucks legte bei der Konzeption dieser Arbeit die Überlegung nahe, den Fokus auf nur eine musikalische Gattung zu richten und mittels dieses Ausschnitts ihres Œuvres einen exemplarischen, aber dennoch repräsentativen Eindruck ihrer Musik vermitteln zu wollen. Diese Gattung sollte aus dem Bereich der Vokalmusik stammen, denn diesem Gebiet – insbesondere dem der geistlichen Vokalmusik – hat sich die Komponistin zeitlebens besonders gewidmet. Die Tatsache, dass das Singen von Felicitas Kukuck als ureigenste und existenzielle Äußerung eines jeden Menschen verstanden wird, sollte sich in der Auswahl der Vokalmusik wiederfinden. So ist es das Lied, das als einfachste und ursprünglichste Form des Singens gesehen werden kann und als solches auch vielfach von Kukuck komponiert wurde (ein speziell für diese Arbeit angefertigtes Lieder-Werkverzeichnis im Anhang dokumentiert Ku-

Vorwort und Einleitung

kucks Schöpfungsreichtum im Bereich dieser Gattung). Das Moment der Einfachheit und der Schlichtheit, welches vielen ihrer Lieder zugrunde liegt[1], ist ebenfalls Begründung dafür, dass weitere – dem Lied zwar benachbarte, aber durch Mehrteiligkeit oder Gebundenheit an Liturgie oder ähnliche darüber hinausgehende – Gattungen (wie z. B. der Choral, die Kantate oder die Motette) aus dieser Arbeit und den zugehörigen Betrachtungen ausgeschlossen werden. Das Liedschaffen Kukucks soll darüber hinaus auf besondere stilistische, zeitgeschichtliche sowie auch biografische Einflüsse untersucht werden, die sie zu bestimmten Kompositionen inspiriert haben oder sogar in ihre konkrete Kompositionsweise eingegangen sind. Dabei soll folgendermaßen vorgegangen werden: Innerhalb eines ersten allgemeinen Teils wird zunächst Felicitas Kukucks Werdegang als Komponistin und Musikpädagogin nachgezeichnet, wobei auch ihr Leben als Teiljüdin sowie ihre Stellung als Frau in einem männerdominierten Beruf besonders betrachtet werden soll (eine tabellarische Übersicht ihres Lebensweges findet sich im Anhang an die vorliegende Arbeit). Paul Hindemith, der in den dreißiger Jahren Kukucks Kompositionslehrer war, hat sie bezüglich ihres Werdegangs besonders beeinflusst. Ausgehend von der Darstellung dieses Lehrer-Schüler-Verhältnisses wird das Augenmerk dann auf Felicitas Kukucks Kompositionen und hier gezielt auf ihr Liedschaffen im Allgemeinen sowie auf ihre Liedästhetik gerichtet. Der zweite Teil der Arbeit widmet sich darauf aufbauend konkreten Liedkompositionen, die mittels musikalischer Analyse genauer untersucht werden. Um hierbei einen möglichst umfassenden Einblick in ihr Œuvre auf diesem Gebiet vorstellen zu können, musste eine gewisse Strukturierung der zahlreichen Werke erfolgen. Zu diesem Zweck

---

[1] Die detaillierten musikalischen Analysen dieser Arbeit werden zeigen, dass viele von Kukucks scheinbar einfachen Liedkompositionen oft erst bei näherer Untersuchung ihre ganze Komplexität offenbaren.

wurden verschiedene Liedarten und Liedthemen benannt und als Kategorien gewählt. Diese Kategorien orientieren sich beispielsweise an textlich-inhaltlichen Gesichtspunkten, an jeweiligen Liedträgern, am Anlass des Singens oder auch an der Funktion der Lieder, wobei zu jeder Kategorie ein bis drei exemplarisch gewählte Lieder oder Liederzyklen in einzelnen Unterkapiteln vorgestellt werden. Die Auswahl von Solo- sowie auch von Chorliedern mit jeweils unterschiedlicher Begleitung soll ebenfalls repräsentative Breite zeigen.

Wenn hier aber auch nur ein Ausschnitt aus dem Schaffen Felicitas Kukucks gezeigt werden kann, soll die vorliegende Arbeit doch dazu beitragen, das Andenken an diese Komponistin und ihre Musik aufrecht zu erhalten. Auch die erstmalige wissenschaftliche Berücksichtigung ihres Nachlasses, die wegen der unüberschaubaren Fülle an Dokumenten sowie aufgrund des engen Zeitrahmens selbstverständlich nur äußerst punktuell erfolgen kann, steht im Dienst dieser Intention. So sind die für diese Arbeit verwendeten und bearbeiteten Materialen und Dokumente (unveröffentlichte Briefe, private Schriften und Zeitungsartikel aus dem Nachlass, Felicitas Kukucks Reichskulturkammer-Akte, der Mitschnitt des Interviews mit Margret Johannsen in vier Teilen, ferner Noten, unveröffentlichte Manuskripte und – soweit vorhanden – Klangbeispiele der vorgestellten Lieder) auf einer dieser Arbeit beigefügten Material-CD-ROM zusammengefasst und sollen dem Leser einen zusätzlichen, unmittelbaren Blick in Kukucks Leben und Wirken ermöglichen. An dieser Stelle gilt mein besonderer Dank auch der Erbengemeinschaft Felicitas Kukuck, die mir die freundliche Genehmigung zur Veröffentlichung dieser Dokumente sowie der abgebildeten Fotos erteilt hat.

Sich auch in Zukunft mit Leben und Werk einer der wenigen zeitgenössischen Komponistinnen des 20. Jahrhunderts (also mit einem Stück Zeit- und Musikgeschichte) auseinanderzusetzen und

Felicitas Kukuck in das historische Gedächtnis der Musikwissenschaft zurückzuholen, ist somit darüber hinaus gewünschte Anregung dieser Arbeit.

III. Felicitas Kukucks Werdegang im zeitgeschichtlichen und sozialen Kontext

Werdegang als Komponistin und Musikpädagogin

Für Felicitas Kukuck sind Musik und Komposition nicht nur Beruf, sondern zeitlebens erfüllende Berufung:

> »Das Komponieren ist für mich mein Leben. Ich bin glücklich, daß ich komponieren kann, daß ich es immer weiter erlerne. Gleichzeitig bedeutet es für mich den Kontakt zu Menschen und unter Menschen zu sein. Neue Kompositionen sind nicht für die Schublade, nicht für mich, sie sollen gesungen und gespielt werden, sie sind für andere Menschen.« (zit. nach Exter 1988, Anhang, S. 13)

Die Liebe zur Musik entdeckt Felicitas Kukuck schon in ihren allerersten Lebensjahren. Ein entscheidendes Erlebnis findet im Herbst 1920 statt, als die fünfjährige Felicitas mit ihrer sieben Jahre älteren Schwester Elisabeth für sechs Wochen ins holländische Utrecht fährt. Diese organisierte Fahrt für unterernährte deutsche Kinder nach dem ersten Weltkrieg können die beiden Schwestern gemeinsam erleben. Neben der holländischen Sprache, die Felicitas schon nach kurzer Zeit beherrscht, macht die Begegnung mit einem Drehorgelmann, der dort jeden Samstagnachmittag auf der Straße seine Lieder und Tänze spielt, auf das kleine Mädchen einen besonderen und nachhaltigen Eindruck (vgl. Kukuck 1989, S. 1). Aber auch zu Hause am Klavier eröffnet sich für das Mädchen mehr und mehr die Welt der Musik. Sie singt am Klavier zu Versen aus Bilderbüchern, die ihr die Mutter vorliest. Dabei finden sich die Melodien »gewissermaßen ohne mein Zutun einfach ein« (ebd., S. 3). Auch mit ihrem zwei Jahre jüngeren Bruder Fritz spielt sie vierhändig nach Bilderbüchern: »Wir vertonten alles: Regen und Sonnenschein, das Trippeln von Zwergen, aber besonders gern lauten Donner.« (ebd., S. 4) Mit zehn Jahren erhält sie – ebenfalls zu Hause – ihren ersten Klavierunterricht von der jüdischen Lehrerin Fräulein Wohlwill, die bereits ihre ältere Schwester Elisabeth unterrichtet (ebd., S. 2).

In der Schule macht Kukuck eine weitere Erfahrung, die sie fürs Leben und damit auch bezüglich ihrer Kompositionen beeinflussen wird: Hier hört sie von ihrer Klassenlehrerin die biblischen Geschichten aus den Büchern Mose: »Es waren die schönsten Märchen, die ich kenne [...]. Wahrscheinlich stammt meine Freude an den biblischen Geschichten aus dieser frühen Schulzeit.« (ebd., S. 3) Die Geschichten (denn der märchenhafte Charakter der Geschichten spielt neben dem religiösen Aspekt eine herausragende Rolle für Kukuck) sollen später oft Vorlagen für ihre Kompositionen werden.

Auch die spätere Schulzeit, insbesondere die Zeit an der *Lichtwarck-Schule* (in der – damals noch einmalig in Hamburg – Koedukation betrieben wird), prägt Kukuck sehr. Denn diese Schule, die nach Alfred Lichtwarck (einem führenden Vertreter der Kunsterzieherbewegung) benannt ist, legt nicht nur Unterrichtsschwerpunkte auf die zusammenwirkenden Bereiche Musik, Kultur und Literatur. Felicitas Kukuck wird hier auch Mitglied des Schulchores und kann an verschiedenen Schulaufführungen teilnehmen. Im Rahmen dieser Aufführungen lernt sie die Musik von Kurt Weill und Paul Hindemith kennen (Hindemith wird später ihr besonders verehrter Kompositionslehrer werden). Anlässlich des Goethe-Festes, das 1932 auch an der *Lichtwarck-Schule* mit einer Aufführung gefeiert wird, komponiert sie sogar schon verschiedene eigene Songs für eine Revue (vgl. Hildebrandt 1997, S. 163). In ihrem Jahr in der *Schule am Meer* auf Juist steht schließlich ebenso die musikalische Ausbildung im Vordergrund (ebd., S. 165).

Werdegang als Komponistin und Musikpädagogin 19

Abb. 1: Felicitas Kukuck mit Ende zwanzig (Foto: Privatbesitz)

Kein Wunder, dass es Kukuck nach ihrem Schulabschluss zu einem Beruf im Bereich der professionellen Musik zieht. Ihren Traum, Schulmusikerin zu werden, muss sie jedoch aufgeben, da sie als so genannte Vierteljüdin keine ›arische‹ Abstammung bis zum Jahr 1800 vorweisen kann und ihr so das Studium verwehrt wird. Von diesem Rückschlag lässt sie sich jedoch nicht von ihrem Vorhaben, Musik zu studieren, abbringen und findet einen anderen Weg. Sie beginnt an der Berliner *Hochschule für Musik und darstellende Kunst* –

den widrigen politischen und gesellschaftlichen Umständen zum Trotz – ein Studium im Hauptfach Klavier, kann 1936 ihre Privatmusiklehrerprüfung in diesem Fach ablegen und wird gleichzeitig mit einem Unterrichtsverbot wegen ihrer teiljüdischen Herkunft belegt. Dennoch findet sie mit einem weiteren Studium (sie studiert nun Querflöte bei Gustav Scheck) die Möglichkeit, weiter Musik ausüben zu können (vgl. Kukuck 1989, S. 10). Rückblickend glaubt Kukuck, dass sich ihr Leben vielleicht ganz anders entwickelt hätte, wenn man ihr wegen ihrer jüdischen Abstammung nicht das Studium zur Musikpädagogin verbaut hätte:

> »Wenn ich Schulmusikerin geworden wäre, ich glaube, dann wär das mit dem Komponieren doch nicht so gediehen, weil ich weiß, wie sehr Musiklehrer aufgefressen werden bei uns in der Schule!« (zit. nach Friedel 1995, S. 382)

Ihr späteres Schaffen und auch ihr Bewusstsein als Komponistin werden während ihrer Studienzeit insbesondere durch das Zusammentreffen mit Paul Hindemith geprägt, der während ihres Querflötenstudiums ihr Lehrer im Fach Harmonielehre wird: »Dies war für mich die entscheidende Wende meines Lebens als zukünftige Komponistin.« (Kukuck 1989, S. 10) Neben konkreten kompositorischen Vorgehensweisen, die sie von ihrem Lehrer übernimmt, sind es vor allem Hindemiths musikpädagogische Ansichten, nach deren Vorbild Kukuck später ihre Kompositionen immer im Hinblick auf den Aufführungsort und unter Berücksichtigung der jeweiligen Fähigkeiten der ausführenden Musiker sowie der jeweiligen musikalischen Aufnahmefähigkeit des Publikums erschafft (vgl. Rieger/Oster 1987, S. 37).

Auf den Abschluss ihres Musikstudiums 1939 und auf ihre Hochzeit am 3. Juli desselben Jahres mit ihrem ehemaligen Schulfreund Dietrich Kukuck (vgl. Kukuck 1989, S. 14) folgt nahtlos die Zeit des Zweiten Weltkrieges. Die folgenden Jahre sind mit den Kriegserlebnissen, ständiger Angst, Luftangriffen, Hunger sowie der

Werdegang als Komponistin und Musikpädagogin

Sorge um den kleinen Sohn Jan ausgefüllt. Krieg und Antisemitismus prägen das alltägliche Leben nun mehr als zuvor. Doch obwohl der tägliche Kampf ums Überleben und Weiterleben vollsten Einsatz sowie immer neues Organisationstalent und Ideenreichtum von Felicitas Kukuck erfordert, findet sie dennoch Zeit für ihre Musik. In diesen schweren Jahren gibt sie nicht nur (verbotenerweise) Unterricht, sie arbeitet auch an ihren ersten Kompositionen. Vorrangig entstehen diese Werke für ihre Schüler und Schülerinnen und werden teilweise sogar veröffentlicht (vgl. Friedel 1995, S. 385)[2].

Besonders bemerkenswert bei der Betrachtung des Werdegangs dieser Komponistin mit jüdischen Wurzeln ist die Tatsache, dass Felicitas Kukuck während des Zweiten Weltkrieges Mitglied der Reichsmusikkammer ist. Denn während ihr die Tätigkeit als Musiklehrerin wegen ihrer Herkunft untersagt wird, kann die Komponistin dennoch dem Kulturgremium beitreten[3].

Das Kriegsende erlebt die Komponistin im zerstörten Berlin. Sie und der erstgeborene Sohn Jan kommen in der ersten Nacht in einem zerstörten Haus unter und machen sich am nächsten Morgen auf den vierzehnstündigen beschwerlichen Weg nach Heiligensee, einem Berliner Vorort, der von den Zerstörungen verschont geblieben ist. Bereits zuvor war verabredet worden, dass sie hier bei der Mutter eines Schülers unterkommen können. Neben wenigen Habseligkeiten nimmt Kukuck auch ihre Musik in Form ihrer Kompositionen mit:

---

[2] Felicitas Kukuck kann sich (so berichtet Friedel) nicht mehr an Veröffentlichungen zu dieser Zeit erinnern. Sie selbst datiert den Beginn ihres ernsthaft kompositorischen Schaffens erst auf die Hamburger Zeit nach Ende des Krieges.

[3] Kukucks Reichskulturkammer-Akte liegt heute im *Bundesarchiv Berlin* (ehemaliges *Berlin Document Center*). Die Dokumente sind auf der Material-CD-ROM einsehbar.

> »Ich ging also los, in der linken Hand einen Koffer, Rucksack auf dem Rücken, in der rechten Hand eine Aktentasche mit meinen Manuskripten und zugleich Jans Händchen.« (Kukuck 1989, S. 20)

So kann sie schon in der unmittelbaren Nachkriegszeit beruflich tätig werden, denn sie erhält während der Wochen in Heiligensee einen Lehrauftrag an einer neu gegründeten Volkshochschule, in deren Aula sie Einführungen in die musikalische Formenlehre gibt (ebd., S. 22).

In den folgenden Jahren sind es die Geburten und die Erziehung ihrer Kinder, die es für Kukuck zunächst schwieriger machen, sich musikalisch zu betätigen:

> »Ich war ja zunächst einmal für meine 4 Kinder da, die in der Nachkriegszeit groß geworden sind. Während der Zeit, als die Kinder noch klein waren, habe ich natürlich nicht an Unterrichten oder den Beruf der Musikpädagogin gedacht, dafür war keine Zeit zur Verfügung.« (zit. nach Exter 1988, Anhang, S. 6)

Doch mit den Jahren, in denen auch die Kinder immer größer werden, findet Kukuck wieder mehr Zeit für ihre Kompositionen. Nicht ganz unwichtig ist dabei die Unterstützung durch Haushaltshilfen, die im Hause angestellt werden, sowie durch eine Hamburger Nachbarin, die die Kukuck-Kinder beim Spielen mit ihren eigenen Kindern beaufsichtigt (vgl. Kukuck 1989, S. 33). Neben dieser Hilfe schafft die Tatsache, dass Kukuck ein einigermaßen brauchbares Klavier besitzt (welches ihr Mann für ein Fahrrad und einen Anzug eintauschen konnte), in den armen Nachkriegsjahren gute Voraussetzungen für eine angehende Komponistin (ebd., S. 32). So entwickeln sich die fünfziger Jahre zu einem schaffensreichen, kreativen Jahrzehnt. Diesen Aufstieg hat Kukuck insbesondere dem Zusammentreffen mit Gottfried Wolters, dem damaligen Lektor des *Möseler Verlags*, zu verdanken. Er begründet in den frühen fünfziger Jahren in Hamburg seine so genannten Offenen Singstunden, die einmal pro Monat in der *Heinrich-Hertz-Schule* (der ehemaligen

Lichtwarck-Schule) stattfinden. Außerdem gibt er zwischen 1951 und 1956 (ab diesem Jahr dann in unregelmäßigen Abständen) monatlich das Liederblatt *Das singende Jahr* mit jeweils sieben bis acht neuen Liedern heraus. Seine zahlreichen Kompositionsaufträge an Kukuck (unter anderem eben für diese Liedblattreihe sowie für den *Möseler Verlag*) begründen ihren Weg als öffentlich wahrgenommene und geschätzte Komponistin (ebd., S. 30). Mit der Altblockflöten-Sonate *Allein zu Dir Herr Jesus Christ* erscheint 1950 schließlich ihr erstes Werk im *Möseler Verlag* (vgl. Gerteis 1986, S. 26).

Abb. 2: Felicitas Kukuck mit Blockflöte (Foto: Fritz Kestner)

Aber auch der ursprünglich von Felicitas Kukuck angestrebte Beruf der Musikpädagogin soll sich ihr in unterschiedlichen Bereichen eröffnen. Bereits die Privatschüler, die sie zu Studienzeiten unterrichtet, können als Beginn ihrer musikpädagogischen Laufbahn gesehen werden (vgl. Lamerz 1982, S. 40). In den fünfziger Jahren findet sie mit Radiosendungen, die sie als *Einführung in die Grundkenntnisse der Musik* über zwei Jahre lang für *Radio Bremen* entwerfen darf, eine weitere Herausforderung und die Möglichkeit, ihre Liebe zur Musik sowie ihr Wissen und Können weiterzugeben. Denn zugeschnitten auf das Konzept dieser Sendungen komponiert Kukuck Lieder für bestimmte musikalische Elemente und Grundformen (gemeint sind z. B. Achtelnoten, Viertelnoten, usw.), die sie mit Schulkindern und Orff-Instrumenten erarbeitet. Auf der Basis dieser Arbeit für den Rundfunk entsteht auch ihr musiktheoretisches Lehrbuch *Die Bremer Musikantenfibel* für Kinder bis zur dritten Klasse (vgl. Gerteis 1986, S. 27). Ihr pädagogisches Anliegen zeigt sich ebenso in anderen Veröffentlichungen, so auch in der 1956 von Kukuck herausgegebenen Liedblattreihe mit dem Titel *Der Fidelbogen*. Die 27 Nummern dieser Reihe enthalten jeweils sechs bis acht Liedsätze unterschiedlicher Schwierigkeitsgrade und sind somit für Schüler vieler verschiedener Ausbildungsstufen geeignet (vgl. Lamerz 1982, S. 41).

Anfang der siebziger Jahre erfährt Kukuck noch einmal die Erfüllung, als Musiklehrende tätig werden zu können. Zum einen unterrichtet sie an der *Lola-Rogge-Schule* (einer Ausbildungsstätte für tänzerische Gymnastik) die Fächer elementare Musiklehre sowie Musikgeschichte und sie begleitet die Tänze am Klavier. Erst nach zehn Jahren gibt sie diese Tätigkeit 1982 auf und zieht sich aus Altersgründen von dieser Aufgabe zurück (vgl. Gerteis 1986, S. 30). Aus gleichem Grund gibt sie auch ein Jahr später ihre letzten Klavierschüler auf (ebd., S. 31). Margret Johannsen glaubt sich außerdem zu erinnern, dass Felicitas Kukuck diese Aufgaben niederlegte, um mehr Zeit zum Komponieren zu haben (vgl. Johannsen 2008b).

Werdegang als Komponistin und Musikpädagogin

Abb. 3: Felicitas Kukuck mit Fidel, siebziger Jahre (Foto: Rainer Tern)

Zum anderen ist da aber auch der 1967 von ihrer Tochter Margret mitbegründete *Kammerchor Blankenese*. Nachdem sie bereits in den Jahren 1960 bis 1965 mit einem Volkshochschulchor Erfahrungen als Chorleiterin sammeln konnte, übernimmt Felicitas Kukuck nun auch die Leitung dieses Chors, der anfänglich nur aus Familienmitgliedern und Freunden besteht, und kann in diesem Rahmen auch viele ihrer eigenen Werke uraufführen (vgl. Johannsen: http://cmslib.rrz.uni-hamburg.de:6292/object/lexm_lexmperson_00001443). Dies ist (neben dem Komponieren) die Aufgabe, in der Kukuck bis ins hohe Alter ihrer Berufung als Musikpädagogin folgen sowie mit Leidenschaft und Freude Musik an andere Menschen weitergeben und mit ihnen teilen kann.

Das Problem der jüdischen Abstammung in antisemitischen Zeiten

Felicitas Kukuck ›ererbt‹ durch ihren Vater Otto Cohnheim die teiljüdische Abstammung. Während des Zweiten Weltkrieges gilt sie bei den Nationalsozialisten als ›Vierteljüdin‹, da der Vater trotz seiner drei jüdischen Großeltern Benjamin Cohnheim, Dorothea Cohnheim geborene Salomon und Otto Lewald, der zum Protestantismus konvertierte, lediglich als ›Halbjude‹ eingestuft wird (ebd.). Otto Cohnheim wird selbst im Alter von 14 Jahren christlich getauft, denn neben den schon damals deutlich spürbaren antisemitischen Tendenzen ist es insbesondere der christliche Glaube seiner eigenen Mutter, der sie ihre Kinder in dieser Religion erziehen lässt (vgl. Kukuck 1989, S. 6). Ihrer Initiative ist es auch zu verdanken, dass Felicitas Kukucks Vater den jüdischen Familiennamen Cohnheim in den Namen Kestner umwandelt (ebd., S. 2). Seine Kinder werden ebenfalls christlich getauft (vgl. Exter 1988, Anhang, S. 5), erfahren aber erst Jahre später von ihrer jüdischen Abstammung. Denn in den dreißiger Jahren gerät die Familie immer stärker unter den Druck des sich formierenden nationalsozialistischen Regimes. 1934 wird Otto Kestner als ›Nichtarier‹ seines Amtes als Physiologie-Professor enthoben und zwangsweise in den Ruhestand versetzt; gleichzeitig erfolgt seine Kündigung als leitender Oberarzt im Universitätskrankenhaus Eppendorf (vgl. Johannsen 2008a) – ein überraschender Schlag für die Familie, denn neben seiner Zugehörigkeit zur evangelischen Kirche diente er Deutschland im Ersten Weltkrieg als Arzt in einem Seuchenlazarett in Rumänien, wo er vielen Soldaten das

Leben rettete und schließlich das *Eiserne Kreuz Erster Klasse* für seine Verdienste erhielt. Mit dieser Undankbarkeit hat die Familie nicht gerechnet, und der Schock hält nicht nur bei seiner Tochter Felicitas ein Leben lang an: »So wurden deutsche Juden damals von deutschen Nazis behandelt. Mir kommt noch heute ein solcher Zorn hoch, dass mir ganz elend zu Mute ist!« (Kukuck 1989, S. 7)

Auch Felicitas Kukuck selbst bekommt schon in jungen Jahren den immer stärker werdenden Antisemitismus zu spüren, der ihre gesamte Schulzeit durchzieht. So wird die *Lichtwarck-Schule* gleichgeschaltet und der damalige Schulleiter Heinrich Landahl durch einen Nationalsozialisten ersetzt. Auch die *Schule am Meer* muss 1934 schließen, da die zahlungskräftigen jüdischen Schüler nach und nach mit ihren Familien ins Ausland fliehen (ebd., S. 9). So sieht sich auch Kukucks eigene Familie immer stärker der Notwendigkeit ausgesetzt, aus dem ihnen feindlich gesonnenen Deutschland fortzugehen. Nicht nur die Eltern wandern aus Deutschland aus und emigrieren nach England, auch ihr Bruder verlässt das Heimatland, und ihre jüngste Schwester Heidi siedelt nach Afrika über. Felicitas selbst und ihre Schwester Elisabeth (die 1930 heiratet und zu ihrem Mann nach Wismar zieht) bleiben in dieser schweren Zeit in Deutschland (ebd., S. 7 f.) – eine bemerkenswerte Entscheidung, denn trotz des Verbots, sich zur Schulmusikerin ausbilden zu lassen, ist Emigration für Felicitas Kukuck nie ein Thema: »Für mich kam Auswanderung nicht in Frage. Ich wollte in Deutschland bleiben, im Lande Bachs und Mozarts und Brahms und Schuberts.« (ebd., S. 10)

Doch allein ist sie nicht. In Berlin zieht sie mit Dietrich Kukuck, einem befreundeten ehemaligen Mitschüler der *Lichtwarck-Schule*, zusammen in eine gemeinsame Wohnung (das unverheiratete Zusammenleben ist zu dieser Zeit noch durchaus ungewöhnlich).

Abb. 4: Dietrich Kukuck, 1937 (Foto: Privatbesitz)

Neben dem Studien-Alltag der beiden – Dietrich Kukuck studiert an der *Technischen Hochschule* Elektrotechnik – singen sie auch gemeinsam im a-cappella-Chor von Kurt Thomas (ebd., S. 11). 1939, nur drei Tage nachdem Felicitas Kukuck ihr Musikstudium mit absolvierter künstlerischer Reifeprüfung im Fach Klavier abschließt (ebd., S. 12), findet die Hochzeit statt – in dieser Zeit ein großer Schutz für die junge Frau. Denn Dietrich Kukuck kennt das kurz zuvor erlassene Gesetz, nach welchem Juden, die ihren jüdischen Namen geändert haben, diesen nun wieder annehmen müssen. Im Bewusstsein der Gefahr, in der sich Felicitas Kestner, geborene Cohnheim, zu diesem Zeitpunkt befindet, bestellt Dietrich Kukuck ohne ihr Wissen das Aufgebot:

> »Er fand einen vernünftigen Standesbeamten, dem Dietrich meinen Ahnenpass und die Namensänderungsurkunde von 1916 nicht vorgelegt hatte, sondern stattdessen eine nachträglich auf den Namen Kestner ausgestellte Geburtsurkunde, die ich mir noch in Hamburg Anfang der 30er Jahre habe machen lassen.« (ebd., S. 13)

Trotz dieser glücklichen Fügung muss Kukuck die Kriegszeit mitten in Berlin mit all ihren Schrecken und Horrorszenarien hautnah miterleben. Der Fliegeralarm im Krankenhaus kurz nach der Geburt ihres ersten Sohnes Jan 1940 ist nur eines von vielen Erlebnissen, das ihr immer gegenwärtig bleiben wird (ebd., S 13).

Vielleicht ist es neben ihrem humanen Verantwortungsbewusstsein auch gerade ihre Entscheidung für Deutschland (und damit für ein Leben als Jüdischstämmige mitten im Reich der Nationalsozialisten), die sie dazu befähigt, 1943 mutig die Jüdin Anna Pastor bei sich zu verstecken. Deren Mann war schon vor längerer Zeit gestorben und sie selbst ist aus Hamburg kommend Lehrerin an der *Talmud-Thora-Schule* gewesen. Am Morgen ihrer Ankunft bei Kukuck ist sie zuvor nur knapp dem Abtransport ins Vernichtungslager entkommen und kann durch die Aufnahme bei der ihr fremden Frau ihr Leben retten. Die Situation, die für Kukuck ohnehin schon gefährlich ist, verschärft sich nun dramatisch. Erst nach Kriegsende erfährt Felicitas den wahren Namen der Frau (sie heißt eigentlich Elisabeth Feilchenfeld) und gibt dabei auch ihre eigene jüdische Herkunft preis (ebd., S. 14).

Umso erstaunlicher ist es, dass Felicitas Kukuck in ihrer Eigenschaft als Komponistin während der Kriegszeit Mitglied der Reichsmusikkammer werden kann: Da das zuständige Gau-Personalamt der *NSDAP* auch nach mehrfacher Befragung keinerlei politische Bedenken gegen eine Aufnahme der Komponistin erhebt, »[...] soweit sie bei Veranstaltungen der *NSDAP* sowie deren Organisationen nicht auftritt und im schöpferschen Sinne tätig wird« (Kühn 1938), kann Felicitas Kukuck im Herbst 1939 mit einer Sondergenehmigung dem Kulturgremium beitreten. Rückblickend gibt sie später dennoch für das Überstehen jener gefährlichen Zeit eine einfache wie bestechende Erklärung: »Schweigen war [...] meine Überlebenstaktik.« (Kukuck 1989, S. 8) Dieses überaus riskante Dasein hatte im März 1945 mit dem Einmarsch der Russen in Berlin ein Ende: »Dies war der lang ersehnte Auftakt zum Ende. Es war ein Ende mit unvorstellbaren Schrecken!« (ebd., S. 17)

Als Teiljüdin in der Zeit des Nationalsozialismus einen solch doch recht unbehelligten Weg gehen zu können, ist sicher nicht die Regel. Insbesondere die Berufsgruppe der jüdischen Komponisten ist wegen der Erfassung durch die Reichsmusikkammer und vergleichbarer Einrichtungen besonders im Visier der Antisemiten. Einen bemerkenswerten Einblick in die genaue Observierung aller jüdischen Musikschaffenden gibt das *Lexikon der Juden in der Musik*, das »eine Handhabe zur schnellsten Ausmerzung aller irrtümlich verbliebenen [jüdischen] Reste aus unserem Kultur- und Geistesleben« (zit. nach Weissweiler 1999, S. 188) liefern soll. So enthält das Lexikon ein Personenverzeichnis sowie ein Titelverzeichnis für Opern, Oratorien, Operetten und Ähnliches mit ihren jeweiligen jüdischen Urhebern. In der ersten Auflage des Lexikons von 1940 veröffentlicht der Herausgeber Herbert Gerigk, Musikwissenschaftler und Leiter des Amtes Musik in Berlin (das sich neben der Reichsmusikkammer als Kontrollinstanz für die ›Arisierung‹ des deutschen Musiklebens versteht), unter anderem folgenden Auszug aus dem Vorwort:

> »Die Reinigung unseres Kultur- und damit auch unseres Musiklebens von allen jüdischen Elementen ist erfolgt. Klare gesetzliche Regelungen ge-

> währleisten in Großdeutschland, daß der Jude auf den künstlerischen Gebieten weder als Ausübender noch als Erzeuger von Werken, weder als Schriftsteller noch als Verleger oder Unternehmer öffentlich tätig sein darf. [...] Vor allem für die Wissenschaft ist es wichtig, durch die Schaffung eines Lexikons der auf dem Gebiet der Musik hervorgetretenen Juden Tatsachen und Zusammenhänge zu klären und zu überliefern, die später vielleicht nicht mehr in allem so lückenlos zu erkennen und nachzuprüfen sein würden. Die Wissenschaft erhält damit ein Hilfsmittel, das im Zuge ihrer Neuorientierung an den Gegebenheiten der Rasse seinen Wert besitzt.« (ebd., S. 185 f.)

Felicitas Kukuck wird in diesem Lexikon, das ein Jahr nach ihrer Abschlussprüfung als professionelle Musikerin sowie nach ihrem Eintritt in die Reichsmusikkammer erscheint, nicht namentlich aufgeführt. Diese Tatsache darf jedoch nicht relativieren, welch grausame Zeit zweifelsohne auch Felicitas Kukuck in den Kriegsjahren durchgemacht hat:

> »Also diese Nazi-Zeit, das war furchtbar, furchtbar eigentlich. Und wenn ich da nicht die Musik gehabt hätte, und mein – auch mein Komponieren gehabt hätte, ich weiß nicht, ob ich das so gut überstanden hätte.« (zit. nach Friedel 1995, S. 386)

Die Musik war es also, die Kukuck in den schweren Kriegsjahren stark gemacht und sie auch danach ihr Leben lang nicht mehr loslassen hat.

Felicitas Kukuck: eine Frau im Männerberuf

Betrachtet man den Werdegang dieser engagierten Komponistin und Musikpädagogin, muss auch ihre Eigenschaft als Frau berücksichtigt werden. Denn in diesem Beruf, der in der Vergangenheit fast ausschließlich von Männern ausgeübt wurde und in dem sich Frauen erst im 20. Jahrhundert mehr und mehr zu etablieren begannen, darf dieser Aspekt nicht unbedacht bleiben. Felicitas Kukuck selbst hat sich bezüglich der Frage nach der Benachteiligung von komponierenden Frauen beziehungsweise von Mädchen während deren musikalischer Ausbildung immer recht bedeckt gehalten. Auch in ihren späten Lebensjahren hält sie sich für nicht ausreichend kompetent, um diese in der Musikwissenschaft so häufig diskutierte Frage der Geschlechterforschung beantworten zu können:

> »Es fällt mir schwer, diese These zu beurteilen. In letzter Zeit hat sich glücklicherweise vieles verändert. Mädchen werden anders betrachtet als früher. Ich glaube, daß die Entwicklung eines Kindes zum größten Teil mit dem Elternhaus zusammenhängt.« (zit. nach Philipp 1993, S. 36)

Kukuck hat hierbei sicherlich ihre eigene Kindheit vor Augen. Denn sie wächst in einem Elternhaus auf, das dem liberalen Bildungsbürgertum zuzuordnen ist – Frauenfeindlichkeit ist hier nie ein Thema. Schon in frühester Kindheit wird sie mit Musik vertraut gemacht und die Eltern erkennen und fördern die Begabung ihrer Tochter: Felicitas Kukuck »ist immer mit diesem Selbstbewusstsein aufgewachsen, dass sie die Musik macht, dass sie in der Familie die Musikalische ist« (Johannsen: Interview, vgl. Kap. X, S. 166). Somit sind auch ihre professionelle musikalische Ausbildung und spätere Berufsergreifung selbstverständlich:

> »Meine Eltern haben mir alles, was ich wollte, bewilligt. Und jedes Geld ausgegeben für meine musikalische Ausbildung. Die haben sie ernst genommen, sie haben *mich* ernst genommen.« (zit. nach Friedel 1995, S. 381)

Auch während des Studiums nimmt Kukuck ihre Sonderrolle, die sie als Frau innehat, zwar wahr (denn sie ist die einzige Studentin in Paul Hindemiths Kompositionsklasse), jedoch hat sie mit keinerlei aus dieser Stellung resultierenden Nachteilen zu kämpfen und ist beim Lehrer, aber auch bei ihren Kommilitonen anerkannt:

> »Ja, das habe ich gemerkt! Nicht durch irgendein Vorurteil, aber ich war die Einzige bei Hindemith, immer. Mit nur Männern, aber die waren nett zu mir, die hatten kein Vorurteil. Nur, ich habe gemerkt, daß keine andere Frau dabei war.« (ebd., S. 383)

Dennoch kann auch Felicitas Kukuck die Tatsache, dass es weniger weibliche als männliche Komponisten gibt, nicht verleugnen. Für sich begründet Kukuck dieses Ungleichgewicht einerseits mit der patriarchalischen Gesellschaftsstruktur, andererseits aber auch mit der – im Vergleich zu Jungen – ihrer Meinung nach viel komplizierteren seelischen Entwicklung, die ein Mädchen während der Pubertät durchmachen muss. Kukuck glaubt, dass ein Mädchen mit dieser komplexen Entwicklung und der musikalischen beziehungsweise bereits kompositorischen Ausbildung, die ebenfalls in dieser Zeit beginnen muss, überfordert sei. Andererseits erlebte sie selbst durch die Gleichzeitigkeit von Pubertät und musikalischer Ausbildung keinerlei Belastung:

> »Komponieren war für mich etwas Natürliches und Selbstverständliches. Daß es so war, verdanke ich meinen klugen, verständigen und mich liebevoll akzeptierenden Eltern! Meine Schaffenslust, die ich als mein jüdisches Erbe ansehe, war unbändig. Diese Lust hat mich über Tische und Bänke gejagt! Sie hat Berge versetzt, die Berge des Vorurteils gegen die Frau, die zum Teil auch das Vorurteil der Frauen selbst war, mangelndes Selbstverständnis der Frauen in einer von Männern regierten Welt.« (zit. nach Philipp 1993, S. 50)

Verständlicher und durchsichtiger wird Kukucks doch recht radikale und eindeutige Haltung zu diesem sensiblen Thema, wenn man bedenkt, dass sie sich auch in ihrem späteren Leben als komponierende Frau nie benachteiligt oder mit Vorurteilen behaftet sieht (ebd., S. 37). Außerdem findet sie sich niemals in der Situation, eine Art Entscheidung zwischen der Abgrenzung zu männlichen Komponisten einerseits und ihrer eigenen Integration als Künstlerin in die Kulturszene andererseits treffen zu müssen (ebd., S. 38). Auch aus historisch-soziologischer Perspektive ist Kukucks Selbstverständnis als Komponistin einleuchtend. Freia Hoffmann legt in ihrem Buch *Instrument und Körper* (1991) überzeugend dar, warum Frauen seit jeher in musikausübenden Berufen nicht vorhanden oder nur verschwindend gering repräsentiert waren. Dabei sieht sie neben verschiedenen Faktoren, die hierbei berücksichtigt werden müssen (z. B. soziale Herkunft, familiäre Umgebung, materielle Situation), das Kernproblem in der Tatsache, dass Frauen – bis auf wenige Ausnahmen – seit Jahrhunderten der Weg zur Professionalisierung verschlossen blieb. Denn die Professionalisierung ist nach Hoffmann der wichtigste Schritt weg vom Dilettantismus hin zur Öffentlichkeit und damit zur Etablierung neben beziehungsweise Konkurrenzfähigkeit mit musikausübenden Männern. Mit Blick auf den Zeitraum 1750 bis 1850 findet Hoffmann vier Aspekte, die die Professionalisierung von Frauen besonders behindert haben: Zunächst sind hierbei die Voraussetzungen zu nennen, denen Frauen damals im häuslichen Bereich (sowohl im Elternhaus als auch im Haus des Ehemannes) ausgesetzt waren. Die bürgerliche Ideologie gestand der Frau von Natur aus nur Tätigkeitsbereiche als Gattin, Hausfrau und Mutter zu. Zu diesem Wirken im häuslichen Bereich gehörte zwar auch eine musikalische Ausbildung (denn das dilettantische Musizieren von Frauen im häuslichen Umfeld war durchaus erwünscht), die aber von einer professionalisierten Musikausübung weit entfernt war (vgl. Hoffmann 1991, S. 248). Die nur oberflächliche und damit bezüglich Qualität und Intensität mangelhafte musikalische Ausbildung ist also ein weiterer Aspekt, der Frauen einen möglichen Weg als Musikerin verwehrte. Hier fließt auch die Tatsache ein, dass Frauen der freie Zugang zu Ausbildungsinstitutionen verwehrt war und sie durch ihre begrenzte eigenständige Mobilität kaum Gelegenheit dazu besaßen, ihr (musikalisches) Wissen durch Bildungsreisen, Besuche von Veranstaltungen oder Treffen sowie Austausch mit Kolleginnen zu erweitern. Als Konsequenz ist als weiteres Kriterium für Professionalität die Berufsausübung, also das Wirken in der Öffentlichkeit zu nennen, welches Frauen – sei es als Musikerin, Musiklehrerin oder Komponistin – nahezu immer verwehrt blieb (ebd., S. 249 f.). Behindernd wirkte hierbei auch die Tatsache, dass Frauen mit ihrer ›Verpflichtung‹ zur Hausarbeit (Hoffmanns letzter Aspekt ihrer Argumentation) in ihren zeitlichen und körperlichen Möglichkeiten so eingeschränkt waren, dass eine professionelle Entwicklung zur Musikerin fast unmöglich war (ebd., S. 252). Mit Blick auf Felicitas Kukuck muss nun zunächst hervorgehoben werden, dass sie ein ganzes Jahrhundert nach dem oben genannten Zeitraum als Komponistin tätig geworden ist. Die Aspekte, die eine mögliche Professionalisierung der komponierenden Frauen immer verhindert hatten, treffen auf sie nicht mehr zu und erklären sicher auch ihren Werdegang als Komponistin. Denn Kukuck kann durch Schulausbildung und Studium einen unbehinderten Weg zur musikalischen Professionalisierung gehen und auch später als Komponistin und Musikpädagogin öffentlich ihren Beruf ausüben. Auch ihr Ehemann Dietrich Kukuck liebt die Musik seiner Frau und unterstützt sie (vor allem in den frühen Ehejahren) sehr in ihrer Arbeit (vgl. Johannsen: Interview, vgl. Kap. X, S. 172). Als Ehefrau übernimmt sie zwar mit der Sorge um Haus und Kinder auch typisch weibliche Aufgaben, die sie für den Zeitraum einiger Jahre in ihrer musikalischen Arbeit hemmen. Hierbei erhält sie allerdings zeitweise auch Unterstützung durch Haushaltshilfen – eine große Entlastung. Als die Kinder älter werden, nimmt sie sich zunehmend mehr Zeit für ihre Musik und schafft sich dafür Ungestörtheit: Einer der Söhne hatte eine Laubsägearbeit[4] gefertigt, die anzeigt: ›Achtung, Mutti komponiert – nicht stören‹. Wenn dieses Schild an der Tür hängt, dürfen die Kinder ihre Mutter nicht bei der Arbeit stören. Verständlich, dass die Kinder, die oft mit Freude am musikalischen Leben ihrer Mutter teilnehmen, auch eifersüchtig auf

---

[4] Diese Laubsägearbeit stellte einen Kreis von etwa 30 cm Umfang dar, der in der Mitte von einem Ausrufezeichen in zwei Teile geteilt war: Links befand sich das Zeichen von Felicitas Kukuck – ihre Initialen bilden als ineinander verschlungene Buchstaben ein Kreuz mit einem K-Strich nach rechts unten – und rechts befanden sich zwei Achtelnoten mit einem Balken verbunden (vgl. Johannsen: Interview, vgl. Kap. X, S. 165).

den Raum sind, den die Musik einnimmt. Während der Pubertät wird das Verhältnis der beiden Töchter zum Leben und Arbeiten der Mutter zunehmend angespannt: »Wir fanden es nicht toll, dass unsere Eltern so anders waren.« (ebd., S. 165/Johannsen 2008b) Diese Sicht auf die Mutter und ihr Schaffen ändert sich erst später: »Wir haben – bis wir anfingen stolz auf unsere Mutter zu sein – ihre Musik nicht gewürdigt.« (ebd.) Auch wenn Felicitas Kukuck von ihren Kindern nicht immer Zuspruch erfährt, ist hierbei jedoch die Tatsache entscheidend, dass ihre Eigenschaft als Ehefrau und Mutter und die damit verbundenen Verpflichtungen ihre kompositorische Arbeit nicht zum Erliegen bringen.

Man kann mit Rückblick auf Freia Hoffmanns Thesen also sagen, dass Felicitas Kukuck einer neuen Komponistinnengeneration angehört. Diese These wird auch durch die Tatsache gestützt, dass – während es für ihre Mutter Eva Cohnheim noch eine Selbstverständlichkeit ist, nach der Hochzeit ihren Beruf als Altistin aufzugeben (vgl. Kukuck 1989, S. 2) – Kukuck nach ihrer eigenen Hochzeit sowie in der Zeit der Kindererziehung und Haushaltspflege immer als Komponistin und Musikpädagogin tätig bleibt. Darüber hinaus ist sie durch ihr Musikstudium in Berlin privilegiert – gibt es doch erst Anfang des 20. Jahrhunderts für Frauen erstmals die Möglichkeit, eine Lehrerinnenausbildung im Fach Musik zu absolvieren (vgl. Rieger 1988, S. 78 f.). Dieses Bild einer neuen Generation von musikschaffenden Frauen kann und darf sicher nicht auf sämtliche Komponistinnen dieser Zeit übertragen werden. Aber Felicitas Kukuck ist ein gutes Beispiel dafür, dass sich im Laufe eines Jahrhunderts das Frauenbild (wenn auch nur in einigen Bereichen) positiv entwickelt hat und sich viele neue Wege für Musikerinnen geöffnet haben.

Abb. 5: Felicitas Kukuck mit ihren vier Kindern und ihrer Mutter
(Foto: Privatbesitz)

Neben der Unterstützung, die Kukuck von ihrer Familie erfährt, ist auch das Zusammentreffen mit Gottfried Wolters (s. Kap. III, S. 22) ein Glücksfall für die Komponistin. Sie hat also auch auf diesem Gebiet keine ›geschlechtsbedingten‹ Probleme, einen Verlag für die Veröffentlichung ihrer Werke zu finden:

>»Ich weiß nicht, ob es nur mit Gottfried Wolters zusammenhing, daß meine Werke gedruckt wurden, und ich kann mir auch nicht erklären, warum an-

dere Komponistinnen so viele Schwierigkeiten mit Verlagen haben.« (zit. nach Philipp 1993, S. 38)

Es ist nicht schwer nachzuvollziehen, dass Kukuck, die während ihres beruflichen Werdegangs so gut wie nie auf Widerstand gestoßen ist (weder als Frau noch als Teiljüdin; s. Kap. III, S. 29), sich die Probleme, die andere Frauen im Kompositionsberuf noch heute überwinden müssen, nur schwer vorstellen kann. Ein einziges Mal muss sie selbst eine berufliche Chance zugunsten ihrer Familie ausschlagen: Anfang der sechziger Jahre lehnt sie eine Anfrage der *Musischen Bildungsstätte in Remscheid* (seit 1968 *Akademie Remscheid für musische Bildung und Medienerziehung e. V.*) – und damit die Möglichkeit dort als Musiklehrerin tätig zu werden – ab, um sich nicht von ihrer Familie trennen zu müssen (vgl. Gerteis 1986, S. 27). Zum ersten und vielleicht auch einzigen Mal in ihrem Leben muss sie sich zwischen Beruf und Familie entscheiden und lernt die Probleme kennen, vor denen komponierende Frauen (genauer: berufstätige Frauen mit Familie im Allgemeinen) stehen können.

Dennoch fühlt sich auch Kukuck verpflichtet, die nachkommende Komponistinnengeneration zu unterstützen: Mit ihrem Beitritt zum Arbeitskreis *Frau und Musik* beteiligt sie sich an der speziellen Förderung musikschaffender Frauen (vgl. Exter 1988, Anhang, S. 13). Diese Unterstützung steht jedoch nicht konträr zu Kukucks Ansicht, dass komponierende Frauen und Männer einen absolut gleichwertigen Rang einnehmen sollen und dies ihrer Meinung nach auch tun: »Beim Komponieren gibt es keine Unterschiede zwischen ›der Frau‹ und ›dem Mann‹. Es gibt nur individuelle Unterschiede.« (zit. nach Philipp 1993, S. 34) Auf rein existenzieller Ebene lassen sich tatsächlich keine Unterschiede ausmachen. Die Tatsache, dass Komponisten für veröffentlichte und verkaufte Werke nur wenig Geld bekommen, wirft die Frage auf, ob Kukuck von ihren Kompositionen überhaupt ihren Lebensunterhalt bestreiten kann. Ulrike Loos, die Felicitas Kukuck diese Frage 1993 in einem Gespräch stellt, bekommt eine eindeutige Antwort:

> »Nein. Leider nicht. Aber auch männliche Komponisten können nicht davon leben. Meistens nicht. Das geht erst – vielleicht, unter Umständen – in hundert Jahren. [...] Wenn man dann irgendwie ganz bekannt geworden ist.« (Kukuck 1993, Track 43, Min. 00:12)

Auch als vielbeschäftigte Komponistin ist sie trotz der Honorare und Lizenzen von Verlagen und Plattenfirmen lange auf das Gehalt und später die Unterhaltszahlungen ihres Mannes angewiesen. Ihren (bescheidenen) Lebensstandard kann sie nur aufrechterhalten, weil sie keine Miete zahlen muss (das Haus gehörte früher ihrem Schwiegervater; sie lebt also im eigenen Haus) und die *GEMA*-Einnahmen (vor allem aus den so genannten Wertungen[5]) im Laufe der Jahre steigen (vgl. Johannsen 2008b). Umso beeindruckender ist es, dass Felicitas Kukuck diesen Beruf ergriffen hat und auch heute noch Komponisten sich zu dieser Art von Erwerb entscheiden. Es ist keine materielle Entscheidung, sondern nur eine Frage von Liebe und Hingabe an die Musik. Beides hat Felicitas Kukuck mit ihrem ungewöhnlichen aber dennoch immer zielstrebigen Werdegang bewiesen.

---

[5] Die *GEMA* (Abkürzung für *Gesellschaft für musikalische Aufführungs- und mechanische Vervielfältigungsrechte*) wertet Komponisten nach der Anzahl ihrer Werke, die pro Jahr aufgeführt werden, und entrichtet einen entsprechenden Betrag an sie.

IV. Felicitas Kukuck als Schülerin von Paul Hindemith

Kompositionsunterricht bei Paul Hindemith

Die kurze, aber dennoch sehr intensive Zeit bei ihrem Kompositionslehrer Paul Hindemith in den Jahren 1937 und 1938 hat Felicitas Kukuck und ihr eigenes Werkschaffen stark geprägt und auch langfristig beeinflusst. Hindemith erhält 1927 einen Ruf an die Berliner *Hochschule für Musik und darstellende Kunst* und übernimmt dort seine erste Kompositionsklasse (vgl. Schubert 2003, Sp. 11). Mit diesem Ruf festigt sich sein Ansehen als führender Komponist seiner Generation in Deutschland, dessen Arbeit und Wirken hohes Ansehen genießen (ebd., Sp. 12). Den Ablauf eines typischen Unterrichtstages in einer seiner Kompositionsklassen hat Hindemith selbst festgehalten:

> »Der Unterricht beginnt um 9 Uhr, die Schüler sind versammelt. Schüler A bringt die Instrumentation eines Klavierstückes aus der Zeit um 1900, zweitklassige Musik, die sich für Instrumentationsversuche gut eignet, da sie sehr klavierauszugsmäßig gesetzt ist; beim Mißlingen des Versuches wird kein Meisterwerk geschändet. [...] Der Schüler B führt einen Streichquartettsatz am Klavier vor. Zunächst erklärt er den Bau des Stückes, das thematische Material und die Verarbeitung. Nach oberflächlichem Durchspielen stellt sich heraus, daß die Form des Satzes nicht den Themen entspricht. Jeder Schüler beteiligt sich an der Beratung und macht Vorschläge. [...] Nun wird Takt für Takt ganz langsam durchgespielt. Die Harmonik ist außerordentlich frei, der Schüler muß jeden einzelnen Akkord erklären. Gelingt es ihm, die Klasse zu überzeugen, darf er weitergehen. Unklarheiten muß er ausmerzen, zum Teil helfe ich ihm aus schwierigen Lagen. [...] Schüler C bringt eine Satzaufgabe, er hat ein Volkslied vierstimmig gesetzt. Die Fassung ist nicht befriedigend. Die ganze Klasse muß zur Übung sogleich die Aufgabe lösen, nach einer kurzen Zeit werden die Lösungen der einzelnen Schüler durchgespielt, besprochen und verbessert. Inzwischen arbeitet Schüler C unter Aufsicht des B seine Aufgabe um. A übt

derweil in einem Nebenraum Klarinette, wobei ich ihn unterweise.« (Hindemith 1994, S. 86–88)

Dieser (stark gekürzte) Einblick in einen Unterrichtstag bei Hindemith lässt ansatzweise erahnen, wie sehr der Lehrer seine Schüler fordert und darauf bedacht ist, ihnen auf möglichst vielfältige Art und Weise ein zur Komposition notwendiges Handwerkszeug mitzugeben. Die intensiven Lektionen finden mehrmals wöchentlich statt: Felicitas Kukuck und ihre Kommilitonen besuchen dreimal in der Woche jeweils für vier Stunden den Unterricht bei Hindemith (vgl. Kukuck 1989, S. 10).

Zu dem Zeitpunkt, als Hindemith Lehrer an der *Hochschule für Musik und darstellende Kunst* in Berlin wird, hat er noch keinerlei Unterrichtserfahrungen und stellt an seine Schüler erhebliche Ansprüche, denen nicht alle gerecht werden können (vgl. Briner/Rexroth/Schubert 1988, S. 108). Harald Genzmer, der als einer der bedeutendsten Schüler Hindemiths gilt, weiß 1984 folgendes über den Unterricht bei Hindemith Anfang der dreißiger Jahre zu berichten:

»Neun Uhr morgens – äußerst präzis – begann der Unterricht in der Musikhochschule Berlin, Fasanenstraße, in Kontrapunkt und Fuge. Es wurde sehr genau, sehr hart gearbeitet. Manchmal gab es sogar Tränen, und ab und zu verließ jemand den Unterrichtsraum, um nie wieder zu erscheinen, weil die Anforderungen einfach zu hoch waren.« (Genzmer 1984, S. 3)

Doch so streng und fordernd der Lehrer Hindemith auch ist, weiß Genzmer auch von dessen geselligen, selbstironischen Seiten zu erzählen, die Zeugnis vom guten persönlichen Verhältnis zu seinen Studenten ablegen. Genzmer berichtet von abendlichen geselligen Runden, die Hindemith so manches Mal mit seinen Studenten verbringt. Für diese Anlässe bereiten die Schüler oft satirische Szenen vor, in denen Hindemiths Unterricht sowie seine Kompositionsweise nachgeahmt und karikiert werden. Eine dieser vorgeführten Szenen, in welcher Hindemiths Schüler Franz Reizenstein in die

Rolle seines Lehrers schlüpft und einen anderen Studenten in seiner Theoriestunde empfängt, lässt neben Ungezwungenheit zwischen den Schülern und ihrem Lehrer auch große Verehrung gegenüber Hindemith erkennen: Reizenstein

> »[...] wußte ihn [Hindemith] treffend zu charakterisieren und beherrschte das Hindemith'sche Vokabular glänzend. Dieser Student also – ich weiß nicht mehr, wer ihn spielte – brachte eine Cello-Sonate, die war so ein bißchen im Stil von Grieg, und nun geschah genau das Umgekehrte von dem, was im Unterricht bei Hindemith passiert wäre. Die Sonate wurde von dem Pseudo-Hindemith in einer umwerfenden Weise griegisiert, es wimmelte an Terzverwandtschaften, die das Stück zu einer Blüte des schlimmsten Kitsches machten; dann wurde es – um alle Anwesenden an diesem Vergnügen teilhaben zu lassen – sofort gespielt, und es ging in brüllendem Gelächter unter. [...] Natürlich war Hindemith derjenige, der am meisten über alles lachte. Solche Parodien mußten aber gut gemacht sein, das war Ehrensache! Wir hatten vorher alles ganz genau ausgearbeitet mit den tollsten kontrapunktischen Tüfteleien. Das bemerkte er natürlich sofort, und ich sehe ihn heute noch sitzen und Tränen lachen.« (ebd., S. 3)

Und auch Felicitas Kukuck kann sich voller Begeisterung und Verehrung an diese Seiten Hindemiths erinnern: »Hindemith war ein großartiger Lehrer. Er war sprühend lebendig und fröhlich, nie müde, nie verdrossen, immer geduldig, aber auch sehr kritisch und streng.« (zit. nach Philipp 1993, S. 46) Ähnlich sieht auch Hindemith selbst das Schüler-Lehrer-Verhältnis:

> »Beim Kompositionsunterricht kommt es mehr als in jeder anderen Lehrtätigkeit auf restloses Vertrauen zwischen Schüler und Lehrer an. [...] auch die Grenze ist nicht leicht zu erkennen, wo Güte und Strenge, weiches Nachgeben und festes Zupacken sich scheiden. Noch schwerer ist es, den Schüler so aufzulockern, daß zwischen ihm und dem Lehrer nichts verborgen und am besten nichts unausgesprochen bleibt.« (Hindemith 1994, S. 91)

Abb. 6: Felicitas Kukuck, Paul Hindemith und Kommilitonen, ca. 1937 (Foto: Privatbesitz)

Im Oktober 1936 wird ein Aufführungsverbot für Hindemiths Werke, die von den Nationalsozialisten als ›kulturbolschewistisch‹ bezeichnet werden, erlassen (vgl. Schubert 2003, Sp. 16). Felicitas Kukuck ist diese Zeit auch später noch überaus präsent:

> »Auch im Unterricht blieb sein Wesen nicht nur mir, sondern allen Schülern weitgehend verborgen. Er sprach nie von sich. Von all den Widrigkeiten im ›Dritten Reich‹, unter denen er litt, erfuhren wir nichts. Nun, es war ja nicht

ungefährlich davon zu sprechen – ich selber war genauso verschwiegen, wie jeder Betroffene damals. Es war die einzige Möglichkeit, physisch und psychisch zu überleben.« (Kukuck 1984b)

Die Anfeindungen werden stärker und zunehmend öffentlich. Hindemith, der »an der Hochschule sowohl bei den Kollegen wie bei den Studenten aufgrund seiner ebenso natürlichen wie uneitlen Art sich zu geben […] sehr beliebt« (Genzmer 1997, S. 15) war, erfährt in dieser Zeit den größtmöglichen Rückhalt von seinen Studenten, die sich für ihn beim Propaganda-Ministerium einsetzen – leider vergebens. Resigniert zieht sich Hindemith schließlich zurück und emigriert im September 1938 zunächst in die Schweiz (vgl. Schubert 2003, Sp. 16), im Februar 1940 dann endgültig in die Vereinigten Staaten (ebd., Sp. 19).

Wie sehr Felicitas Kukuck ihren Kompositionslehrer schätzt, wird aus der Tatsache deutlich, dass sie bei ihrer künstlerischen Reifeprüfung 1939 neben Bachs *Präludium und Fuge in c-Moll* sowie Beethovens *Klaviersonate in As-Dur* op. 110 auch Paul Hindemiths zweite Klaviersonate spielt. Ihr Klavierlehrer, der Parteigenosse Prof. Rudolf Schmidt, rät Kukuck zwar dringend von der Wahl des Hindemith-Stücks ab, da der Vortrag einer Klaviersonate eines bereits emigrierten und als ›entartet‹ bezeichneten Komponisten Konsequenzen haben könnte. Kukuck lässt sich jedoch nicht von diesen Bedenken beirren, setzt sich durch und bringt mit der Wahl dieses Stückes ihre Verehrung und Dankbarkeit gegenüber dem einstigen Lehrer zum Ausdruck (vgl. Kukuck 1989, S. 12). Wie viel sie ihm verdankt – sowohl in pädagogischer wie in kompositorischer Hinsicht – und wie umfassend sich seine Lehre auf ihr ganzes Leben und musikalisches Werk auswirkt, wird sich erst in späteren Jahren zeigen.

Paul Hindemiths Sicht auf seine Schülerin Felicitas Kukuck

Zwei Dokumente geben heute noch Aufschluss darüber, wie Paul Hindemith seine Schülerin Felicitas Kukuck sah und auch als angehende Komponistin einschätzte. In einem Empfehlungsschreiben, das Kukuck 1938 offenbar von Hindemith erbeten hat, gibt er folgendes Urteil über sie ab:

> »Fräulein Kestner war an der Berliner Hochschule meine Schülerin, die ich sehr gerne unterrichtet habe (Fachleute werden wissen, daß es meist kein Vergnügen ist, komponierende Damen auszubilden). Sie ist für ihren Beruf sehr begabt und hat sich durch großen Fleiß ausgezeichnet. Niemand kann das Schicksal eines komponierenden Menschen und seiner Arbeiten voraussagen, es wird sich unabhängig von der Meinung anderer vollziehen. Aber für die praktische Ausübung im Dienste des täglichen musikalischen Lebens, sei es als Lehrerin für verschiedene Instrumente, sei es als Theorie-Lehrerin, ist für eine Musikerin wie sie nicht nur überall ein Platz, sie wird sogar gesucht sein, wenn man erst ihre Fähigkeiten erkannt hat. Ich hoffe und wünsche ihr, daß sie baldmöglichst diesen Platz finden möge. Ich bin sicher, sie wird ein Gewinn sein für das Institut, an dem sie arbeitet.« (Hindemith 1938)

Obwohl Hindemith keinen Zweifel daran lässt, dass er gewisse Vorbehalte gegenüber Frauen hat, die sich im etablierten Männerberuf des Komponisten versuchen, fällt dieses Zeugnis überaus positiv aus. Hindemith bleibt zwar mit seiner Prognose, ob Kukuck ausschließlich als Komponistin arbeiten können wird, zurückhaltend. Zu genau weiß er um die Unsicherheiten dieses Berufes, in dem (auch noch zu dieser Zeit) gerade Frauen so gut wie keine Aussichten darauf haben, freiberuflich ihren Lebensunterhalt bestreiten zu können. Im Gegenzug hält er allerdings eine mögliche Anstellung als Musiklehrerin – ein für Frauen typisches musikalisches Berufsfeld – für nahezu gesichert. Dennoch muss seine professionelle Meinung von Felicitas Kukuck unabhängig von ihrer Eigenschaft als Frau sehr hoch gewesen sein, denn in diesem Empfehlungsschreiben hebt er ihre kompositorische Begabung deutlich hervor. Dass

Kukuck und Hindemith sich auch persönlich gut verstanden haben, belegen Briefe, die sich beide auch nach Beendigung des Lehrer-Schülerin-Verhältnisses schreiben. So richtet Hindemith am 31. August 1939 folgende Hochzeitsglückwünsche an sie:

> »Liebe Verflossene, was es nicht alles gibt! Wenn ich Ihnen als Lehrer gesagt hätte ›Gehen Sie zum Kuckuck‹, hätten Sie es sicher nicht getan. Es zeigt sich wieder einmal, daß die guten Einfälle erst kommen, wenn man den Unterricht hinter sich gebracht hat. Läuft die Musik immer weiter? Suchen Sie sich anzuregen, indem sie die Erbsen als Notenköpfe und das Sauerkraut als (ein wenig durcheinander geratene) Notenlinien ansehen.« (Hindemith 1939)

Herzlichkeit, Witz und Charme, die aus diesem Brief sprechen, lassen nicht nur keinen Zweifel an dem hervorragenden Verhältnis zwischen Paul Hindemith und Felicitas Kukuck. Sie machen auch nachvollziehbar, mit welcher Begeisterung sich die Komponistin zeitlebens an ihren Lehrer erinnerte.

Pädagogische Einflüsse

Paul Hindemiths Einfluss auf Felicitas Kukuck hat vielfältig und nachhaltig gewirkt. Insbesondere sein Bekenntnis zur ethisch-moralischen Verpflichtung eines jeden Komponisten, der sich mit seiner Arbeit in den Dienst der Gesellschaft stellt, ebenso wie die Erkenntnis der Kommunikationsfähigkeit von Musik ist auch für Kukuck zeitlebens richtungweisend und spiegelt sich in ihren Werken wider (vgl. Kohlhase 1984, S. 162). Musik ist für sie immer Gebrauchsmusik – ein Begriff, der in den zwanziger Jahren des 20. Jahrhunderts aufkommt und untrennbar mit Paul Hindemith verbunden ist. Damals entsteht die Gebrauchskunstbewegung als Reaktion auf die Krise, in der sich die Neue Musik befindet. Spröde und unzugänglich kann die Neue Musik beim überwiegend konservativen Konzertpublikum keine überragende Popularität erlangen und bleibt ein Novum, zu dem nur wenige musikalische Spezialisten Zugang finden. Mangelnde Resonanz und Rückgang der musikalischen Produktion sind die Konsequenzen (vgl. Krabiel 1996, Sp. 1004). Der drohenden Isolation soll mit Stücken entgegengewirkt werden, die außerhalb der Konzertsäle für die allgemeine Musikpraxis bestimmt sind. Sowohl breite Publikumsschichten wie auch möglichst viele Musikschaffende (insbesondere Musiklaien) sollen mit für spezielle Verwendungszwecke komponierter Musik erreicht werden – die Distanz zwischen Komponist, Interpret und Rezipienten soll überbrückt werden. Die Gebrauchsmusik wendet sich also konkret gegen die Idee einer absoluten Musik (d. h. gegen lebensferne Musik, die ausschließlich aus einem Selbstzweck heraus existiert) und hat das Ziel, die Musik wieder in das Leben der Menschen und ihren Alltag zu integrieren, um dabei gleichzeitig gemeinschaftsbildend zu wirken. Diese Erneuerung von Musikpraxis und Musikrezeption (genauer: die Hinwendung zum musikalischen Laien) ist jedoch nur durch die drastische Vereinfachung der in den Kompositionen eingesetzten musikalischen Mittel und Techniken zu erreichen (ebd., Sp. 1005). Paul Hindemith ist einer der Hauptinitiatoren dieser Bewegung und wendet sich 1927 selbst verstärkt der Laienmusik zu. Seine Werke verfolgen die Intention, Laien mit verschiedenen Musikstilen vertraut zu machen, ihr Repertoire zu erweitern und so das gemeinsame Musizieren zu fördern (vgl. Schubert 2003, Sp. 12). Seine Auffassung von der Zweckmäßigkeit der Musik gibt er auch im Unterricht an seine Kompositionsschüler weiter und trainiert mit ihnen, Werke im Hinblick auf ihre Bestimmung zu konzipieren. Dabei geht er so vor, dass die Studenten eine Komposition zunächst bezüglich ihrer Funktionsbestimmung betrachten müssen, bevor erst dann konkrete kompositorische Maßnahmen ergriffen werden (gemeint sind z. B. Formgestalt, Satztechnik, rhythmischer Charakter sowie harmonisch-tonale Disposition). Die Entwicklung und Einbindung von Themen und Motiven steht ganz am Ende des Vorgangs und beschließt die vom Großen ins Kleine angelegte Komposition (ebd., Sp. 36).

Felicitas Kukuck, die diese Art des planvollen Komponierens ebenfalls bei Hindemith erlernt hat, macht sich dessen Vorstellung von der ethischen Verpflichtung des Komponisten zu eigen und berücksichtigt bereits bei der Entstehung eines Werkes die Bedingungen einer Aufführung (also Anlass, Ort, Können der Ausführenden sowie das Publikum). Die Berücksichtigung dieser Kompositionsprinzipien ist für sie »nie eine Einengung, sondern eine musikalische Herausforderung« (vgl. Erbengemeinschaft Felicitas Kukuck: http://www.felicitaskukuck.de) und untermauert ihre Vorliebe für Musik, die schon im Voraus für den Gebrauch, für die Menschen, die sie ausführen, und für die Menschen, die sie hören, bestimmt ist:

> »Ich komponiere sehr oft für Laien, vielfach auch Musik für den Instrumentalunterricht, auch für meinen Singkreis, zu dem meine vier Kinder und deren Freunde gehören. Mein pädagogisches Interesse spielt dabei eine wichtige Rolle. Ich schreibe nicht so für mich hin, sitze nicht in einem Elfenbeinturm, sondern wende mich immer an Menschen, an die Welt.« (zit. nach Strauch 1975, S. 250)

Hindemiths Forderungen sind somit Basis für Kukucks musikalischen Weg und Werdegang, der sich konkret in ihrem Engagement für die Jugendmusikbewegung, Musikpädagogik, Kirchenmusik und Laienmusik (kurz: für die Gebrauchsmusik) zeigt und nichts anderes als ein Bekenntnis zum musikrezipierenden und musikausübenden Menschen bedeutet.

Kompositorische Einflüsse

Bei genauer Untersuchung von Felicitas Kukucks Werken wird deutlich, dass sie von ihrem Lehrer Paul Hindemith nicht nur dessen Überzeugungen im musikpädagogischen Bereich übernommen, sondern sich auch einige seiner Kompositionsprinzipien zu eigen gemacht hat. Hindemith vertritt die Auffassung, dass bei der Entstehung einer Komposition der Komponist zwei unterschiedliche Fähigkeiten haben und einsetzen müsse. Zu nennen ist hierbei zum einen der so genannte musikalische Einfall als eine Art plötzliche Vision, die der Komponist von seinem zukünftigen Werk hat:

> »Einfall kann nur der Moment, die Kraftkonstellation sein, wo wie in der Befruchtung die Schöpfung beginnt; der nicht beeinflußbare Punkt, aus dem die Vision des künftigen Kunstwerkes entspringt. Wenige werden von der Natur mit diesem schöpferischen Augenblick begnadet, sie können nur willig das Gefäß sein, in dem der Samen aufgehen wird. Der nächste, noch so winzige Schritt, den sie tun, führt vom Göttlichen fort auf die Erde in die höchsten Bezirke der schon geschilderten Überlegungen: Die Kompositionsarbeit beginnt, mag sie auch zunächst nichts sein als ein vages Tasten. Die im Einfall verborgene und jetzt frei werdende Kraft durchdringt von nun an alle Arbeit. Der Komponist hat viele Möglichkeiten, dem im Keime verborgenen Willen Form zu geben, immer wird aber die von diesem ausgehende unerklärbare Strahlung Art, Gestalt und Sinn des Werkes in höchstem Maße beeinflussen.« (Hindemith 1994, S. 51)

Wie hier schon angedeutet wird, ist als weitere Fähigkeit des Komponisten die unbedingte Beherrschung seines Handwerkszeugs zu nennen, die zur Ausführung des Einfalls vonnöten ist. Der Begriff des ›Handwerkszeugs‹ beinhaltet dabei bestimmte Werkstoffe, wie Melodie, Rhythmus, Harmonie, Dynamik, Klangfarbe oder Phrasierung, deren Einsatz von Hindemith als ›materielle Formung‹ beziehungsweise als ›Prozess der Materialisation‹ bezeichnet wird (vgl. Schubert 2003, Sp. 35). Mit Blick auf seine Kompositionsschüler vertritt Hindemith die Überzeugung, dass Komposition an sich unlehrbar sei. Denn erst die Fähigkeit zur Inspiration, also zum musikalischen Einfall, macht seiner Ansicht nach einen wahren Komponisten aus:

> »Schöpferische Kraft läßt sich nicht anerziehen, aber die Bereitschaft zum Empfang der göttlichen Gabe in Gestalt eines stets willigen und zu höchsten Leistungen fähigen Handwerks läßt sich erwerben.« (Hindemith 1994, S. 53)

Andererseits muss die

> »Unterweisung in die Fertigkeiten des Setzens [...] die Grundlage des Kompositionsunterrichtes bilden. Sie darf nicht nur als Vorbereitung zur freien schöpferischen Arbeit angesehen werden.« (ebd., S. 70)

Die Fähigkeit der materiellen Formung ist also – im Gegensatz zum musikalischen Einfall – erlernbar und damit auch Grundlage von Hindemiths Kompositionsunterricht:

> »Was helfen die schönsten Einfälle, was nützt die vollkommenste Satzkunst, wenn mangelnde Kenntnis der Aufführungsmittel die Herausarbeitung der geeigneten Gestalt verhindert?« (ebd., S. 90)

Der Grad des kompositorischen Vermögens ergibt sich für Hindemith also aus dem Zusammenwirken von »technischer Erfahrung und Materialisation« (zit. nach Schubert 1993, S. 236). Eben diese Auffassung praktiziert Hindemith auch in seinem Kompositionsunterricht:

> »Jeder Schüler muß an der Tafel ohne Überlegung aufschreiben, was ihm an Motiven oder Themen gerade in den Kopf kommt. [...] Nach einigen Versuchen lernt der Schüler allmählich die Stelle kennen, wo er arbeitend einsetzt, um dem ›Einfall‹ Gestalt zu geben, ja die Zuschauer erfassen sogleich diesen Moment. Langsam kommt so viel Lockerheit in die Arbeit, daß wir ungehindert so weit schreiben, wie uns der erste Schwung gerade trägt. [...] wichtig ist nur, daß jeder lernt, sich und seine Arbeit genau zu beobachten und alles, was ihm an Themen in den Sinn kommt, kritisch zu untersuchen.« (Hindemith 1994, S. 89)

Und auch Felicitas Kukuck nimmt für sich selbst das Trainieren und anschließende Ausführen des musikalischen Einfalls als wichtigste Lektion aus dem Unterricht ihres Lehrers mit:

> »Aber das Interessanteste und Anregendste, was wir bei ihm lernten, war die einstimmige Melodie! Es durfte kein Lied sein, kein Sonatenthema, kein Fugenthema, sondern die Melodie ›an sich‹. Diese Melodien wurden gemeinsam analysiert und auf ihre melodische, harmonische formal-rhyth-

mische Gestalt abgehorcht und beurteilt. Diese Untersuchungen waren das Interessanteste und Anregendste, was ich in meinem Studium erlebt habe.« (Kukuck 1989, S. 10)

Basierend auf den Vorstellungen vom musikalischen Handwerkszeug eines Komponisten beginnt Hindemith mit eigener musiktheoretischer Arbeit und entwickelt zwischen 1935 und 1937 seine bedeutende *Unterweisung im Tonsatz. Theoretischer Teil*. Es handelt sich hierbei weniger um eine Kompositionslehre als vielmehr um eine musikalische Materiallehre, die die Töne akustisch-physikalisch untersucht und harmonische sowie melodische Beziehungen zwischen den Tönen herstellt (vgl. Schubert 2003, Sp. 17). Einige der in diesem Werk niedergelegten Kompositionsprinzipien sind auch in den Werken Felicitas Kukucks immer wieder zu finden, wie im Folgenden ausführlich dargelegt werden soll. Kukuck selbst sagt über die Grundlage ihrer Musik:

> »Meine Musik, meine Kompositionen sind tonal. Ich beziehe mich dabei auf die Obertonreihe, wo die verschiedenen Intervalle auch verschiedene Stellenwerte haben. Oktave und Quinte sind die elementaren Intervalle, da sie die einfachsten Schwingungszahlverhältnisse haben.« (zit. nach Exter 1988, S. 10)

Kukuck bekennt sich hier zu Hindemiths Tonsatzvorstellungen, die auf der natürlichen Beschaffenheit der Töne – genauer: auf dem akustischen Phänomen der Obertöne und einer daraus entwickelten Tonreihe – basieren. Dafür leitet Hindemith aus der Obertonreihe eine melodische Verwandtschaftsfolge der zwölf Töne der chromatischen Tonleiter ab, die in absteigender Folge die abnehmende Verwandtschaft der Töne zu einem vorher festgelegten Ausgangston anzeigt (vgl. Hindemith 1940, S. 80). Diese Vorstellung ist das Fundament von Kukucks Kompositionen.

Obwohl insbesondere Felicitas Kukucks Instrumentalmusik musikalisch von ihrem Lehrer beeinflusst ist, zeigen auch ihre Vokalwerke deutlich die Handschrift des bei Hindemith erlernten Handwerkszeugs. Nachvollziehbar wird diese Tatsache durch eine Beschreibung Kukucks, die Schritt für Schritt erklärt, wie sie beim Komponieren eines Vokalstückes vorgeht:

> »Ich habe dann einen Text vor mir, mit dem ich tagelang allein beschäftigt bin. Oft schreibe ich die Texte in mein Skizzenheft zur Analyse und Gliederung. Der nächste Schritt ist dann die Komposition einer Melodie, die sich auf diesen Text oder auf Textabschnitte bezieht. Ich überprüfe dann diese Melodie auch hinsichtlich der Verwirklichung meiner kompositorischen Prinzipien wie z. B. dem bei Hindemith sogenannten Sekundgang. Nach diesem Kompositionsschritt kontrolliere ich den harmonischen Zusammenhang meiner Kompositionen, indem ich die zweite Stimme einer Basslinie zu der Melodie hinzukomponiere. Diese Stimme dient der Feststellung der harmonischen Gestalt der Melodie und ist deshalb später durchaus wieder veränderbar. Diese Zweistimmigkeit (nach Hindemith: ›übergeordnete Zweistimmigkeit‹) bildet sozusagen die Basis einer Komposition, die ich dann durch melodische, rhythmische, harmonische und Ideen der Instrumentierung ergänze.« (zit. nach Exter 1988, Anhang, S. 8 f.)

In dieser Beschreibung finden sich drei Komponenten, die auf die Kompositionstechnik ihres Lehrers zurückgehen. Da ist zunächst die Melodie, die (wie bei Hindemith auch) den höchsten Stellenwert einnimmt und im Übrigen bei beiden mit Vorliebe durch Quarten geprägt ist (vgl. Kohlhase 1984, S. 162 f.). Ein weiteres gemeinsames Kompositionsprinzip ist die so genannte übergeordnete Zweistimmigkeit. Es handelt sich hierbei um Hindemiths Forderung, dass – will man einen klar verständlichen mehrstimmigen Satz komponieren – es ein Gerüst geben muss, welches wie ein Rahmen von der Bassstimme und dem nächst wichtigen höher liegenden Melodiebogen gebildet wird. Diese beiden Stimmen dürfen einander nicht behindern, sondern sollen bezüglich ihrer Höhenlagen und ihrer Zeitwerte gegeneinander abgewogen sein und sich so ergänzen. Auch die Intervalle, die von den beiden Stimmen gebildet werden, dürfen nicht dem Zufall überlassen werden, sodass die beiden Stimmen auch alleine ohne weitere Hinzufügungen einen verständlichen zweistimmigen Satz bilden könnten (vgl. Hindemith 1940, S. 141 f.). Schließlich benennt Kukuck mit der Berücksichtigung des Sekundgangs (dessen Beschreibung ebenso wie die der übergeordneten Zweistimmigkeit auch in der *Unterweisung im Tonsatz* festgehalten ist) das nach Hindemith wichtigste Prinzip der Melodieführung. Es besagt, dass ein Melodieverlauf nur dann glatt und überzeugend sein kann, wenn bestimmte Hauptpunkte der Melodie sich in Sekunden fortbewegen. Solche Hauptpunkte sind durch Tontiefe, Tonhöhe oder auch Rhythmus besonders hervorgehobene Töne der Melodie, die gemeinsam (ohne dass die dazwischen liegenden schwächeren Melodieteile berücksichtigt werden) eine in Sekunden fortschreitende Linie bilden. Oktavversetzungen sind hierbei möglich: ein Sekundschritt kann also auch in Form einer Septime oder None auftreten. Außerdem unterliegt der zeitliche Abstand zwischen den eine so genannte Sekundbrücke bildenden Tönen keiner Gesetzmäßigkeit und kann variieren (ebd., S. 228–232). Neben der übergeordneten Zweistimmigkeit sind Sekundbrücken das wichtigste Kompositionsprinzip, das Felicitas Kukuck von Paul Hindemith übernimmt und ihr Leben lang anwendet.

V. Die Lied-Komponistin Felicitas Kukuck

Werk, Stil und musikalische Einflüsse

In über sechs Jahrzehnten schuf Felicitas Kukuck ihr umfangreiches Œuvre, das neben Instrumentalwerken insbesondere zahlreiche geistliche und weltliche Vokalwerke umfasst. Die textgebundene Musik nimmt dabei eine absolut vorrangige Stellung ein. Der Transport des Textinhaltes durch die Musik, also das Verständnis dieses Inhaltes durch den Hörer, hat in Kukucks Musik absolute Priorität. Entsprechend sind auch Sprachrhythmus und Sprachmelodie oft Leitpunkte für ihre Kompositionen (vgl. Rieger/Oster 1987, S. 37). So verwundert es nicht, dass ihre bedeutendsten Werke – um nur einige wenige der größeren Kompositionen zu nennen – ausschließlich Vokalwerke sind: die doppelchörige Motette *Mariae Verkündigung* (UA 1951 in Hamburg), das Oratorium *Das kommende Reich* (UA 1953 beim *Deutschen Evangelischen Kirchentag* in Hamburg), das Passionsoratorium *Der Gottesknecht* (UA 1959 in Hamburg und Berlin), die *Klagelieder Jeremias* (UA 1984 in Hamburg), die Kirchenoper *Der Mann Mose* (UA 1986 in Hamburg), die Kantate *De profundis* (UA 1989 in Hamburg), die Kirchenoper *Ecce Homo. Die letzten Tage des Jesus aus Galiläa* (UA 1991 in Hamburg), das Requiem *Und es ward: Hiroshima. Eine Collage über Anfang und Ende der Schöpfung* (UA 1995 in Hamburg) sowie die szenische Kantate *Wer war Nikolaus von Myra? Wie ein Bischof seine Stadt aus der Hungersnot rettete und vor dem Krieg bewahrte* (UA 1995 in Hamburg) stellen nur Eckpunkte ihres äußerst umfangreichen Schaffens dar. Ihr vielleicht heute noch bekanntestes Werk ist jedoch ein Lied, nämlich das Volkslied *Es führt über den Main eine Brücke von Stein* (s. Kap. VI, S. 75).

Abb. 7: Felicitas Kukuck, ca. fünfzigjährig (Foto: Thomas Kukuck)

Die Frage nach ihren musikalischen Vorbildern, die sie neben Paul Hindemith beeinflusst haben, beantwortet Kukuck eindeutig:

> »Meine Lieblingskomponisten, die gewissermaßen auch Vorbilder für mich sind, sind Bach, Mozart und Brahms. Für Klavierlieder, die ich sehr gern schreibe, ist Schubert auch ein großes Vorbild für mich.« (zit. nach Exter 1988, Anhang, S. 4)

> »Ein anderes Vorbild unserer Zeit ist für mich auch Kurt Weill.« (ebd.)

Im Bereich der Lieder hatte das Schaffen von Johannes Brahms sicher ebenfalls vorbildhafte Funktion. Denn sein Bekenntnis zum Volkslied als Ideal der Liedkomposition (das als Bekenntnis zu Einfachheit und Schlichtheit auf dem Gebiet dieser Gattung zu sehen ist) sowie die bevorzugte musikalische Umsetzung in Form des variierten Strophenliedes mit schlichter und leicht singbarer Melodie (vgl. Jost 1996, Sp. 1296) entspricht Kukucks eigener Auffassung. Bei der Aufzählung der musikalischen Vorbilder fällt außerdem ein Komponist auf, der sich wie Felicitas Kukuck auch sehr für Paul Hindemith und dessen Werke interessierte:

> »Im Bereich der Vokalmusik bin ich auch sehr von Hugo Distler beeinflußt, der zu der Zeit, als ich in Berlin studierte, auch dort lebte. Ich habe ihn persönlich nicht gekannt, habe aber damals in dem Hochschulchor von Kurt Thomas sehr viel von ihm gesungen.« (zit. nach Exter 1988, Anhang, S. 4)

Hugo Distler ist in den Jahren 1933 und 1934 an der *Kirchenmusikschule Berlin-Spandau* ein Semester lang Dozent für die Fächer Komposition, Kontrapunkt und Harmonielehre. Nach einer Lehrtätigkeit an der *Württembergischen Hochschule für Musik* in Stuttgart kehrt er 1940 nach Berlin zurück und wird dort an der *Staatlichen Hochschule für Musikerziehung und Kirchenmusik* als Nachfolger von Kurt Thomas Professor für Chorleitung, Orgelspiel und Komposition (vgl. Lemmermann/Töpel 2001, Sp. 1095–1097). Das Bild Hugo Distlers ist heute vorrangig durch seine zahlreichen Chorwerke geprägt, die auch den Schwerpunkt seines kompositorischen Schaffens ausmachen. Seine Chorkompositionen und deren Klangideal werden durch die Singbewegung (als Zweig der Jugendmusikbewegung) geformt, die sich ihrerseits an historischen Musikmodellen orientiert, Alte Musik für sich wiederentdeckt und sich insbesondere der Chormusik von Heinrich Schütz besinnt (ebd., Sp. 1100). Die Jugendmusikbewegung geht im ersten Drittel des 20. Jahrhunderts aus der deutschen Jugendbewegung hervor und wird unter den führenden Köpfen Fritz Jöde und Walther Hensel zur »erstmalige[n] Erscheinung einer generationsspezifischen Identitätsvergewisserung durch Laienmusik in eigener Regie« (Antholz 1996, Sp. 1569). Im Zuge der angestrebten generationsübergreifenden Erneuerung des Musiklebens aus dem Geist der Jugend heraus kommt insbesondere der vokalen Gebrauchsmusik große Bedeutung zu (ebd.), da das Singen als eine der elementarsten Lebensäußerungen des

Menschen verstanden und so auch praktiziert wird. Ausgesprochenes Ziel der Bewegung ist die Hinführung breiter Schichten zu eigener musikalischer Betätigung. Musik wird eine gemüts- und charakterbildende Fähigkeit zugesprochen sowie als Kraftquelle der Freude und inneren Bereicherung anerkannt. So wird besonders der Musikpädagogik, also der systematischen Heranbildung der Jugend und interessierter Laien, große Aufmerksamkeit gewidmet. Um die Prämissen der Jugendmusikbewegung auch praktisch, der musizierfreudigen Jugend entsprechend umsetzen zu können, soll der schöpferisch tätige Komponist dem Bedarf gemäß Gebrauchsmusik komponieren (vgl. Herrmann 1972, S. 57 f.). Dementsprechend strebt auch ein Großteil von Hugo Distlers Chorwerken, die vor allem im kirchenmusikalischen Erneuerungsbestreben der Jugendmusikbewegung stehen und gleichzeitig von hohem Anspruch an das musikalische Niveau zeugen, eine leichte Ausführbarkeit an (vgl. Lemmermann/Töpel 2001, Sp. 1100). Die Jugendmusikbewegung ist also mit dem Einsatz von Gebrauchsmusik eine Erscheinungsform des Laienmusizierens. Genau hier treffen sich die Linien von Hugo Distler, Paul Hindemith und eben auch Felicitas Kukuck, deren Wirken und Schaffen (so z. B. ihre Arbeiten für die der Volksliedpflege dienende Liederblattreihe *Das Singende Jahr*) auch nach dem Ende der klassischen Jugendmusikbewegung[6] in der Weiterführung dieser Tradition zu sehen ist. Denn bedingt durch Kukucks Vorstellung, dass Musik für das menschliche Gemüt förderlich ist und insbesondere das Singen als grundlegende Äußerungen des Menschen praktiziert werden muss (s. Kap. V, S. 67), findet sich unter ihren Kompositionen fast ausschließlich vokale Gebrauchsmusik, die sich oft gezielt an die Jugend sowie an Laien wendet.

---

[6] Dieses Ende wird von kritischen Stimmen auf 1929, spätestens auf 1933, datiert, während andere den kontinuierlichen Weiterbestand der Bewegung betonen (vgl. Antholz 1996, Sp. 1570).

Werk, Stil und musikalische Einflüsse

Abb. 8: Felicitas Kukuck am Klavier, fünfziger Jahre (Foto: Dietrich Kukuck)

Ein Großteil der Werke und Stoffe, die Felicitas Kukuck komponiert, entstehen zufällig und ohne Vorsatz, genauer gesagt sind sie das Ergebnis bestimmter zusammentreffender Ereignisse. Kukucks Werke sind oftmals von außen inspirierte ›Auftragskompositionen‹, die dann entstehen, wenn beispielsweise ein Ensemble, ein Sänger oder ein Instrumentalist sie um eine Komposition bittet oder eine bestimmte Idee verwirklicht haben will: »Jemand hatte eine Idee, dann setzte sich bei ihr eine Art Assoziationskette in Gang, und dann war sie Feuer und Flamme.« (Johannsen: Interview, vgl.

Kap. X, S. 168) Ein anschauliches Beispiel für eine solche Inspiration zeigt die Entstehung der Kirchenoper *Der Mann Mose*: Wolfgang Pailer, ein Bariton aus der Schweiz, hat die Kirchenoper *Noah's Flood* aufgeführt und fragt Felicitas Kukuck bei einem Besuch 1984, ob sie nicht auch einmal eine Kirchenoper komponieren wolle. Ihre Antwort und Idee kommt wie aus der Pistole geschossen: »Ja, über Mose!« Die Anregung Pailers ist also Auslöser für etwas, das schon lange im Kopf der Komponistin als Vorstellung vorhanden ist und nun auf fruchtbaren Boden fällt. Mit diesem Weg der Inspiration geht auch die Tatsache einher, dass Kukuck nicht für den Schreibtisch, sondern gezielt für Aufführungen komponiert hat. Besonders der *Kammerchor Blankenese* (hervorgegangen aus dem geselligen Singen von Familienmitgliedern und Freunden) spielt bei der Aufführung ihrer Werke oft eine wichtige Rolle. Singt der Chor zunächst noch Werke verschiedener Komponisten, wendet er sich später mehr und mehr und dann ausschließlich den Werken seiner Leiterin Felicitas Kukuck zu – die Komponistin hat so ihren eigenen Uraufführungschor (ebd., S. 168).

Wie die Liedauswahl der vorliegenden Arbeit belegt, sind die Themen, denen sich Felicitas Kukuck in ihren Kompositionen widmet, äußerst vielfältig und nicht nur auf den christlich-religiösen Bereich (wie die bislang genannten Titel vermuten lassen könnten) begrenzt. In ihren jüngsten Werken thematisiert Kukuck jedoch insbesondere existenzielle Fragen der Gegenwart und verarbeitet Themenbereiche wie Krieg, Frieden, Auschwitz, Hiroshima oder Tschernobyl. Analog hierzu spricht aus ihren Werken oft ihre eigene grundlegende Lebensauffassung, nach der Frieden – sowohl global betrachtet aber auch im privaten häuslichen Kreis – das höchste Gut des Menschen ist (vgl. Erbengemeinschaft Felicitas Kukuck: http://www.felicitaskukuck.de).

In Felicitas Kukucks Musik einen bestimmten Stil auszumachen oder sie gar einer bestimmten Strömung zuzuordnen, ist nicht ganz unproblematisch und fällt der Komponistin selbst schwer. Sicher verändern sich auch ihre Kompositionen im Laufe der Zeit, konkret voneinander zu unterscheidende Schaffensperioden sind jedoch nicht erkennbar, da ihre kompositorische Entwicklung langsam und kontinuierlich stattfindet. Sie selbst sagt 1988 über ihre Musik:

> »Den Stil meiner Musik kann ich nicht einer Richtung zuordnen. Ich benutze sehr viele Stilelemente, auch stelle ich sie nebeneinander. Ich gehe sehr vom Text aus, das prägt den Stil meiner Musik, dabei benutze ich gerne vieltönige Klänge mit verminderten und übermäßigen Intervallen. Ich habe dabei eine Klangvorstellung, die auch gleichzeitig eine Farbvorstellung ist. [...] Mein Kompositionsstil hat sich insofern verändert, daß ich heute mehr Chromatik in meine Musik miteinbeziehe als früher. [...] Außerdem habe ich mich von meiner Fixierung auf den Stil Hindemiths im Laufe der Zeit gelöst. Phasen, die sich klar voneinander trennen lassen, gibt es aber nicht.« (zit. nach Exter 1988, Anhang, S. 11 f.)

Dass ihre Lieder hierbei (wenigstens teilweise) eine Ausnahme darstellen, soll an späterer Stelle gezeigt werden (s. Kap. V, S. 69). Bestimmten Kompositionsprinzipen ist Felicitas Kukuck jedoch zeitlebens treu geblieben. Neben der Berücksichtigung des auf Hindemith zurückgehenden Prinzips des Sekundgangs sowie das der übergeordneten Zweistimmigkeit (s. Kap. IV, S. 53) ist vor allem die Vorstellung, dass bestimmte Intervalle oder Intervallstrukturen eine symbolische oder gar semantische Bedeutung innehaben, ein Leitfaden für Kukucks Kompositionsweise. So versteht sie beispielsweise den Tritonus als Verkörperung des Dämonischen, die verminderte Quarte als Ausdruck von Schmerz, während die große Septime aufwärts als Inbegriff des Aufschreis gedeutet wird (vgl. Rieger 1995). Gerade die aufsteigende große Septime wird von Kukuck gerne auch als musikalisches Anagramm ihres eigenen Namens mit der Tonfolge *f–e* vertont. In zahllosen privaten Briefen wird Felicitas Kukuck von Verwandten und Freunden mit dem Kosenamen ›Fe‹ beziehungsweise ›Fee‹ angesprochen. Sie mag das Spiel mit ihrem Vornamen und setzt ihn auch musikalisch um. Ihre

Tochter Margret kann sich heute sogar vorstellen, dass ihre Mutter in diesem Schmerzensintervall eine musikalische Deutung ihres Vornamens oder sogar ihres Lebens sah oder auch rückblickend konstruierte (vgl. Johannsen: Interview, vgl. Kap. X, S. 174). Der Einsatz symbolisch besetzter Intervalle geht also Hand in Hand mit Kukucks Bestreben, Inhalte, konkrete Worte oder Texte (im Fall von Vokalmusik also die Sprache im Allgemeinen mit ihrem Tonfall, ihrer Melodie, ihrem Rhythmus und den daraus folgenden Emotionen) musikalisch zu imitieren und damit zu interpretieren. Es handelt sich hierbei selbstverständlich nicht um ein kompositorisches Novum, denn die Tradition der als Mittel der musikalischen Affektdarstellung eingesetzten Intervalle reicht weit in die musikgeschichtliche Vergangenheit zurück. Felicitas Kukuck bewegt sich im Rahmen dieser Tradition. Sie tritt bei ihr zwar modifiziert und erweitert in Erscheinung, dennoch ist ihre Musik absolut als Tonsprache zu sehen, die ihren Ursprung in der Textvorlage selbst hat und durch die Inhalte und Gefühle musikalisch transportiert werden können (vgl. Rieger 1995).

Musikhistorisch betrachtet lässt sich zu ihrem Stil umfassend sagen, dass Felicitas Kukuck, die ihre eigene Musik als ›freitonal‹ bezeichnet (zit. nach Philipp 1993, S. 33), mit ihren Kompositionen einen ganz eigenen musikalischen Weg gefunden hat und sich nicht nach jeweils vorherrschenden Moden oder Strömungen richtet: »[...] meine Musik ist nicht ›modern‹. Sie gehört nicht zur Avantgarde, aber das entspricht auch nicht meiner Intention.« (ebd., S. 31) Zwar greift sie für einige wenige ihrer Werke punktuell auf zwölftönige Themen zurück, unterwirft sich jedoch nie streng dieser Kompositionsweise (ebd., S. 34). Auch im Alter steht sie zu ihrer eigenen Art der Musik: »Obwohl die heutigen Komponisten ja ganz anders komponieren als ich. Aber das kratzt mich nicht.« (Kukuck 1993, Track 26, Min. 03:05) Ortwin von Holst, Kirchenmusiker und

Freund Kukucks, findet vielleicht mit seinen Worten eine treffende Beschreibung des Kukuckschen Musikstils:

> »Diese von einer Frau geschriebene Musik ist immer hochempfindlich und feinnervig, nie primitiv motorisch, sondern von äußerst subtiler Deklamation. Ihre Kompositionen erscheinen stets durchleuchtet, transparent und lassen ein Gespür für feinste vokale Regungen und Schwebungen erkennen, sowohl im Überschwang wie in versonnener Versenkung, dabei jedoch kraftvoll und klug, formal bewußt und geplant.« (zit. nach Rübben 1968, S. 5)

Auch in der Öffentlichkeit bleibt das Schaffen dieser bemerkenswerten Frau und Komponistin nicht ungewürdigt. Für ihre Verdienste um Kunst und Kultur in Hamburg erhält Kukuck 1989 von der Freien und Hansestadt Hamburg die *Biermann-Ratjen-Medaille*, 1994 folgt von derselben Stadt die Verleihung der *Johannes-Brahms-Medaille* für ihre Verdienste um das Hamburgische Musikleben sowie als Auszeichnung für hervorragende Leistungen auf dem Gebiet der Musik. In der Laudatio zur Verleihung der Brahms-Medaille fasst Eva Rieger die Musik Felicitas Kukucks, die hohen kompositorischen Anspruch sowie gleichzeitige Verständlichkeit und Aufführbarkeit für Laien miteinander verbindet, in folgende treffende Worte:

> »Die Ehrung adelt zugleich eine Musikauffassung, die von humanem Denken geleitet ist, die zwar nicht avantgardistisch, aber doch originell ist, die kommunikative Elemente anstelle schockierender Effekte setzt, die qualitativ hochstehende, aber zugleich spiel- und singbare Musik über das spektakuläre Experiment stellt. Und seien wir ehrlich: erreicht nicht die Musik einer Felicitas Kukuck, die begierig von zahllosen Chören und Instrumentalensembles geübt und aufgeführt wird, ein weitaus größeres Publikum als das in einem Konzert einmal Aufgeführte?« (Rieger 1995)

Abb. 9: Felicitas Kukuck am Klavier, ca. 1998 (Foto: Margret Johannsen)

Auch mit 86 Jahren komponiert Felicitas Kukuck noch täglich. Am Ende ihres Lebens ist das Komponieren als fester, routinierter Bestandteil jedes einzelnen Tages für sie ein Halt, durch den sie weiterleben kann. Als ihr Gesundheitszustand sie dazu zwingt, mit dem Komponieren aufzuhören, stirbt sie nach kurzer Zeit (vgl. Johannsen: Interview, vgl. Kap. X, S. 174). Heute kümmert sich Margret Johannsen um Aufführungen und Veröffentlichungen der Werke ihrer Mutter:

> »Die ganze Familie fühlt sich inzwischen dieser Musik auch sehr verpflichtet: Mein Bruder macht die technische Seite der Pflege der Musik (also Aufnahmen, das Brennen von CDs, Digitalisierung, etc.), und ich kümmere mich mehr um das Management. Mein Neffe kümmert sich auch um Aufführungen.« (ebd., S. 166)

Der erstgeborene Enkel Christoph, der als Toningenieur und Inhaber eines Tonstudios sehr erfolgreich ist, verehrt die Musik seiner

Großmutter und hat nun überdies einen ›Kukucks-Chor‹ gegründet sowie einige ihrer Stücke im Studio aufgenommen. Diese vielfältigen Bemühungen, die durch die Verwaltung des Nachlasses von Felicitas Kukuck im *Archiv Frau und Musik* ergänzt werden, lassen das Werk der Komponistin auch nach ihrem Tod weiterleben.

Bedeutung des Singens für Kukuck

Der musikalischen Gattung des Liedes, sei es nun das Solo- oder das Chorlied, liegt das Singen beziehungsweise der Gesang zugrunde. Um einen umfassenden Überblick über das Liedschaffen Felicitas Kukucks geben zu können, muss zunächst näher betrachtet werden, welche Rolle das Singen im Leben der Komponistin innehat und welche Haltung sie selbst zu dieser musikalischen Ausdrucksform einnimmt.

Im Fall von Felicitas Kukuck hat das Singen (und damit auch das Lied) eine elementare, wenn nicht sogar existenzielle Stellung: »Singen ist wichtig, unendlich wichtig.« (Kukuck 1993, Track 8, Min. 00:39) Schon als Kind gehört Gesang zu ihrem alltäglichen Leben dazu. Die Mutter, die selbst Sängerin ist, pflegt das gemeinsame Singen mit ihren Kindern und findet in ihrer Tochter Felicitas später auch eine zunehmend kompetente Liedbegleiterin:

> »Ich bekam ja mit zehn Jahren Klavierunterricht, und dann hat sie mich doch sehr stark dazu angehalten, dass ich auch Lieder begleiten lerne. Und das habe ich mit Wonne getan: Brahms-Lieder und auch schwere Sachen. Schubert und sowas. [...] Dann hat sie aber auch Arien aus der Matthäus-Passion verlangt von mir, und das ist ja nun wirklich ein bisschen schwerer. Das habe ich natürlich nicht gleich mit zehn Jahren gekonnt, aber ich habe sie oft begleitet. Das hat mir großen Spaß gemacht.« (ebd., Track 7, Min. 00:06)

So erinnert sich Kukuck an ihre seit der Jugendzeit immer fortwährende Beschäftigung mit dem Singen. Denn auch als begleitender (und eben nicht selbst singender) Part eines Liedes zeigt sie viel musikalisches Einfühlungsvermögen für den Gesang und lernt dabei auch sich selbst beim Singen zu begleiten:

> »Das ist unerlässlich, wenn man auf dem Klavier Lieder begleitet, dann muss man auch die Lieder selber singen können, sonst kann man die nicht wirklich gut begleiten. Man muss immer wissen, wo muss geatmet werden. Nicht? Das muss man mitatmen.« (ebd., Track, 7 Min. 00:44)

Das Singen und Liedbegleiten von früher Kindheit an schult Kukucks musikalische Fertigkeiten und das Gespür, das eine angehende Komponistin für die Möglichkeiten der ausführenden Sänger ihrer Werke haben muss.

In ihrer Studienzeit hat Kukucks innige Beziehung zum Gesang mit ihrem Mitwirken in zwei Chören Bestand. Zum einen singt sie im Hochschulchor und zum anderen im a-cappella-Chor von Kurt Thomas und erlebt hier als Ausführende Aufführungen von Thomas' *Markus-Passion* sowie seiner *Messe in a-Moll* und bringt viele Werke von Hugo Distler zu Gehör (vgl. Kukuck 1989, S. 11).

Aber auch in der schlimmsten Zeit ihres Lebens, während des Zweiten Weltkrieges, behält der Gesang seine wichtige Stellung im Leben der Komponistin. Mehr noch: Das Singen wird zu einer Art Überlebensstrategie und innerer Flucht vor den grausamen Kriegsszenarien. So muss Kukuck beispielsweise kurz vor Ende des Krieges mit ihrem Sohn Jan zehn Tage in einem Luftschutzkeller verbringen – eine bedrückend lange Zeit: »Was mich betraf, ich erzählte meinem Jan Märchen – die bekannten Grimmschen Märchen […]. Außerdem sangen Jan und ich Volkslieder.« (ebd., S. 17)

Nach Kriegsende finden auch Felicitas Kukuck und ihre Familie im Laufe der Zeit in ein normales Alltagsleben zurück, soweit dies nach diesen Jahren überhaupt möglich ist. Und so versucht sie auch ihren Kindern das Singen als einen festen Bestandteil des Familienlebens sowie des menschlichen kulturellen Daseins mit auf den Weg zu geben: »Noch bevor die Kinder richtig sprechen konnten, sangen wir zusammen: abends vor dem Schlafengehen und besonders im Winter an den Advent-Sonntagen.« (ebd., S. 33)

Schließlich ist das Zusammentreffen mit Gottfried Wolters (s. Kap. III, S. 22) maßgeblich ausschlaggebend dafür, dass sich Felicitas Kukuck vermehrt der Vokalmusik und insbesondere der Gattung Lied zuwendet. Mit seiner Initiative bringt Wolters den Gesang nicht nur in das Leben von Kukuck, sondern kann in der kulturellen Dürrephase der Nachkriegszeit für Viele impulsgebend wirken: »Er hat damals nach dem Krieg mit dem Singen neue kulturelle Zeichen für die damalige Jugend gesetzt« (Kukuck 1989, S. 30).

Kukucks Liebe zum Gesang findet jedoch in ihrem eigenen häuslichen Gebrauch oder ihren Kompositionen noch lange nicht ihre Grenzen, denn im letzten Drittel ihres Lebens ist es insbesondere ihr *Kammerchor Blankenese*, als dessen Leiterin sie große Erfüllung findet und in dessen Rahmen sie ihre eigenen Vokalkompositionen zur Aufführung bringt (vgl. Gerteis 1986, S. 29). So kann Felicitas Kukuck das Singen, das sie als eine der grundlegenden Ausdrucksformen des Menschen versteht, schließlich in der Art und Weise ausüben, die sie für adäquat hält. Denn das Singen, das sie mit der Bezeichnung ›tönender Atem‹ (zit. nach Rieger/Oster 1987, S. 37) als eine Vorstufe des Sprechens bezeichnet, wird hier im Kreise ihres eigenen Chores zur Kommunikation zwischen Menschen auf der Basis von Musik. In dieser Art der Kommunikation mit Menschen liegt schließlich nicht nur ihre Liebe zum Gesang oder zum Lied, sondern zur Musik allgemein begründet.

Liedästhetik und Überblick über Kukucks Liedschaffen

Die Zahl der von Felicitas Kukuck komponierten Lieder ist nahezu unüberschaubar groß. Viele veröffentlichte und unveröffentlichte Werke, die sich in allen ihren Schaffensphasen wiederfinden (sowie deren Umgestaltungen, Fortsetzungen und Weiterverarbeitungen) geben Aufschluss über ihr breites Schaffen im Bereich dieser musikalischen Gattung.

Bedingt durch Gottfried Wolters Kompositionsaufträge für die Liedblattreihe *Das Singende Jahr* (s. Kap. III, S. 22) beginnt Kukuck Anfang der fünfziger Jahre sich erstmals verstärkt dieser Gattung zuzuwenden. Sucht man in allen ihren vielfältigen Liedern, die im Laufe ihres Lebens entstanden sind, etwas Gemeinsames oder ein verbindendes Element, so sind es immer die Worte, von denen sie ausgeht: »Die Sprache war mir das Wichtigste. Von ihr gingen für mich kompositorische Impulse aus.« (zit. nach Philipp 1993, S. 48) Kukucks allgemeine Auffassung von Vokalmusik gilt somit selbstverständlich auch für ihre Liedkompositionen:

> »Mir geht es darum, einen Text nach meinen Maßstäben und nach meinem Verständnis in Musik umzusetzen. Dabei darf der Musik kein ›Prinzip‹ übergestülpt werden. Es sind semantische Details, die mich dazu anregen, sie musikalisch abzubilden.« (ebd., S. 31)

Durch verschiedene Mittel (s. Kap. V, S. 61) versucht Kukuck diese musikalische Nachahmung oder sogar Verstärkung der jeweiligen Textvorlage zu erreichen:

> »Wenn ich Textinhalte vertone, wird der ›Schmerz‹ sicher nicht durch tiefe Töne verdeutlicht, wenn von ›Niedergang‹ die Rede ist, werde ich bestimmt keine aufsteigende Linie schreiben. Die Worte ›Herr‹ und ›Gott‹ gehen bei mir immer mit hohen Tönen einher […]. Ich setzte also eine unmittelbare Wortbedeutung um.« (ebd., S. 33)

Jeder Text fordert also eine andere, angepasste Art des Komponierens von ihr. Neue Texte und damit neue Inspiration für Kompositionen erhält Kukuck dabei auf verschiedene Weise: Neben den Texten, die sie selbst findet oder sogar selbst schreibt, bekommt sie oft Textvorschläge von anderen, insbesondere in den letzten zehn Jahren ihres Lebens von ihrer Tochter Margret. Die Tochter schreibt aber auch eine Zeit lang (in den späten siebziger und frühen achtziger Jahren) selbst Gedichte sowie deutsche und englische Texte für die ›U-Musik‹ ihres Neffen und Schwagers. Als Felicitas Kukuck ihre Tochter bittet, auch für sie Texte anzufertigen, ist die Komponistin von den Gedichten (die ursprünglich gar nicht für die Mutter geschrieben wurden) begeistert und vertont sie. So entstehen beispielsweise einige ihrer Liebeslieder. Während diese Gedichte also bereits vor der Vertonung fertig vorliegen, fängt Felicitas Kukuck bei anderen Texten ihrer Tochter schon mit der Komposition an, obwohl erst Textfragmente fertig gestellt sind (Beispiele hierfür sind die Werke *Der Mann Mose, Ecce Homo, Wer war Nikolaus von Myra?, Und es ward: Hiroshima*, sowie *Von der Barmherzigkeit*): »Sie hat sie [die Texte] mir aus der Hand gerissen, das ist immer so gewesen, wenn ich etwas für sie getextet habe. Die waren nicht fertig, als sie sie komponierte. Sie fing sofort an.« (Johannsen: Interview, vgl. Kap. X, S. 169) Noch deutlicher als zuvor kommt hier zum Ausdruck, wie beflügelnd und inspirierend der pure Text für Kukucks Kompositionen ist.

Felicitas Kukuck betont, dass es in der Gesamtheit ihres kompositorischen Schaffens keine stilistisch klar voneinander zu trennenden Phasen gibt (s. Kap. V, S. 61). Dennoch lassen sich gerade im Bereich ihrer Lieder gewisse Unterschiede zwischen den früh und den spät entstandenen Werken erkennen. So werden ihre frühen Lieder besonders durch starke, große Emotionen angeregt (wie etwa Herzensleid, Jubel, etc.): »Sie hat die Gefühlsebene, die in Texten enthalten ist, in ihrer Musik versucht zu konkretisieren und zum Ausdruck zu bringen.« (ebd.) Ganz eindeutig können hier gemeinsame Stilmerkmale herausgestellt werden: »Gerade ihre frühen Lieder – die sich doch von den späten deutlich unterscheiden – haben so eine Art langen Atem, einen Bogen.« (ebd.) Ein besonders geeignetes Beispiel für diese musikalischen Bögen ist sicherlich ihr Lied *Es führt über den Main eine Brücke von Stein* (s. Kap. VI, S. 75). Später (so z. B. ihre Lieder aus den achtziger Jahren auf Texte ihrer

Tochter) nehmen die Liedkompositionen sehr unterschiedliche Gestalten an und ersetzten die Gefühlsebene durch spöttische, verspielte oder lustige Elemente. Oft versucht sie den Inhalt des Textes und der Worte in der Musik zu parallelisieren und damit zu konkretisieren. Insgesamt werden ihre Liedkompositionen viel bewusster und handwerklicher (ebd.).

Die Komposition von Vokalmusik, genauer: von Liedern, hat Felicitas Kukuck ihrer eigenen Aussage nach nicht bei ihrem Lehrer Paul Hindemith gelernt. Dennoch finden sich auch in seinem Œuvre verschiedene Liederzyklen. So zeigt sich beispielsweise seine (aus der damals herrschenden Musikauffassung der Neuen Sachlichkeit resultierende) praktische Motivierung des Komponierens, derzufolge ein Komponist sich mit seiner Arbeit in den Dienst der Gesellschaft stellt, besonders im Liederzyklus *Das Marienleben* (vgl. Schubert 2003, Sp. 11). Diese 1922/1923 entstehenden Lieder für Sopran und Klavierbegleitung auf Gedichte von Rainer Maria Rilke sind geprägt durch den Einsatz modaler Wendungen und zeichnen sich durch ihre fremd klingende, distanzierte Nüchternheit aus. Obwohl Hindemith den Zyklus 1948 hinsichtlich dieser klanglichen Härten und technischen Schwierigkeiten überarbeitet, gilt *Das Marienleben* in den zwanziger Jahren eben wegen der konsequenten Überschreitung des bis dahin typisch Liedhaften als programmatisches Werk der Neuen Musik (vgl. Jost 1996, Sp. 1303 f.). Paul Hindemith reagiert außerdem musikalisch auf die politische Situation im nationalsozialistischen Deutschland sowie auf das Verbot seiner als ›kulturbolschewistisch‹ bezeichneten Werke 1933 und 1935 mit der Komposition von Klavierliedern, die durch ihren resignativ-melancholischen Charakter auf eine innere Emigration hindeuten. Diese Lieder werden jedoch nie veröffentlicht (vgl. Schubert 2003, Sp. 13). In seinem Kompositionsunterricht gehen die Übungen dann zwar oft vom Liedsatz aus, dieser wird jedoch instrumental gedacht und erst im Nachhinein mit einem Text versehen. Hier zeigt sich erstmals ein deutlicher Unterschied zwischen dem großen Vorbild Hindemith und Felicitas Kukuck, deren Kompositionen auf einem zunächst aufwendig eingerichteten Text basieren und dessen Bedeutung erst dann durch Rhythmus und Melodie herausgearbeitet wird, während die Harmonik nur eine untergeordnete Rolle spielt (vgl. Kohlhase 1984, S. 164).

Nichtsdestoweniger spielt auch in Hindemiths Liedästhetik das Verhältnis von Wort und Ton eine entscheidende Rolle:

> »So wie die Musik vom Textwort genährt, angetrieben, erfüllt und über die Sphäre rein musikalischer Schönheit und Glaubwürdigkeit hinausgetrieben wird, so soll auch umgekehrt ein rein musikalisches Einwirken rückwirkend das Wort durchleuchten, ahnungsvoll machen und nun seinerseits auf eine Ebene heben, die Worten allein nicht erreichbar ist.« (Hindemith, zit. nach Velten 1992, S. 87 f.)

Hindemith ist also davon überzeugt, dass Wort und Musik durch die Verbindung in der Vokalmusik gegenseitig ihre Ausdruckswirksamkeit steigern können. Jedoch gibt es gewisse Voraussetzungen, die er einmal dem Dichter Eduard Reinacher gegenüber äußert:

> »Wenn ich aus einem Text ein Lied machen soll, so muß er lockere Stellen haben, die vom Dichter gewissermaßen ausgespart sind, freigelassen für den Komponisten, derart, daß die Musik hier gebraucht wird. Du aber arbeitest selbst auf diese Art als Musiker, es bleibt mir kein Raum, das Eigene beizutragen, das Gefüge der Stimmen und der Begleitung ist fertig. Das ist schade ...« (zit. nach Briner/Rexroth/Schubert 1988, S. 76)

Da Felicitas Kukuck zwar ebenfalls in ihren Liedern immer versucht hat, die Aussage des Textes durch die Musik zu unterstreichen und zu verstärken (hier steht sie wieder eindeutig in der Tradition ihres Lehrers), jedoch nie derart konkret wie Hindemith ›Textlücken‹ gefordert hat, die durch Musik ausgefüllt werden können, um so eine höhere Bedeutungsebene zu eröffnen, bleibt fraglich, ob sie dieser Voraussetzung umfassend zugestimmt hätte. Festzustellen ist, dass der kommunikative Charakter ihrer Lieder gegenüber dem Hörer (also der Transport des Textes, seines Inhaltes sowie eben auch möglicher neuer Bedeutungsebenen) immer höchste Priorität hat.

Ebenso umfangreich und vielfältig wie Kukucks Liedœuvre sind auch ihre verwendeten Liedthemen und Liedarten. Die in der vorliegenden Arbeit vorgenommene Kategorisierung des Großteils ihrer Lieder und die daraus resultierende exemplarische Liedauswahl orientieren sich an verschiedenen Eigenschaften der Werke und versuchen so eine gewisse Strukturierung zu erreichen: Insbesondere textlich-inhaltliche Gesichtspunkte sind hierbei entscheidend und bringen die Kategorien ›Volkslied‹, ›Lieder zu Hamburg‹, ›Dichterlieder‹, ›Liebeslieder‹, ›Lieder zu Krieg und Frieden‹ sowie ›Lieder zum Holocaust‹ hervor. Aber auch konkrete Träger von Liedern (so bei den ›Kinderliedern‹), ein bestimmter Anlass des Singens (hierunter fallen die ›religiösen Lieder‹) oder auch die Funktion der Lieder (so die der Unterhaltung dienenden ›Songs‹) sind für die Umreißung von Liedkategorien ausschlaggebend und belegen die thematische Breite dieser Gattung bei Kukuck.

Die Verbreitung und Bekanntheit der Kukuckschen Lieder in den ersten Jahrzehnten ihres Schaffens werden durch zwei schriftlich fixierte Dokumente bezeugt. Hermann Josef Rübben betont 1968 in der Zeitschrift *Lied und Chor*:

> »Wie sehr Felicitas Kukuck in der Lage ist, mit sicherem Empfinden die Mentalität des singenden Menschen zu treffen, beweist die weite Verbreitung von Liedern, die sie geradezu exemplarisch aus dem Geist des alten Volksliedes geschaffen hat.« (Rübben 1968, S. 5)

Und auch die alte von Friedrich Blume herausgegebene Ausgabe der *Musik in Geschichte und Gegenwart* unterstützt diese Aussage: »Unter ihren Liedern finden sich hervorragende Neuschöpfungen aus dem Geist des alten Vld. [Volksliedes], die weite Verbreitung gefunden haben.« (Twittenhoff 1958, Sp. 1888) Der zugehörige Artikel zu diesem Ausschnitt stammt aus dem Jahre 1958. Die Tatsache, dass Felicitas Kukuck in den heutigen Nachschlagewerken der Musik gar nicht mehr vertreten ist (explizit als solche betitelte Komponistinnen-Lexika stellen hierbei teilweise Ausnahmen dar), ist nicht nur überaus bedauerlich, sondern übergeht damit auch die Existenz einer der interessantesten und vielleicht auch wichtigsten Vertreterinnen von Vokalmusik (und damit auch von Liedern) des 20. Jahrhunderts.

VI. Vorstellung und Analyse ausgewählter Lieder

Volkslieder

Es führt über den Main eine Brücke von Stein

Die Volkslieder nehmen in Felicitas Kukucks Liederschaffen einen besonders großen Raum ein. Ihr wohl heute noch bekanntestes Lied ist *Es führt über den Main eine Brücke von Stein*, auf dessen Popularität die Komponistin selbst immer sehr stolz war (vgl. Johannsen: Interview, vgl. Kap. X, S. 169). Neben der ursprünglichen Fassung für Solostimme sowie zahlreichen Versionen für mehrere Stimmen mit unterschiedlichen Begleitinstrumenten hat sie zu dieser Melodie auch Instrumentalsätze, Klaviervariationen sowie eine Kantate komponiert.

Die Entstehung des Liedes kann bis in Kukucks eigene Kindheit zurückverfolgt werden:

> »Der Text stammt (bis auf die letzte Strophe, die ich hinzugefügt habe) aus dem Pestalozzi-Fröbel-Haus [PFH] in Berlin. Das Lied wurde vermutlich um die Jahrhundertwende dort von Kindergärtnerinnen erfunden und mit Kindern gesungen und getanzt, aber es hatte eine andere Melodie [...]. Meine Schwester [Elisabeth] (Jahrgang 1907) hat dieses Lied mit der alten Melodie während ihrer Kindergärtnerinnen-Ausbildung im PFH in Berlin Anfang der 20er Jahre dort kennengelernt und es mir damals vorgesungen. Es ist nirgends gedruckt worden, sondern wird immer noch bis heute mündlich weitergegeben mit der alten Melodie. Ich habe Anfang der 50er Jahre eine eigene Melodie zu dem alten Text geschrieben und zwar für eine Sendereihe des Bremer Musikschulfunks: ›Bremer Musikantenspiele‹, die damals 14tägig fürs 3.–4. Schuljahr gesendet wurde. Ich hatte für jede der Sendungen ein exemplarisches Lied gemacht, das jeweils einen musikalischen Grundbegriff besonders deutlich machen sollte. Das Lied von der Tanzbrücke stand für die Begriffe: schnell und langsam (Tänze im ungeraden Takt). 1953 ist das Lied mit meiner Melodie auf den unveränderten al-

ten Text und der von mir hinzugefügten 8. Strophe in der Liedblattreihe: ›Das Singende Jahr‹ [...] bei Möseler erschienen.« (Kukuck 1984a)

Damit ist *Es führt über den Main* ein Volkslied im besten Sinne. Zwar erkennt die heutige Singforschung schon solche Werke als Volkslieder an, die tatsächlich erklingen und sich ständig verändern. Jedoch auch die zuvor im Laufe der Zeit entwickelten Kriterien für ein Volkslied – nämlich mündliche Vermittlung (Oralität), weite Verbreitung im Volk (Popularität), Unbekanntheit der Autorschaft (Anonymität), ästhetische Qualität (Dignität) sowie lang währende Tradition (Anciennität und Persistenz) (vgl. Bröck 1998, Sp. 1735) – treffen auf Kukucks Lied zu.

Eine schriftliche Nachfrage (vgl. Gröger 1979) des *Deutschen Volksliedarchivs* (bzw. der *Arbeitsstelle für internationale Volksliedforschung*) bezüglich der Herkunft des Liedes und der Veränderungen, die sie am Text vorgenommen hat, beantwortet Kukuck recht genau:

»Ich habe dem mündlich überlieferten Text [...] eine 8. Strophe hinzugefügt und habe auch einige der anderen Strophen ganz unwesentlich verändert. In der 4. Str. hieß es ursprünglich: ›und ein Mädchen kommt allein‹ und in der 6. Str. ›All ihr Leute kommt herbei‹. So fügte sich der Text besser in meine eigene Melodie.« (Kukuck 1979)

Die vertonte Textfassung umfasst folgende Strophen:

Es führt über den Main
eine Brücke von Stein,
wer darüber will gehen,
muß im Tanze sich drehn.
Falalalala, falalala.

Und ein Bursch ohne Schuh
und in Lumpen dazu,
als die Brücke er sah,
ei wie tanzte er da.
Falalalala, falalala.

Kommt ein Fuhrmann daher,
hat geladen gar schwer,
seiner Rösser sind drei,
und sie tanzen vorbei.
Falalalala, falalala.

Kommt ein Mädchen allein
auf die Brücke von Stein,
faßt ihr Röckchen geschwind,
und sie tanzt wie der Wind.
Falalalala, falalala.

Und der König in Person	Liebe Leute, herbei!
steigt herab von seinem Thron,	Schlagt die Brücke entzwei!
kaum betritt er das Brett,	Und sie schwangen das Beil,
tanzt er gleich Menuett.	und sie tanzten derweil.
Falalalala, falalala.	Falalalala, falalala.
Alle Leute im Land	Es führt über den Main
kommen eilig gerannt:	eine Brücke von Stein,
Bleibt der Brücke doch fern,	wir fassen die Händ,
denn wir tanzen so gern!	und tanzen ohn' End.
Falalalala, falalala.	Falalalala, falalala.

Das in *d*-Moll komponierte Strophenlied ist im Rahmen einer achttaktigen Periode gesetzt und entspricht mit dieser einfachen Form den meisten Volksliedern. Dabei wird jeder Vers durch jeweils zwei Takte vertont und es ergibt sich so die Aneinanderfügung von Vorder- und Nachsatz mit jeweils einem Motiv und einem Anschlussglied. Alle vier Teile weisen dabei eine sehr ähnliche rhythmische Struktur auf, die besonders durch den langen Notenwert (Halbe Noten bzw. eine Viertelnote) am Schluss eines jeden Verses geprägt ist. Lediglich die am Schluss jeder Strophe immer wiederkehrenden zweieinhalb Takte auf die Silben »Falalalala, falalala« sind an dieses Schema der einsätzigen Liedform angehängt. Für ihre Komposition liefert Felicitas Kukuck, die das Lied auch einmal graphisch in Form einer mit Noten besetzten Brücke festgehalten hat (vgl. Kukuck: *Es führt über den Main*), selbst eine überzeugende Interpretation:

> »Ich verstehe das Lied als eine Art Gegenstück zum Totentanzlied: ›Es ist ein Schnitter, heißt der Tod.‹ Die Brücke ist der Lebensweg und das Leben selbst ein Tanz. Wer in das Leben hineingestellt ist, muß den Weg über die Brücke nehmen und tanzen. Er kann gar nicht anders.« (Kukuck 1979)

In eben diesem Sinne ist auch die Liedmelodie zu verstehen. Wie eine gewölbte Brücke ist auch das Leben von der Geburt bis hin zum Tod ein Aufstieg mit Höhepunkt und anschließendem Abstieg. So beginnt eben auch die Melodie ausgehend vom Ton *d'* einen Aufstieg in engen Sekundschritten bis hin zum *d"* (T. 5), dem höchsten Ton des Liedes. Dieser Ton fällt in der ersten Strophe auf das Wort »(da)rüber« und bezeichnet damit musikalisch wie auch sinngemäß den Höhepunkt der Brückenwölbung. Die anschließenden Takte vollziehen den Abstieg bis zurück zum Ausgangston *d'* nach. Damit ist dieses Lied ein herausragendes Beispiel für die von Margret Johannsen beschriebenen lang ausgehaltenen Melodiebögen, die den frühen Liedern ihrer Mutter oft eigen sind (s. Kap. V, S. 69). Auch die von Paul Hindemith geforderten Sekundbrücken treten in der Melodie deutlich hervor. So bilden die Töne *e'–f'–g'–a'* (T. 1–4) sowie die Töne *d"–c"* (T. 5–7) eben solche Brücken.

Der musikalische Abstieg verläuft jedoch nicht ganz so linear wie zuvor der Aufstieg. Das Moment des Tanzens (genauer: das des sich Drehens), das in jeder Strophe angesprochen wird, wird hier musikalisch nachgezeichnet. Dies geschieht zum einen durch gebrochene absteigende Dreiklänge (T. 5/6 sowie T. 7/8) mit dazwischen liegenden aufsteigenden Tönen sowie durch die kreisend angelegte Melodie auf die Silben »Falalalala, falalala«. Auch der Dreivierteltakt des Liedes unterstützt diesen tänzerischen Charakter. Denn das Tanzen ist es, das – betrachtet man den ganzen Text – nach der Zerstörung der Brücke bestehen bleibt und somit auch als Aufforderung verstanden werden kann, die Freude am Leben (denn der Tanz ist Sinnbild eben dafür) beizubehalten.

Abschließend soll unter den vielen Bearbeitungen, die Felicitas Kukuck zu ihrem Lied angefertigt hat, exemplarisch ein Chorsatz für drei hohe Stimmen betrachtet werden. Das besondere dieser Fassung ist, dass sie mit unterschiedlich einsetzenden Stimmen einem Kanon ähnlich angelegt ist. Die erste Stimme beginnt und behält die eben beschriebene Melodie durchgehend bei. Zwei weitere Stimmen setzen gemeinsam etwas später auf das dritte Viertel des ersten Taktes ein. Zunächst übernimmt die dritte Stimme noch Töne und größtenteils auch Rhythmus der ursprünglichen Melodie. Dieser Beginn, der einem Kanon im engeren Sinne noch sehr verwandt ist, variiert bald, und die zweite sowie die dritte Stimme übernehmen nun die Funktion des harmonischen Gerüstes. Sie stehen dabei ganz im Dienst des periodischen Aufbaus der Melodie, unterstützen durch die Dominantparallele in C-Dur (T. 2), den Dominantgegenklang in F-Dur (T. 4) sowie die erneute Dominantparallele (T. 6) den spannungsaufbauenden Charakter der ersten drei Motivteile und beschließen die Periode und damit das Lied mit der Tonika in d-Moll (T. 8 sowie T. 10)[7]. Kukucks Chorsatz wird zum Ende der Strophe dann noch einmal verstärkt, indem sich die zweite Stimme in zwei einzelne teilt (T. 10) – aus der Drei- wird Vierstimmigkeit. Am Schluss einer jeden Strophe enden die vier Stimmen dann gemeinsam. Dies wird möglich, indem die unterstützenden Stimmen nur einen verkürzten Liedanhang auf die Silben »Falalala« singen.

Religiöse Lieder

Die geistliche Vokalmusik macht den absoluten Schwerpunkt des Kukuckschen Œuvres aus. Neben Kantaten, Motetten und Oratorien stehen hier auch ihre zahlreichen Lieder religiösen Inhaltes im Vordergrund, die für den Gottesdienst oder speziell für christliche Festtage (insbesondere für Weihnachten) entstehen. Kukucks mit Abstand erfolgreichstes geistliches Lied ist *Manchmal kennen wir Gottes Willen*, das im folgenden Unterkapitel näher untersucht werden soll. Darüber hinaus komponiert Kukuck auch ganze Liederzyklen, in denen sie die von ihr so geschätzten biblischen Geschichten (oft auch für Kinder, wie z. B. *Die Sintflut*; s. Kap. VI, S. 91) vertont. Bevorzugte biblische Themen sind hierbei die Weihnachtsgeschichte sowie die Passion Christi. Deshalb soll hier ihre *Ostergeschichte in Liedern* genauer betrachtet werden.

---

[7] Der d-Moll-Schlussakkord in Takt 10, dem eigentlich die Terz fehlt, erschließt sich durch das kurz zuvor in der Melodiestimme gesungene f'.

Die vorrangige Komposition von geistlicher Vokalmusik lässt den Schluss zu, dass Kukuck selbst überaus gläubig war. Den Ausführungen ihrer Tochter Margret zufolge war die Mutter zwar auf einer gewissen Basis religiös, ihr Verhältnis zum Glauben war jedoch kritisch, und sie hatte ihre ganz eigenen Gründe für die Komposition von geistlicher Musik: Zum einen erkennt Kukuck, dass die Kirche ein für Aufführungen geeigneter Ort ist. So erklärt sich auch ihre Überzeugung, sich manchmal im Gottesdienst sehen lassen zu müssen. Ein weiterer pragmatischer Grund ist zum anderen die Tatsache, dass sie für die biblischen Texte keine Tantiemen bezahlen muss. Neben diesen sehr sachlichen Argumenten glaubt Margret Johannsen heute allerdings auch, dass ihre Mutter gegenüber ihrer areligiösen Familie (ihr Mann war bekennender Atheist) bestimmte Rechtfertigungen vorbringen zu müssen glaubte und sich für ihr Interesse am Thema Religion und Glaube (das sie tatsächlich hatte) genierte. Dieses Interesse belegen viele Bücher ihres Nachlasses, die sich mit theologisch-politischen Fragen beschäftigen. Ihr Interesse für biblische Geschichten sowie für Ausdeutungen der Bibel zeugen ebenfalls davon, dass die Kirche ihr auch über die Eigenschaft eines bloßen Aufführungsraumes hinaus etwas bedeutet hat (vgl. Johannsen: Interview, vgl. Kap. X, S. 167). Kukuck äußert sich später selbst zu ihrem Interesse am Glauben, das sich insbesondere auf die Religionen des Christentums und des Judentums (also die Religionen, die Teil ihrer eigenen Biografie sind) fokussiert:

>»Es sind aber gerade die Zusammenhänge zwischen Judentum und Christentum, die Ungereimtheiten, die bei der gegenseitigen Beurteilung auftreten, für mich von besonderem Interesse. Ich setze mich intensiv mit Bibeltexten auseinander, und dabei reizt mich oft eine bzw. meine unkonventionelle Interpretation, die ich formuliere und dann vertone. Juden werden oft als ›unchristlich‹ betrachtet, und das zu unrecht. Auch Jesus war schließlich ein Jude, nur proklamierte er die bedingungslose Liebe, auch die Liebe zu Feinden. Für mich ist das der wichtigste Punkt.« (zit. nach Philipp 1993, S. 33)

Bemerkenswert ist die Tatsache, dass Felicitas Kukuck für sich keine konkrete Grenze zwischen geistlicher und weltlicher Musik zieht: »Ich glaube, diese Grenze ziehen nicht wir, sondern die Menschen, die der Kirche den Rücken gekehrt haben. Ich selber sehe eigentlich keine prägnante Grenze.« (zit. nach Strauch 1975, S. 250) Dennoch hat sie ganz genaue Vorstellungen davon, wie ein geistliches Lied beschaffen sein muss. Kukucks Antwort auf eine schriftliche Bitte (vgl. Holtbernd 1976), in der die Komponistin nach ihrer allgemeinen Einstellung zum geistlichen Lied gefragt wird, belegt ihre intensive Auseinandersetzung mit den Themen Glaube und Religion, die sich auch in ihren eigenen geistlichen Liedern wiederfindet. In ihrem Brief nennt sie mit »Christus, der Mitmensch; Nächstenliebe; Not und Hilfe; Frieden; biblische Geschichten als Sinnbilder; Gleichnisse aus dem neuen Testament (in unsere Zeit übertragen); moderne Nachdichtungen der Psalmen« (Kukuck 1976) religiöse Themenbereiche, die sie für vertonenswert erachtet. Das Antwortschreiben gibt außerdem Aufschluss darüber, wie Kukuck selbst ein geistliches Lied bezüglich sprachlicher Form und musikalischer Gestalt bevorzugt komponiert:

> »Es gibt nicht *die* bevorzugte sprachliche Form. Ich selber bevorzuge Prosatexte ohne Endreim. Für ein Lied sollte diese Prosa aber strophisch gegliedert sein und die einzelnen Strophen müssen hinsichtlich des Sprachrhythmus übereinstimmen. Das heißt aber nicht, daß jede Zeile einer Strophe den gleichen Rhythmus haben muß. Der Endreim ist für mein Gefühl lästig, weil er zur Kadenzierung zwingt und eine funktionale Harmonik verlangt. Dadurch kann sich eine Melodie nicht frei entfalten, besser gesagt: Der Komponist wird in der Tradition festgehalten. [...] Ich halte eine einstimmige Melodie, die keine Begleitung nötig hat und die wegen ihrer prägnanten rhythmischen Struktur leicht behaltbar ist, für eine sehr angemessene Gemeindeliedform.« (ebd.)

Diese Forderungen sollen nun beispielhaft nachvollzogen werden.

Manchmal kennen wir Gottes Willen

Felicitas Kukucks 1967 komponiertes Werk *Manchmal kennen wir Gottes Willen* ist ihr bekanntestes und erfolgreichstes geistliches Lied und ist neben zahlreichen anderen Abdrucken auch in manchen Kirchengesangbüchern (als ökumenische Liedfassung sowohl in einigen Regionalteilen des Evangelischen Gesangbuches als auch im katholischen Gesangbuch *Gotteslob*) zu finden. Der Text des Liedes stammt von Kurt Marti und Armin Juhre:

Manchmal kennen wir Gottes Willen,
manchmal kennen wir nichts.
Erleuchte uns, Herr,
wenn die Fragen kommen.

Manchmal sehen wird Gottes Zukunft,
manchmal sehen wir nichts.
Bewahre uns, Herr,
wenn die Zweifel kommen.

Manchmal spüren wir Gottes Liebe,
manchmal spüren wir nichts.
Begleite uns, Herr,
wenn die Ängste kommen.

Manchmal wirken wir Gottes Frieden,
manchmal wirken wir nichts.
Erwecke uns, Herr,
daß dein Friede kommt.

Gegenüber einer Pfarrerin, die nach der Entstehungsgeschichte und Interpretation des Liedes fragt (vgl. Keppler 1979), erläutert Felicitas Kukuck in ihrem Antwortschreiben ihre Melodie:

> »Die Melodie hat den Tonumfang einer Oktave. Ihre Struktur ist phrygisch, auf deutsch: kirchentonartlich. [...] Ich habe sie [die phrygische Leiter] einen Ganzton tiefer gesetzt, weil der höchste Ton das *E* für viele Menschen zu hoch ist. [...] Das Lied beginnt mit dem Grundton, dem *G*, dann fällt sie

[die Melodie] auf den tiefsten Ton dieser Leiter zurück, weil mir nachträglich dazu einfällt (erst jetzt), daß wir ja sehr wenig wissen und auf das Glauben angewiesen sind. Auf dem Wort ›nichts‹ sind wir wieder auf dem Grundton angelangt. Ist das nicht zum Lachen? Aber jetzt kommt die Bitte an Gott: ›Erleuchte uns Herr‹, Herr ist der höchste Ton des Liedes, klar! Und dann, wenn die Zweifel, die Ängste kommen, ist die Melodie wieder ganz unten!! Zum Taktwechsel muß ich noch etwas sagen: Auf dem Wort ›nichts‹ ist ja ein einziger 2/4-Takt eingefügt. Es kommt gleichsam die Dringlichkeit nach Gottes Hilfe zum Ausdruck. Vielleicht sind Sie jetzt der Meinung, daß mir beim Erfinden der Melodie diese Gedanken zugrunde gelegen hätten. Keineswegs! Das Erfinden einer Melodie zu einem Text ist immer ein ›Einfall‹, der vom Text hervorgerufen wird.« (Kukuck 1997b)

Die Melodie des strophisch komponierten Liedes erschafft Kukuck also wieder ganz aus der Textbedeutung heraus. Jedoch beschreibt sie den Vorgang des Komponierens hier explizit als instinktiv ablaufenden Prozess und beruft sich mit dem Begriff des ›Einfalls‹ auf ihren Lehrer Paul Hindemith. Auch die auf Hindemith zurückgehenden Sekundbrücken sind hier zu finden, so z. B. zwischen den Tönen g' und f (T. 1 u. 2 bzw. T. 4 u. 7) sowie umgekehrt zwischen den Tönen f und g' (T. 2 u. 4). Darüber hinaus lässt sich feststellen, dass dieses Lied sämtlichen oben genannten Kriterien entspricht, die ein geistliches Lied Kukucks Ansicht nach erfüllen muss. Denn der Text, der der literarischen Gattung Prosa (die weder durch Metrum noch durch Reim gebunden ist) zuzuordnen ist, sowie die einzelnen Strophen, denen der gleiche Sprachrhythmus zugrunde liegt, werden mit einer einstimmigen, einfachen Melodie ohne Begleitung vertont.

Wie auch bei *Es führt über den Main eine Brücke von Stein* hat Felicitas Kukuck ergänzend zu dieser Melodie auch verschiedene andere Kompositionen, nämlich verschiedene Liedsätze sowie Sätze für Chor oder Begleitinstrument, angefertigt. Eine dieser Chorfassungen für vier Stimmen aus dem Jahre 1969 soll hier exemplarisch vorgestellt werden. Während der Sopran die bereits bekannte Melodie übernimmt, vervollkommnen die damit gleichzeitig einsetzenden, auch im Weiteren den Rhythmus übernehmenden Stimmen Alt, Tenor und Bass den vierstimmigen Satz. Der phrygische Modus der Melodie – Kukucks Lieblings-Modus (vgl Exter 1988, Anhang, S. 11) – wird damit zum harmonischen Zentrum g-Moll ausgebaut. Die verwendeten Akkorde der Haupt- und Nebenfunktionen werden dabei häufig durch hinzugefügte Septimen ergänzt (in T. 1 auch durch Sekunden bzw. durch eine Quarte). Bemerkenswert ist der offene Halbschluss auf der Dominante d-Moll (mit dem Ton d' vollzieht die Melodie gleichzeitig die Rückkehr zum tiefsten Ton der phrygischen Skala), der als musikalischer Ausdruck der im Text formulierten Zweifel und Unsicherheit gedeutet werden kann.

Die Ostergeschichte in Liedern

Die *Ostergeschichte in Liedern* aus dem Jahre 1978, die in fünf Liedern von der Auferstehung Christi berichtet, konzipiert Kukuck zunächst als Satz mit Gitarrenbegleitung. Dabei denkt sie aber auch schon darüber nach, die Komposition als Vokalsatz für dreistimmigen Chor auszuarbeiten. Denn für sie beweist sich »die polyphone Würde einer Musik [...] am deutlichsten in der Dreistimmigkeit« (Kukuck 1978a). Die veröffentlichte Endfassung ist somit für Frauenchor oder gemischten Chor (ad libitum) und Gemeinde (ad libitum) gesetzt. Der Text der Lieder, welche durch eine immer wiederkehrende mit der Gemeinde gesungene Antiphon gegliedert werden, stammt von Felicitas Kukuck selbst:

> »Was den Text betrifft, so habe ich mich sehr eng an die vier Evangelienberichte gehalten, sodaß das absolut Unfaßbare dieser Auferstehungsgeschichte erkennbar bleibt und so dem Hörer und Sänger der Lieder vielleicht das Erlebnis der Jünger Jesu verständlich wird. Mir selbst ist jedenfalls beim Ausdenken und Formulieren der Texte und Melodien ein Licht aufgegangen.« (ebd.)

Religiöse Lieder 85

Im Folgenden wird das dritte Lied, welches das Zentrum dieses Zyklus bildet, untersucht.

Drittes Lied

Das dritte Lied der *Ostergeschichte in Liedern* ist eines der sehr seltenen Beispiele dafür, dass Felicitas Kukuck in ihren Kompositionen punktuell auch auf die Zwölftontechnik zurückgreift. Grundsätzlich ist für sie das »mechanische Setzen der Töne [...] nicht mit dem Ausdruckswert der Worte zu vereinbaren« (zit. nach Philipp 1993, S. 34). Dennoch setzt sie hier ganz bewusst eine zwölftönige Melodie zur Vertonung ihres Textes ein:

Maria Magdalena ging tief betrübt zum Grab zurück.
Sie stand am Fels und weinte bitterlich.

Maria Magdalena, warum weinst du?
Sie haben meinen Herren weggenommen,
und ich weiß nicht, wohin sie ihn gelegt haben.
Maria sei getrost, ich bin bei dir mit meinem Wort.
Verkünde es den Brüdern, verkünde es aller Welt:

Antiphon:
Der Herr ist auferstanden, Halleluja.
Er ist wahrhaftig auferstanden, Halleluja!

Das Lied berichtet davon, wie Jesus nach seiner Auferstehung auf Maria Magdalena (der erste Mensch, dem der Auferstandene sich zeigt) trifft. Der synoptische Vergleich der vier Evangelienberichte zeigt, dass dieser Liedtext dem Johannes-Evangelium am nächsten steht. Hier heißt es:

> »Maria aber stand draußen vor dem Grab und weinte. Als sie nun weinte, schaute sie in das Grab / und sieht zwei Engel in weißen Gewändern sitzen, einen zu Häupten und den andern zu den Füßen, wo sie den Leichnam Jesu hingelegt hatten. / Und die sprachen zu ihr: Frau, was weinst du? Sie spricht zu ihnen: Sie haben meinen Herrn weggenommen, und ich weiß nicht, wo sie ihn hingelegt haben. / Und als sie das sagte, wandte sie sich um und

sieht Jesus stehen und weiß nicht, dass es Jesus ist. / Spricht Jesus zu ihr: Frau, was weinst du? Sie meint, es sei der Gärtner, und spricht zu ihm: Herr, hast du ihn weggetragen, so sage mir, wo du ihn hingelegt hast; dann will ich ihn holen. / Spricht Jesus zu ihr: Maria! Da wandte sie sich um und spricht zu ihm auf hebräisch: Rabbuni!, das heißt: Meister! / Spricht Jesus zu ihr: Rühre mich nicht an! denn ich bin noch nicht aufgefahren zum Vater. Geh aber hin zu meinen Brüdern und sage ihnen: Ich fahre auf zu meinem Vater und zu eurem Vater, zu meinem Gott und zu eurem Gott. / Maria von Magdala geht und verkündet den Jüngern: Ich habe den Herrn gesehen, und das hat er zu mir gesagt.« (*Die Bibel* 1985, Johannes 20,11–20,18)

Kukucks Vertonung überschreitet zwar beinahe schon die Grenze zur oratorischen Komposition, kann jedoch – will man die von ihr selbst gewählte Gattungsbezeichnung des ›Liedes‹ übernehmen – als durchkomponiertes Lied bezeichnet werden. Dazu trägt auch der in Prosaform angelegte Text bei, der in drei Teile gegliedert werden kann, die ebenso auch in der Musik wieder zu finden sind. Im beginnenden, die ersten zehn Takte umfassenden Teil berichtet ein Erzähler (analog zum Bibeltext kann man hierbei vom Evangelisten sprechen) von Maria Magdalena, die betrübt am verlassenem Grab Jesu steht und bitterlich weint. Der darauf folgende Hauptteil (T. 10–35) ist durch wörtliche Rede Jesu und Maria Magdalenas geprägt. Auf die Frage, warum sie weine, antwortet Maria Magdalena (die Jesus noch nicht erkennt), dass sie nicht wisse, wo ihr verstorbener Herr nun liege. Jesu Worte »Maria sei getrost, ich bin bei Dir mit meinem Wort. Verkünde es den Brüdern, verkünde es aller Welt« beenden diesen Teil, auf den nun abschließend zusammen mit der Gemeinde die Antiphon folgt (T. 35–39).

Diese Dreiteiligkeit des rhythmisch relativ einfach gehaltenen Satzes (es werden vorwiegend Viertelnoten und Halbe Noten verwendet, die nur selten z. B. durch Punktierungen oder eingesetzte Achtelnoten unterbrochen werden) wird auch durch die Anzahl der verwendeten Stimmen nachvollzogen. Hierbei muss zunächst erläutert werden, dass Felicitas Kukuck in den Noten ausdrücklich auch eine Version für gemischten Chor zulässt, die einzelnen Takte und Phrasen (jede Textphrase wird durch fünf Takte vertont) dabei jedoch akribisch den Frauen- oder den Männerstimmen zuordnet. Der erste Teil des Liedes ist zweistimmig gesetzt. Bass und Tenor übernehmen die ersten Worte »Maria Magdalena ging tief betrübt zum Grab zurück« (T. 1–5), in denen die zwölftönige Reihe erstmals vorgestellt wird. Während der Bass diese Reihe in Originalgestalt vorführt (*c''–h'–as'–g'–d'–es'–b'–a'–ges'–f'–des'–fes'*), bietet der zwei Viertel später einsetzende Tenor die Reihe transponiert zum Anfangston *es''* dar. Im Anschluss stellt der Sopran die Umkehrung der Originalreihe vor (T. 5–10), während der wiederum zwei Viertel später einsetzende Alt die Umkehrung auf dem Ton *a* beginnend wiederholt. Auffallend ist außerdem, das die Worte »weinte bitterlich« in der sonst fast ausschließlich syllabischen Vertonung zu einem melismatischen, mit chromatischen Intervallen durchzogenen Melodiebogen gesetzt sind und damit die Trauer, die beherrschendes Thema dieses Liedes (und der Passion allgemein) ist, musikalisch nachvollziehen.

Im zweiten, größten Teil des Liedes wird die Zweistimmigkeit nun zur Dreistimmigkeit. Neben dem unterstützenden Sopran und dem Alt führt der Bass auf die Worte »Maria Magdalena, warum weinst du?« (T. 10–15) erneut die Originalreihe vor. Das ›Weinen‹ wird ähnlich wie im ersten Liedteil melismatisch ausgeziert, jedoch durch die Aneinanderreihung vieler absteigender Intervalle in Sopran und Alt verstärkt musikalisch ausgekostet. Die Schmerzhaftigkeit wird außerdem durch das Intervall der verminderten Quarte – das Kukuck zur Verdeutlichung dieser Emotion einsetzt (s. Kap. V, S. 61) – im Bass zu den Tönen *f'–cis'* (T. 13 f.) sowie auch zu dem fragenden »warum« im Sopran zu den Tönen *es''–h'* und im Alt zu den Tönen *ces''–g'* (T. 11) verdeutlicht. Im weiteren Verlauf wird der Bass in Takt 15 von der tiefsten Frauenstimme fortgeführt, die in den folgenden fünf Takten wieder die Umkehrung präsentiert. Das

Wort »weggenommen« wird dabei durch die melismatische Auszierung besonders hervorgehoben. Zu der folgenden Textphrase »und ich weiß nicht, wohin sie ihn gelegt haben« (T. 20–26) werden die drei Frauenstimmen im Abstand einer großen beziehungsweise einer kleinen Terz parallel geführt und vollziehen dabei gleichzeitig die Umkehrung des Krebses (transponiert zu den unterschiedlichen Anfangstönen *cis''*, *a'* und *fis'*) nach. Bereits in Takt 25 setzt der Alt in Tenorlage (im Violinschlüssel notiert und mit Oktavierung versehen) ein und singt zu den Worten »Maria sei getrost, ich bin bei dir mit meinem Wort« die zum Anfangston *f'* transponierte Zwölftonreihe. Die beiden oberen, im Quintabstand parallel geführten Frauenstimmen wirken dabei lediglich unterstützend. Im Folgenden vollziehen die drei Frauenstimmen jede für sich den Krebs auf verschiedenen Tonhöhen nach: Die obere Stimme (beginnend auf dem Ton *gis'*) sowie die untere Stimme (beginnend auf den Ton *cis''*) setzen in Takt 30 ein und relativieren außerdem durch den erneuten Einsatz des verminderten Quartintervalls (zu den Tönen *eis'–a'* im Sopran bzw. zu den Tönen *as'–d''* im Alt, T. 31) die zuvor dominierende Schmerzhaftigkeit. Vielmehr wird nun der Einsatz dieses Intervalls gemeinsam mit dem Wort »(ver)künde« zur freudigen Botschaft der Auferstehung. Gleichzeitig setzt auch die mittlere Stimme mit dem Krebs (beginnend auf dem Ton *a'*) ein. Der Krebs wird in dieser mittleren Stimme jedoch nur zur Hälfte vorgestellt (*a'–ges'–b'–h'–d''–es''–as'*). Denn in Takt 33 wird die Dreistimmigkeit bis zur Vierstimmigkeit (in T. 34 u. 35 sogar kurz bis zur Fünfstimmigkeit) erweitert, und der zweite Teil des begonnen Krebses wird nun im neu dazukommenden zweiten Alt sowie im Bass zu Ende geführt (*as''–g'–c''–des''–fes''–f'*, T. 33–35).

Der dritte und abschließende Teil des Liedes zeigt dann das einstimmige Antiphon, das nur für das Wort »Halleluja« auf drei Stimmen erweitert wird und mit seiner aufsteigenden Melodielinie die Auferstehung musikalisch untermalt.

Die Tatsache, dass die Originalreihe ebenso wie Umkehrung, Krebs und Umkehrung des Krebses oft in transponierter Form erscheinen, hat einen einfachen Grund. Denn so ergeben die oft gleichzeitig erklingenden Zwölftonreihen untereinander sowie auch gemeinsam mit den unterstützenden, nicht zwölftönig angeordneten Stimmen Dur- und Moll-Harmonien. Im mittleren Teil des Liedes, der mit solchen Harmonien durchzogen ist, wird dies besonders deutlich am Beispiel der drei parallel geführten Umkehrungen des Krebses (T. 20–26). Hier reihen sich ohne Unterbrechung die Harmonien *fis*-Moll, *a*-Moll, *f*-Moll, *e*-Moll, *des*-Moll, *c*-Moll, *g*-Moll, *as*-Moll, *es*-Moll, *d*-Moll, *h*-Moll und *b*-Moll aneinander. Kukuck verfolgt hierbei ganz pragmatische Gründe. Denn sie selbst erkennt, welch hohe Anforderung die Ausführung dieses Liedes an einen Chor stellt und erhofft sich, dass dieser Satz eine Hilfestellung für die Sänger sein kann (vgl. Kukuck 1978b).

Die in ihrem Gesamtwerk nur spärlich von Felicitas Kukuck eingesetzte Zwölftontechnik erfolgt jedoch immer an ausgesuchten Stellen ihrer Kompositionen. So erkennt sie in einem Brief, der Gottfried Wolters von ihrer *Ostergeschichte in Liedern* berichtet:

> »Seltsamerweise eignet sich ausgerechnet die Zwölftönigkeit zur Darstellung der extremen Trauer und Verlassenheitsangst besonders gut. Bei der Eli lama-Stelle[8] aus dem ›Gottesknecht‹ ist mir das auch schon so vorgekommen.« (Kukuck 1978a)

Eben diese Trauer und Verlassenheitsangst Maria Magdalenas tritt somit in der Vertonung des Liedes, das das Zentrum dieses Passions-Liederzyklus bildet, deutlich hervor.

---

[8] Felicitas vertont in ihrem Passionsoratorium *Der Gottesknecht* die letzten Worte des gekreuzigten Jesu »Eli, Eli, lama asabtani?« (»Mein Gott, warum hast Du mich verlassen?«) mit einer zwölftönigen Reihe.

Kinderlieder und Lieder für pädagogische Zwecke

Als Musikpädagogin und Anhängerin der Jugendmusikbewegung liegt Felicitas Kukuck die musikalische Heranbildung von Kindern und Jugendlichen sehr am Herzen. Auch als Komponistin hat sie mit zahlreichen Instrumental- und Vokalwerken für Kinder dieser Überzeugung Rechnung getragen. Neben Kinderliedern finden sich unter den Vokalwerken auch groß angelegte, mehrteilige Liedkompositionen, die speziell im Dienste der musikpädagogischen Ausbildung der Kinder stehen. Es handelt sich dabei meist um Sing- oder Tanzspiele (oft biblischen Inhaltes) zu eigenen Texten, bei denen mehrere Kinder als Gruppe mitwirken und die Lieder szenisch präsentieren. Als Beispiele können das Tanzspiel *Das rote Meer* (7 Lieder für zwei Kindergruppen, Bongo, Trommel, Xylophon und Metallophon, 1976), das Singspiel *Josef und seine Brüder* (5 Lieder für Chor, Gitarre, Xylophon, Metallophon, Blockflöte und Bongo, 1973), das Tanzspiel *Das Paradies* (1968) oder das Zirkuspferdespiel *Hei, du rabenschwarze Stute* (1958) angeführt werden. Exemplarisch hierfür soll im Folgenden das Kreisspiel *Die Sintflut* vorgestellt werden.

Auch speziell für ihre eigenen Kinder, die sie zu vielen Werken inspirieren, komponiert Felicitas Kukuck Kinder- und Wiegenlieder wie *Eia Kindelein* oder *Nun schlaf mein liebes Kindelein*. (vgl. Johannsen: Interview, vgl. Kap. X, S. 166). Das Singen von Liedern mit ihren Kindern ist Ausgangspunkt dafür, auch ihren eigenen Kindern die Musik dauerhaft begleitend mit auf ihren Lebensweg zu geben. Es ist kaum verwunderlich, dass sich in dieser musischen Umgebung die vier Kinder später alle im Spiel verschiedener Instrumente ausprobieren (so hat die Tochter Margret kurzzeitig Klavierunterricht bei ihrer Mutter). Das einzige der vier Kinder aber, das mit der Querflöte je dauerhaft ein ›E-Musik‹-Instrument erlernt, ist der älteste Sohn Jan, während der jüngste Sohn Thomas Schlagzeuger wird. Für die Schwestern Margret und Irene ist hingegen gerade das Singen (erst als Kinder zu Hause, später im eigenen Kammerchor) besonders wichtig und ist es bis zum heutigen Tag geblieben (ebd. S. 165). Deshalb werden hier mit *Gib dem kleinen Stöffel einen blanken Löffel* sowie *Das Lamm und die Wolke* zwei Kinderlieder untersucht, die Kukuck für ihre Kinder sowie für ihren Enkel komponiert hat.

Die Sintflut

Felicitas Kukucks Kreisspiel für Kinder *Die Sintflut* (1968) umfasst acht einstimmige Lieder zu eigenen Texten (teilweise begleitet durch Gitarre und Xylophon ad libitum) und berichtet die biblische Geschichte von Noah, der sich und die Tiere in einer Arche vor der Sintflut rettet. Das *Ansingelied*, das *Lied von der Arche Noah*, der *Flutkanon*, das *Lied von der Errettung*, die Aussendung der Taube (5. Lied), der Auszug aus der Arche (6. Lied), das *Regenbogenlied* und das abschließende *Loblied* werden szenisch von den Kinderkreisen dargestellt (die entsprechenden Regieanweisungen finden sich in den Noten wieder) und immer wieder durch Einwürfe eines Sprechers voneinander getrennt. Kukucks Vorstellung von der szenischen Ausführung sieht folgendermaßen aus:

> »Für die Darstellung der Sintflut-Geschichte dachte ich an zwei geschlossene Kreise, einen Innen- und einen Außenkreis. Die Kinder des Innenkreises singen das Lied von der Arche Noah und Noah zieht mit seiner Familie und den Tieren durch ein ›Tor‹ hinein. Die Kinder des Außenkreises singen den 8-stimmigen Flutkanon, wachsen dabei mit vorm Körper verschränkten Armen aus der Hocke in die Höhe und bringen die Arche Noah mit allen Insassen in Schwung, so daß schließlich alle hin und her schwanken, bis sie allmählich wieder zur Ruhe kommen und die Arche still steht. Dann werden die Tauben durch das Tor hinaus geschickt, und nachdem die dritte Taube nicht mehr zurückkommt, ziehen alle Insassen der Arche aus, und die Kinder des Außenkreises formieren sich neu zum Regenbogen. [...] Zum Abschluß des Sintflutspiels singen und tanzen beide Gruppen gemeinsam das Loblied.« (Kukuck: *szenische Anweisungen*)

Struktur und Aufbau dieses Kindersingspiels erinnern stark an Paul Hindemiths *Wir bauen eine Stadt* auf Texte von Robert Seitz aus dem

Jahre 1930, das Felicitas Kukuck selbst als Schülerin mit dem Chor der *Lichtwarck-Schule* aufführt (vgl. Hildebrandt 1997, S. 163). Hindemith betont im Vorwort zu seiner Partitur, dass es sich um ein »Spiel für Kinder« handelt, denn »damit ist gemeint, daß dieses Stück mehr zur Belehrung und Übung für die Kinder selbst als zur Unterhaltung erwachsener Zuschauer geschrieben ist.« (Hindemith 1930). Die lehrstückhafte Funktion, die Hindemith hier besonders hervorhebt, ist auch das Ziel von Kukucks *Sintflut*-Komposition. Das Singen, Tanzen, sich Bewegen und Musizieren wirken einerseits gemeinschaftsbildend und machen die Kinder andererseits spielerisch im Rahmen einer Geschichte mit Musik vertraut. Die *Sintflut*, die Felicitas Kukuck für die Sendung im Bremer Schulfunk konzipiert hat (s. Kap. III, S. 24), steht damit ganz im Dienste einer musikpädagogischen Heranbildung der Jugend. Als ergänzendes Beispiel soll im Folgenden das *Lied von der Arche Noah* näher betrachtet werden.

Lied von der Arche Noah

Das *Lied von der Arche Noah*, die zweite Nummer der *Sintflut*-Geschichte, beschreibt, wie Gott Noah den Bau der Arche sowie die Rettung seiner Familie und der Tiere befiehlt:

Baue einen großen Kasten aus Tannenholz;
hundert Ellen lang, fünfzig Ellen breit, dreißig Ellen hoch.

Baue viele Kammern oben und unten ein:
Vorne eine Tür, innen Schottentürn, eine Luk im Deck.

Zieh mit Frau und Söhnen und den Frau'n der Söhne ein,
auf daß dieser Stamm weiterleben kann für alle Zeit.

Und von allen Tieren nimm ein Paar mit hinein:
Löw' und Tigerpaar, Schaf und Ziegenpaar[,] Elefantenpaar.

Auch von allen Vögeln nimm ein Paar mit hinein:

Kinderlieder und Lieder für pädagogische Zwecke

Papageienpaar und ein Rabenpaar und ein Taubenpaar.

Nimm für alle Speis' und Trank reichlich mit hinein.
Dann verschließ die Tür, alle Schotten dicht und die Luk im Deck.

Kukuck Liedtext basiert auf dem entsprechenden Bibelbericht der Genesis. Hier heißt es:

> »Mache dir einen Kasten von Tannenholz und mache Kammern darin und verpiche ihn mit Pech innen und außen. / Und mache ihn so: Dreihundert Ellen die Länge, fünfzig Ellen die Breite und dreißig Ellen die Höhe. / Ein Fenster sollst du daran machen obenan, eine Elle groß. Die Tür sollst Du mitten in eine Seite setzen. Und er soll drei Stockwerke haben, eines unten, das zweite in der Mitte, das dritte oben. / Denn siehe, ich will eine Sintflut kommen lassen auf Erden, zu verderben alles Fleisch, darin Odem des Lebens ist, unter dem Himmel. Alles, was auf Erden ist, soll untergehen. / Aber mit Dir will ich meinen Bund aufrichten, und du sollst in die Arche gehen mit deinen Söhnen, mit deiner Frau und mit den Frauen deiner Söhne. / Und du sollst in die Arche bringen von allen Tieren, von allem Fleisch, je ein Paar, Männchen und Weibchen, daß sie leben bleiben mit dir. / Von den Vögeln nach ihrer Art, von dem Vieh nach seiner Art und von allem Gewürm auf Erden nach seiner Art: von den allen soll je ein Paar zu dir hineingehen, daß sie leben bleiben. / Und du sollst dir von jeder Speise nehmen, die gegessen wird, und sollst sie bei dir sammeln, daß sie dir und ihnen zur Nahrung diene.« (*Die Bibel* 1985, 1. Buch Mose 6,14–6,21)

Das Strophenlied ist für Singstimme und Gitarrenbegleitung (diese ist im Violinschlüssel notiert und wird nach unten oktaviert) im Dreivierteltakt gesetzt und zeichnet sich durch seine Einfachheit und Eingängigkeit aus. Die zwei Verse einer Strophe werden durch zwei musikalische Satzglieder mit jeweils drei oder vier Takten vertont. Die sehr einfache, durch Tonrepetitionen geprägte Melodie mit simplem Rhythmus vollzieht im ersten Satzglied, das sich um das tonale Zentrum *d*-Moll bewegt, eine absteigende Tonlinie vom a' zum d' nach. Diese Achtelkette wird nur einmal in Takt 2 von einer Viertelnote unterbrochen, endet nach einem Taktwechsel zum Zweivierteltakt auf einer Halben Note und beendet damit den ersten Vers. Das zweite Satzglied, bei dem neben d-Moll-Akkorden nun vor allem C-Dur-Akkorde in den Vordergrund rücken, beginnt wieder im Dreivierteltakt und bewegt sich entgegengesetzt aufsteigend im Rahmen von vier Takten vom c' über c'' bis zum Abschlusston g'. Dabei wird das Motiv aus Takt 4 (zwei Achtelnoten auf c', zwei Achtelnoten auf d' sowie eine Viertelnote auf e') im darauf folgenden Takt sequenziert wiederholt. Ein Quartsprung vom g' zum c'' zeigt danach den Höhepunkt des Liedes und wird nach einem erneuten Taktwechsel zum Zweivierteltakt mit einer Halben Note zum Abschluss gebracht. In beiden Satzgliedern wird mit dem eingängigen Rhythmus die vorrangig trochäische Struktur des Textes nachvollzogen, indem die betonten Silben auch auf die betonten musikalischen Taktteile (also auf das erste, zweite und dritte Viertel des Dreivierteltaktes) fallen. Geringfügige Ausnahmen, die aus diesem Metrum herausfallen (wie z. B. das Wort »reichlich« in Str. 6, T. 2), werden zugunsten der immer gleich bleibenden Melodie diesem Rhythmus unterworfen. Neben der Gitarre, die ihren unterstützenden Part mit durchgängigen Viertelakkorden immer durchhält, steht die Melodie damit absolut im Vordergrund und findet auch dieses Mal ihren Zusammenhalt durch eine große Sekundbrücke. Diese erstreckt sich fast über die ganze Strophe ausgehend vom Ton d' (T. 3) über e' (T. 4) weiter zu f' (T. 5) bis hin zum Schlusston g' (T. 7). Insgesamt lässt sich sagen, dass das *Lied von der Arche Noah* mit seiner eingängigen, meist in Sekundschritten voranschreitenden und damit gut singbaren Melodie, seinem einfachen Rhythmus sowie seiner einsätzigen Liedform mit zwei Satzgliedern den Anforderungen an ein Kinderlied voll entspricht. Durch die Taktwechsel, den Einsatz von nicht eindeutig in ein Schema einzuordnenden Harmonien, aber auch durch den offen klingenden Schluss einer jeden Strophe (die Melodie endet mit dem Ton g' über einem C-Dur-Akkord auf der Quinte) bringt Felicitas Kukuck dennoch neue und ungewohnte Elemente in ein einfaches Kinderlied.

Kinderlieder und Lieder für pädagogische Zwecke 95

Gib dem kleinen Stöffel einen blanken Löffel

Das Lied *Gib dem kleinen Stöffel einen blanken Löffel* wurde von Felicitas Kukuck nicht niedergeschrieben und existiert heute nur noch in der Erinnerung ihrer Kinder[9]. Die Mutter komponiert die Melodie wahrscheinlich 1951 für ihren dreijährigen Sohn Thomas (vgl. Johannsen 2007a), vermutlich sogar auf einen Text ihres Mannes Dietrich Kukuck (vgl. Johannsen 2007b):

Gib dem kleinen Stöffel
einen blanken Löffel.
Gib ihm auch ein' Schieber,
dann isst er noch viel lieber.
Gib ihm ein buntes Tellerlein,
dass er drauf isst sein Würzelein,
und die liebe Sonne wieder scheint.

Für ihre nur durch Achtel- und Viertelnoten (bzw. Achtel mit angehängter Achtelpause) geprägte Melodie im Zweivierteltakt fasst Kukuck verschiedene Verse zusammen. Die Verse 1 und 2 (T. 2–5), die Verse 3 und 4 (T. 6–9) sowie die Verse 5 und 6 (T. 10–15) werden miteinander zu unterschiedlich langen musikalischen Einheiten verbunden, wobei die einzelnen Verse dennoch als solche erkennbar bleiben. Das erste dieser Satzglieder beschränkt sich auf nur drei Töne, wobei das Motiv auf die Worte »Gib dem kleinen Stöffel« (auf die Töne d' und c') im nächsten Vers variiert (auf die Töne d' und f') wiederholt wird. Dieses Schema (Motiv mit anschließender variierter oder sequenzierter Wiederholung) setzt sich auch bezüglich der folgenden zwei Verse fort. Wieder ausgehend vom d' wird die Melodie bei recht ähnlich bleibendem Rhythmus nun bis zu den Tönen g' und a' erweitert. Ebenso verhält es sich bei den Versen 5 und 6, in denen die Melodie zwar bis zum c'' geführt wird, insgesamt aber

---

[9] Die auf der Material-CD-ROM befindlichen Noten wurden rekonstruiert von Margret Johannsen, Thomas Kukuck und Christoph Leis-Bendorff.

eine Abwärtsbewegung bis zum *e'* nachvollzieht. Bedingt durch die höhere Silbenanzahl dieser Verse werden sie durch insgesamt sechs Takte (und nicht wie zuvor nur durch vier) vertont. Die Worte des letzten Verses »und die liebe Sonne wieder scheint« wirken wie ein Anhang, der auch musikalisch durch seine von *a* zu *g'* aufsteigende Melodie (einer aufgehenden Sonne vergleichbar) von allem Vorherigen gesondert erscheint. Dabei ist die Melodie insgesamt durch häufige Quartsprünge geprägt (nämlich von *d'* zu *g'* in T. 5 u. 6, von *e'* zu *a'* und umgekehrt in T. 8 bzw. 13 u. 14, von *c''* zu *g'* in T. 11 sowie das Schlussintervall von *d'* zu *g'*) – dies ist in Kukucks Melodien häufig vorzufinden. Schließlich müssen noch die von Kukuck eingebauten Sekundbrücken erwähnt werden, die sich zwischen den Tönen *g'* (T. 7) und *a'* (T. 8), zwischen *a'* (T. 9) und *g'* (T. 12) sowie zwischen *f* (T. 17) und *g'* (T. 18) erstrecken.

Insgesamt erscheinen Melodie und Rhythmus aber nur auf den ersten Blick simpel. Denn wie auch der Ambitus sind Melodie und Rhythmus für ein Kinderlied durchaus anspruchsvoll einzustufen. Aber auch wenn dieses Lied nur wenige Anhaltspunkte für eine musikalische Analyse gibt, kann es als ein Beispiel dafür gelten, wie Felicitas Kukuck als Komponistin in ihrem eigenen privaten Bereich arbeitet. Denn die Lieder, die hier im Kreis ihrer Familie entstehen, sind ebenfalls als Teil ihres Schaffens im Bereich der Gattung Lied zu sehen.

Das Lamm und die Wolke

Das Lied *Das Lamm und die Wolke* komponiert Felicitas Kukuck 1998 zum Geburtstag ihres Enkels Fabian auf Worte ihrer Tochter Margret:

Kinderlieder und Lieder für pädagogische Zwecke

Es war einmal ein Lämmlein klein,
das wollte gern eine Wolke sein
und oben in den blauen Himmeln
mit andern um die Wette bimmeln.

Da kam von dort ein Telegramm
und darin stand: Selbst ist das Lamm!
Da stieg das Lamm, du glaubst es kaum,
allein auf einen hohen Baum.

Da oben blies ein starker Wind
und schüttelte das Lämmerkind.
Das Lamm verlor sein Gleichgewicht,
und na? und du errätst es nicht!

Es fiel, o Jammer, ach und weh
aus seiner stolzen Wipfelhöh'
und fiel und fiel durch das Geäst
und viel bis in ein Vogelnest.

Dort schaukelt es seit jener Zeit
und wartet auf die Ewigkeit
und schaut auf seine alte Herde
wie eine Wolke auf die Erde.

Das Strophenlied in *c*-Moll wird als achttaktige Periode vertont, wobei ein Vers immer im Umfang von zwei Takten als Motiv oder Anschlussglied des Vorder- beziehungsweise des Nachsatzes erscheint. Der jambischen Struktur des Textes entsprechen die fast durchgängigen Viertel der im Zweihalbetakt gesetzten Melodie, die nur an wenigen Stellen dem Text folgend durch Achtel ergänzt werden (z. B. T. 4 oder T. 6). Die Melodie vollzieht in allen vier Satzgliedern eine Abwärtsbewegung, die im Vordersatz durch Sekundketten und im Nachsatz durch größere Intervallsprünge in Erscheinung tritt. So zeigen die Takte 1 und 2 die aneinander gereihten Sekunden *as'–g'–f'–es'–d'–c'*. Das Motiv des Anschlussgliedes, das ebenfalls absteigende Sekunden zeigt (nämlich die Töne *es'–as'–g'–f'* in T. 3), wird anschließend in Takt 4 sequenziert und variiert wiederholt. Ähnlich verhält es sich bezüglich des Nachsatzes: Hier wird das gleich zu Beginn vorgestellte Motiv mit den vorwiegend abfallenden Tonsprüngen *g'–c''–c''–b'–es'* (T. 5) in den folgenden zwei Takten ebenfalls sequenziert und variiert wiederholt und mit einem Quint- sowie einem Quartsprung zum *c''* als Strophe zu Ende geführt. Dieser höchste Ton des Liedes ist auch in der Mitte jeder Strophe zu finden (T. 5) und erzeugt gemeinsam mit der vorherrschenden Abwärtsbewegung einen melodischen Bogen. Dies sowie die Platzierung des gleichen Tons am Ende der Strophen 1 bis 4 steht – analog zum Text – für den Wunsch des Lamms, in den Himmel zu den Wolken aufzusteigen (so fällt das Wort »oben« in Str. 1 genau auf diesen Ton in T. 5). Um das Lied (und damit auch die Geschichte des Lamms, das schließlich doch auf der Erde bleiben muss) zu Ende zu bringen, wird die Melodie im letzten Takt der fünften Strophe bis zum eine Oktave tiefer liegenden *c'* geführt. Diese Rückführung zum Grundton (und damit zur Erde) ist mit Blick auf die Geschichte positiv zu bewerten. Denn für das Lamm endet die Geschichte glücklich, da es von seinem Baum aus ebenso gut wie vom Himmel auf seine Herde herunterblicken kann. Dieses gute Ende zeigt sich auch in der Verwendung der Pikardischen Terz zum Schlussakkord *C*-Dur (der Varianttonart von *c*-Moll). Die *C*-Dur-Harmonie wird bereits am Ende des Vordersatzes eingeführt, durchzieht (wie auch die fremde Tonart *Des*-Dur) den gesamten Nachsatz, beendet jede Strophe und gibt dem Lied damit eine harmonische Breite.

Einige von Kukucks Kompositionsprinzipien kommen auch hier wieder deutlich zum Einsatz. Die von Kukuck gerne verwendeten Quartsprünge prägen diese Melodie sehr. So finden sich diese immer aufsteigenden Sprünge in den Takten 2 und 3 (*es'–as'*), den Takten 3 und 4 (*f'–b'*), den Takten 4 und 5 (*g'–c'*), in den Takten 5 und 6 (*es'–as'*), den Takten 6 und 7 (*c'–f*) sowie im Schlusstakt der Strophen 1 bis 4 (*g'–c''*). Auch zwei Sekundbrücken durchziehen die Melodie. Sie erstrecken sich über die Töne *g'–as'–b'–c''* (T. 1–5) sowie über die Töne *es'–f–g'–as'* (T. 2–6). Die Basslinie, die sehr häufig als Grundton der gewählten Harmonien erscheint, steht im Dienste der übergeordneten Zweistimmigkeit. Ebenso verhält es sich mit der gesamten Begleitung, die als harmonisches Gerüst auch mit ihren fortwährenden Viertelakkorden eine stützende Funktion übernimmt und in der Oberstimme sogar immer die Melodie mitspielt (einzige Ausnahme hierbei ist der Abschlusstakt von Str. 5). Insgesamt ist *Das Lamm und die Wolke* als Kinderlied mit klarer Struktur, eingängiger Melodie, relativ simplem Rhythmus und einfacher Begleitung zu sehen. Durch den Einsatz entfernter Harmonien fügt Kukuck diesem Lied jedoch etwas Neues, Ungewohntes hinzu und verleiht ihm durch ihre Begabung, den Textinhalt in ihrer Melodie widerzuspiegeln, besonderen Charme.

Songs

Die Gattung des Songs ist unweigerlich mit Kurt Weill, der erklärtermaßen musikalisches Vorbild für Felicitas Kukuck ist (s. Kap. V, S. 56), verbunden. Durch die Formung aus moderner Ballade, Moritat und Kabarettchanson erschuf er diesen Liedtypus und verhalf mit dem aggressiven oder sentimentalen Stil seiner Songs der mit Bertolt Brecht konzipierten *Dreigroschenoper* zu großer Popularität (vgl. Gurlitt 1961, S. 902). Auch Kukuck hat einige solcher Songs komponiert. Neben der Moritat aus ihrer Oper *Der Mann Mose* stammen die meisten ihrer Songs aus der Mitte der sechziger Jahre und sind nicht verlegt. Hervorzuheben sind insbesondere ihre Drehorgelsongs, die unter anderem auf Texte von Alfred Kerr, François Villon, Eduard Mörike oder Alexander Puschkin entstehen und auch öffentlich aufgeführt werden. Davon zeugt eine Zeitungsvorankündigung von 1969 für ein Konzert anlässlich des achtzigsten

Geburtstages von Giovanni Bacigalupo, der als Drehorgelbauer Kukucks Drehorgellieder auf Walzen gebracht hat:

> »Das ist beileibe nicht etwa ein (recht verspäteter) Aprilscherz, sondern einer Mini-Broschüre in Westentaschenformat zu entnehmen, die ein geradezu skurriles Konzertereignis vorankündigt, das bestimmt im Hamburger Kulturleben, höchstwahrscheinlich aber auch im Konzertbetrieb Deutschlands, möglicherweise Europas, ja der ganzen Welt ein Unikum ohnegleichen darstellt: ein abendfüllendes Programm mit Originalkompositionen für die Drehorgel! Keineswegs irgendwelche ›Schauerballaden‹ aus der Moritaten- und Bänkelsängerzeit, sondern 20 Lieder, die die Hamburger Komponistin Felicitas Kukuck [...] eigens für dieses Ereignis geschrieben hat, teils nach witzig frechen Texten von Villon, Rimbaud, Puschkin und Franz Iskus, teils nach Dichtungen weltanschaulichen Inhalts von Morgenstern, Kerr, Hausmann. [...] Auch Helmut Förster, Volksdorf, wurde mit seinem Hugo-Distler-Chor in diese Rummelplatz-Atmosphäre miteinbezogen, die von dem Hamburger Maler und ›Pop-Artisten‹ Thomas Peiter durch ›Objekte zum Spielen und Auseinandernehmen‹, ›Klöterkisten‹, ›Aktionsmännchen‹, einer ›Propellermaschine‹, einem ›Peiterophon‹ und vielen anderen originellen Dingen ausgestattet werden soll.« (Anonymus 1969)

Sicher gibt auch die Kindheitserinnerung an die Begegnung mit einem Drehorgelmann (s. Kap. III, S. 17) für Kukuck den Impuls zu den Kompositionen für dieses ungewöhnliche Instrument. Eines dieser Drehorgellieder, nämlich das *Sterbelied*, soll nun vorgestellt werden.

Sterbelied

Das in den sechziger Jahren entstandene *Sterbelied* für Singstimme und Drehorgel basiert auf einem Text des Schriftstellers und Theaterkritikers Alfred Kerr:

Text von Kerr	*Text von Kukuck*
Laß Liebster, wenn ich tot bin,	Laß, wenn ich tot bin Liebster,
laß du von Klagen ab.	laß du von Klagen ab.
Statt Rosen und Cypressen	Statt Rosen und Zypressen
wächst Gras auf meinem Grab.	wächst Gras auf meinem Grab.
Ich schlafe still im Zwielichtschein	Ich schlafe still im Zwielichtschein,
in schwerer Dämmernis –	in schwerer Dämmernis;
Und wenn Du willst, gedenke mein	und wenn du willst, gedenke mein,
und wenn du willst, vergiß.	und wenn du willst vergiß.
Ich fühle nicht den Regen,	Ich fühle nicht den Regen,
ich seh' nicht, ob es tagt,	ich seh nicht, ob es tagt;
ich höre nicht die Nachtigall,	ich höre nicht die Nachtigall,
die in den Büschen klagt.	die in den Büschen klagt.
Vom Schlaf erweckt mich keiner,	Vom Traum erweckt mich keiner,
die Erdenwelt verblich.	die Erdenwelt verblich;
Vielleicht gedenk ich deiner,	vielleicht gedenk ich deiner,
vielleicht vergaß ich dich.	vielleicht vergaß ich dich.
(Kerr: *Sterbelied*)	

Felicitas Kukuck nimmt nur minimale Textänderungen vor. Auffallend ist die Vertauschung der Satzteile des ersten Verses in der ersten Strophe sowie die Umwandlung des Wortes »Schlaf« (Str. 4, V. 1) in das Wort »Traum«. Durch ihre Vertonung entsteht ein einsätziges Strophenlied in F-Dur mit zwei Satzgliedern. Jeder Vers hat dabei den Umfang von vier Takten. Das Melodiemotiv des ersten Verses ist durch kleine Terzsprünge zwischen den Tönen $a'-c''-a'$ geprägt. Dieses Motiv wird für den zweiten Vers variiert und zu den Tönen $d'-f'-d'$ sequenziert wiederholt (T. 7–9). Die Melodie des dritten Verses setzt sich aus den absteigenden Tönen des gebrochenen F-Dur-Akkordes mit zugefügter Sexte zusammen (dieser Akkord bestimmt auch nahezu ausschließlich die harmonische Struktur des Songs) und unterstreicht damit musikalisch die Textaussage von Niedergang und Tod (T. 11–15). Der vierte Vers wird schließlich nach einem Sprung zum Ton *a'* bis zum Ton *d'* zu Ende geführt. In dieser Melodie finden sich darüber hinaus wieder verbindende Sekundbrücken, so zwischen den Tönen *c''* und *d'* (T. 4 u. 7) sowie zwischen den Tönen *f'*–*e'*–*d'* (T. 11, 15 u. 17).

Kukuck wählt einen Dreivierteltakt, der von der Drehorgel im zweitaktigen Vorspiel vorgegeben und im Folgenden (jeweils durch eine punktierte Halbe Note auf dem ersten betonten Taktteil sowie zwei darüber liegenden Viertelakkorden auf den beiden unbetonten Taktteilen) fortwährend durchgehalten wird. Dieser bei Drehorgelliedern häufig vorzufindende, tänzerische Rhythmus wird durch die Gesangsstimme gebrochen. Denn analog zu der ausschließlich jambischen Struktur des Textes wird die Singstimme fast durchgängig in Duolen geführt (Ausnahmen finden sich in T. 3 u. 7). Der heitere und beschwingte Charakter des Liedes, der eigentlich konträr zum von Tod und Abschied handelnden Text steht, wird dadurch jedoch nicht getrübt, sondern vielmehr in seinem melodischen Fluss unterstützt. Die fehlende Ernsthaftigkeit zeigt sich auch in Kukucks neu eingefügtem Wort »Traum«, das den Tod analog zum im Gedicht verwendeten Verb »schlafen« aus einer irrealen Perspektive beschreibt. Der sentimentale und gleichzeitig freche Stil des Liedes wird damit dem Vorbild Kurt Weills gerecht.

Lieder zu Hamburg

In Hamburg geboren wächst Felicitas Kukuck im Stadtteil Eppendorf auf und geht dort zunächst auch zur Schule. Nach dem Krieg kehrt sie nach Hamburg zurück, lässt sich 1948 mit ihrer Familie in Dietrich Kukucks ehemaligem Elternhaus in Blankenese nieder und findet hier eine neue Heimat:

> »Bei Nebel hört man dann manchmal die Dampfer tuten. Ich wohne nämlich in Blankenese, im Treppenviertel, und wenn die Sonne scheint, geh ich

auf die Landungsbrücke und guck mir die Schiffe auf der Elbe an.« (zit. nach Hildebrandt 1997, S. 160)

Die Kompositionen einiger unveröffentlichter Lieder über Hamburg und Blankenese lassen vermuten, wie sehr sich Kukuck mit Ort und Haus, welches sie bis zu ihrem Lebensende bewohnt, verbunden fühlt. Zu nennen sind hierbei die folkloristisch anmutenden Werke für Solostimme und Klavier *In Hamburg sagt man Prost* (1994), *Hamburg im Gegenwind* (1994), *Blankenese im Fahrtwind* (neben der Version von 1994 entsteht wenige Jahre später auch ein Satz für begleitende Gitarre und Akkordeon) sowie *In Hamburg heißen alle Möwen Emma* (auch hier gibt es neben der Fassung von 1994 einen Chorsatz mit begleitender Flöte). Diese Lieder entstehen alle auf Texte ihrer Tochter Margret, die außerdem einige der Hamburg-Lieder in Blankenese-Lieder umdichtet (vgl. Johannsen: Interview, vgl. Kap. X, S. 171). Denn während die Schöpfungen der Hamburg-Lieder wahrscheinlich eher von außen motiviert sind (sie entstehen u. a. für Wettbewerbe), fühlt sich Kukuck nur in Blankenese wirklich zu Hause. Ihre Tochter erinnert sich:

> »Ich glaube, sie war nicht in Hamburg verwurzelt. Sie war in Blankenese verwurzelt. Noch mehr: Sie war hier im Treppenviertel verwurzelt. […] Sie liebte auch die Elbe. Aber sie war keine Lokalpatriotin.« (ebd., S. 171)

Ebenfalls in diese Kategorie einzuordnen ist das Lied *Hamburg, das Tor zur Welt*, das im Folgenden vorgestellt werden soll.

Hamburg, das Tor zur Welt

Das Lied *Hamburg, das Tor zur Welt* entsteht 1964 ebenfalls für einen Hamburg-Wettbewerb zu Worten von Dietrich Kukuck, der – so erinnert sich die Tochter Margret – für das Verfassen solcher Texte eine gewisse Begabung hatte: »Mein Vater hatte eine kleine lyrische Ader, er konnte gut Gedichte schreiben.« (ebd.) Diese Form des Zusammenwirkens zwischen der Komponistin und ihrem Mann ist äußerst selten (eine weitere Zusammenarbeit des Ehepaares ist das in Kap. VI vorgestellte Lied *Gib dem kleinen Stöffel einen blanken Löffel*, s. S. 95):

Da wo der Michel den Seemann begrüßt,
da wo die Alster der Elbe zufließt,
da wo im Hafen die Schiffsglocke schellt,
wo sich die Möwe zur Taube gesellt,
ja, da ist Hamburg, das Tor zur Welt.

Da wo im Rathaus die Bürger regiern,
wo auf dem Jungfernstieg Pärchen spaziern,
wo man das Bier auf St. Pauli bestellt,
da wo man Witze auf Plattdütsch vertellt,
ja, da ist Hamburg, das Tor zur Welt.

Da wo ein kräftiger Shanty erklingt,
da wo das Licht auf den Schiffswerften blinkt,
da wo es Jungen und Alten gefällt,
da ist die Stadt, die man immer behält,
ja, da ist Hamburg, das Tor zur Welt.

Refrain nach jeder Strophe:
Norden und Süden und Osten und Westen
zu Hause da ist es doch immer am besten,
ja, das ist die Stadt, die man immer behält,
ja das ist Hamburg, das Tor zur Welt.

Mit dieser Beschreibung von Hamburg schlägt der Text des Liedes eine Brücke zwischen charakteristischen Besonderheiten der Stadt und gleichzeitiger Weltoffenheit. Die Aufzählung der Sehenswürdigkeiten (z. B. die Kirche St. Michaelis – genannt ›Michel‹, die Alster, der Jungfernstieg) sowie die Darstellung des Hafens mit seinen maritimen Merkmalen (den Schiffen, den Möwen, den Seeleuten und den Werften) geht einher mit der Vermittlung einer ganz bestimmten, offenkundig typisch hamburgischen Atmosphäre. Durch die Benennung charakteristischer Eigenheiten der Stadt und der hier wohnenden Menschen (dargestellt z. B. durch das »Plattdütsch«

oder die erklingenden »Shantys«) wird die Stadt mit einer gewissen lokalpatriotischen, fast kleinstädtischen Einmaligkeit belegt. Dabei bleibt Hamburg aber immer auch die große Hafenstadt, die durch die tagtäglich abfahrenden und eintreffenden Schiffe aus zahlreichen Ländern das »Tor zur Welt« verkörpert.

Diese Parallelität des fast ausschließlich daktylisch aufgebauten Textes wird auch durch die Musik veranschaulicht. Das Strophenlied in *D*-Dur ist mit dem ständigen Wechsel von Strophe und Refrain als zweiteilige Liedform vertont. Jede aus drei Satzgliedern (a–b–c) bestehende Strophe fasst zunächst die Verse 1 und 2 sowie 3 und 4 zusammen (die schon im Text als Paarreime einander zugehörig erscheinen), wobei jeder Vers als ein zweitaktiges Motiv vertont wird. So erscheint das Motiv des ersten Verses mit seiner in Sekunden absteigenden Linie von a' nach c' (T. 3 u. 4) noch einmal zum Ton h' sequenziert auf die zwei Takte des nachfolgenden Verses. Diese Sequenzierung zeigt sich auch bezüglich der Verse 3 und 4, wobei die nun aufsteigende Linie von Ton d' bis g' (T. 7 u. 8) auf dem Ton e' beginnend wiederholt wird. Der fünfte Vers wird daran anschließend mit zwei Takten angehängt.

Der auf jede Strophe folgende Refrain besteht hingegen als achttaktige Periode aus nur zwei Satzgliedern mit je vier Takten. Wieder fallen jedem Vers dabei zwei Takte zu. Das erste Satzglied ist durch nur ein einziges Motiv geprägt, welches sich durch drei aufeinander folgende Viertelnoten des Tones g' sowie durch drei aufeinander folgende Viertel des Tones e' (der darunter liegenden kleinen Terz) auszeichnet (T. 13). Dieses Motiv wird nun jeweils um eine Sekunde aufsteigend dreimal sequenziert wiederholt. Neben diesen Tonrepetitionen ist dieser Vordersatz des Refrains durch aufsteigende Quintsprünge von Takt zu Takt geprägt und erreicht durch eben solch einen Quintsprung von a' zu d'' (T. 16 f.) die Verbindung zum Nachsatz. Auch die ersten beiden Takte des Nachsatzes sind noch durch die aus dem Vordersatz bekannten dreifachen Vierteltonrepetitionen geprägt, während das Anschlussglied (also die letzten beiden Takte des Refrains) die Melodie des fünften Strophenverses wieder aufgreifen. Ein einzelner an den Refrain angehängter Takt (T. 21), der nur von der Klavierbegleitung gespielt wird, vollzieht melodisch mit dem Aufstieg der oberen Stimme von *e'* nach *g'* die Rückführung zur Strophe. Die Melodie wird darüber hinaus von vielen offensichtlichen, sich häufig überschneidenden Sekundbrücken durchzogen. Diese Brücken sind in der Strophe zwischen den Tönen *a'* und *h'* (T. 3 u. 5), zwischen *cis'–d'–e'* (T. 4, 6 u. 9) sowie zwischen *g'* und *h'* (T. 8 u. 10) zu finden. Aber auch im Refrain erscheinen zwischen den Tönen *g'–a'–h'–cis'–d''* (T. 13–17) sowie zwischen den Tönen *e'–fis'–gis'–a'* (T. 13–16) gleichzeitig zwei solcher Verbindungen.

Das im Text hervorgehobene Lokalkolorit Hamburgs wird auf verschiedene Weise musikalisch unterstrichen. Der einfache Liedaufbau (Strophe mit immer wiederkehrendem Refrain) sowie die recht einfachen und einprägsamen Melodieläufe, die ihrerseits durch gängige Harmoniefolgen unterstützt werden (die ausschließliche Verwendung von Haupt- und Nebenfunktionen erhält nur durch die gelegentliche Hinzufügung von Septimen, Nonen oder anderer Durchgangsnoten Farbigkeit), stellen dabei nur zwei Kennzeichen dar. Besonders der verwendete Sechsvierteltakt, der analog zum daktylischen Text seine Betonung auf dem ersten und dem vierten Viertel eines jeden Taktes findet, entspricht mit seinem tänzerischen Charakter der Volkstümlichkeit des Textes. Auch der einfache, vorrangig aus Viertelnoten, Halben sowie punktierten Halben bestehende Rhythmus (der auch von der Klavierbegleitung aufgenommen und zusammen mit der Melodie insbesondere von der obersten Stimme wiedergegeben wird) steht im Dienst dieses Metrums.

Wie der Text Volkstümliches mit Weltstädtischem zu vereinen weiß, so steht auch der folkloristisch geprägten Musik ein Gegenpart zur Seite. So wird in den Takten 11 und 12 zu dem in jeder Strophe wiederkehrenden fünften Vers »ja, da ist Hamburg, das Tor zur Welt« die bisherige in engen Sekundschritten verlaufende Melodie geöffnet. Sie vollzieht mit einem melodischen Bogen von a' über d'' bis zu d' die offene Wölbung des ›Tores‹ nach. Wie wichtig diese Öffnung innerhalb der Musik (und damit auch im Text) ist, belegt die häufige Verwendung dieser Melodiephrase. Denn sie wird bereits im zweitaktigen Klaviervorspiel vorgestellt und erscheint nach der Strophe noch einmal als Abschluss des Refrains (die zugehörige Klavierbegleitung bleibt dabei bis auf geringe Ausnahmen in T. 11 u. 12 fast immer identisch). Somit vollzieht Kukuck den Text musikalisch nach und kann dessen Aussage durch den Einsatz verschiedener Mittel transportieren.

Dichterlieder

Unter den Texten, die Grundlage von Felicitas Kukucks Liedern sind, finden sich oft auch die Namen einiger großer deutscher Schriftsteller und Lyriker. Mit Werken von Johann Wolfgang von Goethe, Clemens Brentano, Joseph von Eichendorff, Heinrich Heine, Eduard Mörike, Rainer Maria Rilke, Christian Morgenstern oder Bertholt Brecht – um nur einige zu nennen – vertont sie Gedichte verschiedenster Stilrichtungen und Strömungen. Besonders angetan ist Kukuck jedoch von den Dichtungen Theodor Storms. Die Lieder zu seinen Werken werden meist in Zyklen zusammengefasst, und es entstehen unter anderem die *Lieder im Volkston* von 1951 (die in verschiedenen Fassungen sowohl für Gesang und Klavier als auch für drei gleiche Stimmen sowie unveröffentlicht für vierstimmigen gemischten Chor mit Streichern existieren) oder die unveröffentlichten *Mädchenlieder* für vierstimmigen gemischten Chor. Die beiden Liederzyklen *Storm-Lieder* sowie *Storm-Lieder II* werden im Folgenden vorgestellt.

Storm-Lieder I *und* Storm-Lieder II

Wer sich heute an den Schriftsteller Theodor Storm erinnert, denkt vorrangig an seine novellistischen Werke. Er selbst sah jedoch in der Lyrik den Schwerpunkt seines Schaffens:

>»Ich bin [...] wesentlich Lyriker, und meine ganze dichterische u. menschliche Persönlichkeit, alles was von Charakter, Leidenschaft und Humor in mir ist, findet sich nur in den Gedichten, dort aber ganz u. voll; in meiner Prosa sind die Grenzen wesentlich enger.« (zit. nach Lohmeier 1987, S. 16 f.)

Storm bevorzugte die lyrische Form des Liedes. Das oft drei- oder vierhebige Grundmaß sowie die daraus entstehenden, regelmäßig zwischen betonten und unbetonten Silben alternierenden Verse werden zu meist vierzeiligen Strophen mit Kreuzreim zusammengefasst. Satzpausen innerhalb einer Strophe fallen immer mit der metrischen Atempause zusammen (ebd., S. 750). Felicitas Kukuck schätzt seine schmucklose Sprache, die ihr ausreichend Raum für musikalische Interpretation gewährt. Denn seine Gedichte, die in ihrer beabsichtigten Einfachheit auf jegliche stilistische Ausgefallenheit verzichten und gleichzeitig aber durch ihre poetische Kraft konzentriert sind, bieten für sie eine besonders geeignete Vorlage:

>»Seine Sprache ist gefühlvoll und stimmungsvoll. Das Emotionale steht im Vordergrund, die Art seiner Äußerungen ist plakativ und lautmalerisch. Seine Poesie bietet sich daher zur musikalischen Komposition sehr an.« (zit. nach Exter 1988, S. 59)

Bereits in ihren ersten Jahren als Komponistin entsteht 1950 die erste Folge der *Storm-Lieder* für gemischten Chor. Mit *Oktoberlied, Die Nachtigall, In der Frühe, Käuzlein* sowie *Mai* komponiert Kukuck eine Reihe von Liedern, die auch Kukucks zukünftigen Förderer Gottfried Wolters überzeugen:

>»[...] ich habe dem Verlag die sofortige Annahme und den baldigen Druck Ihrer Storm-Lieder vorgeschlagen und muss Ihnen nochmals sagen, wie sehr begeistert ich von diesen Liedern bin, die ich mir täglich zu Gemüte

führe. Bitte, sagen Sie mir noch, ob Sie den Zyklus so für geschlossen halten. Fast möchte man sich wünschen, dass er noch um einen der gültigen Storm-Texte erweitert würde« (Wolters 1950).

1953 übersendet Kukuck ihren Zyklus sogar an die Storm-Gesellschaft auf Husum und erhält vom dortigen Vorsitzenden folgende (an »Herrn« Felicitas Kukuck adressierte) Antwort:

> »Wenn möglich, werden wir einzelne Vertonungen für die Umrahmung unserer Stormfeiern od. die Ausgestaltung unserer Stormtagungen benutzen. Auch werde ich mir erlauben, Ihre Kompositionen dem ›Theodor-Storms Gesangverein‹, den der Dichter selbst hier in Husum in den vierziger Jahren des vorigen Jahrhunderts gegründet hat, zur Verfügung stellen.« (Laage 1953)

Über dreißig Jahre später komponiert Kukuck mit den Liedern *Meeresstrand, Die Stadt, Über die Heide, Abseits* und dem *Weihnachtslied* die zweite Folge der *Storm-Lieder* (ebenfalls für gemischten Chor), die 1982 erscheint. Bereits zuvor hatte sie einige dieser Lieder gemeinsam mit anderen Werken bei einem Wettbewerb eingereicht, den »die Zentralstelle für den deutschsprachigen Chorgesang im Ausland ausgeschrieben hatte, die aber ausgeschieden wurden, weil das Original nicht dabei war.« (Kukuck 1981) Mit *Meeresstrand* und dem aus der ersten Folge stammenden *Die Nachtigall* werden nun zwei Lieder aus beiden Zyklen untersucht.

Die Nachtigall

Felicitas Kukuck selbst hat *Die Nachtigall* von all ihren eigenen Liedern besonders gemocht (vgl. Johannsen: Interview, vgl. Kap. X, S. 171).

Text von Storm	*Text von Kukuck*
Das macht, es hat die Nachtigall	Das macht, es hat die Nachtigall
Die ganze Nacht gesungen	die ganze Nacht gesungen;
Da sind von ihrem süßen Schall,	da sind von ihrem süßen Schall,
Da sind in Hall und Widerhall	da sind in Hall und Widerhall
Die Rosen aufgesprungen.	die Rosen aufgesprungen.
Sie war doch sonst ein wildes Kind;	Sie war doch sonst ein wildes Blut;
Nun geht sie tief in Sinnen,	nun geht sie tief in Sinnen,
Trägt in der Hand den Sommerhut	trägt in der Hand den Sommerhut
Und duldet still der Sonne Glut,	und duldet still der Sonne Glut,
Und weiß nicht, was beginnen.	und weiß nicht, was beginnen.
Das macht, es hat die Nachtigall	Das macht, es hat die Nachtigall
Die ganze Nacht gesungen;	die ganze Nacht gesungen;
Da sind von ihrem süßen Schall,	da sind von ihrem süßen Schall,
Da sind in Hall und Widerhall	da sind in Hall und Widerhall
Die Rosen aufgesprungen.	die Rosen aufgesprungen.
(zit. nach Lohmeier 1987, S. 16 f.)	

Das Gedicht ist nicht nur durch die Dreistrophigkeit gegliedert. Vielmehr ist hier auch eine inhaltliche Trennung erkennbar: Die erste Strophe zeichnet mit der singenden Nachtigall und den aufblühenden Rosen ein Naturbild, das exakt so in der dritten Strophe wiederholt wird und damit umrahmend wirkt. Die zweite, mittlere Strophe hingegen erweckt den Eindruck eines textlichen Bruches, da die Nachtigall mit der Bezeichnung »wildes Kind«, das die Hitze der Sonne bewusst erduldet und nachdenklich einen Sommerhut in der Hand trägt, personifiziert wird.

Auch Kukucks durchkomponiertes, in unregelmäßigen Abständen zwischen Dreihalbetakt und Zweihalbetakt wechselndes Lied folgt mit seiner dreiteiligen Liedform der Textvorlage. Während der vierstimmige Satz für die Strophen eins und drei gleich ist, hebt sich die mittlere Strophe von diesem Rahmen auf verschiedene Weise deutlich ab. Dies zeigt sich schon im formalen Aufbau. Beide Strophen (also die erste bzw. die dritte und die zweite) zeigen eine zweisätzige Liedform, wobei der erste Satz zwei Satzglieder und der zweite Satz drei Satzglieder umfasst. Da jedes Satzglied die Vertonung eines Verses darstellt, rührt diese Asymmetrie also von Storms Textvorlage mit fünf Versen pro Strophe her. Auch der Wechsel vom ersten zum zweiten Satz entspringt (zumindest hinsichtlich der ersten Str.) aus den Eigenschaften des Textes. Denn die ersten beiden Verse, die eine syntaktische Einheit bilden, werden von Storm mit einem Semikolon deutlich von den folgenden drei Versen getrennt, die ihrerseits ebenfalls syntaktisch zusammen gehören. Solch ein Semikolon gibt es zwar auch in der zweiten Strophe, Kukuck trennt die beiden Sätze jedoch zwischen dem zweiten und dem dritten Vers (wie in der ersten Str. auch) und lässt so Sätze mit zwei oder drei Satzgliedern entstehen. Hier in der zweiten Strophe nimmt Kukuck auch eine auffällige Veränderung des Textes vor, indem sie das Wort »Kind« durch das Wort »Blut« ersetzt. Zum einen passt sie so das Reimschema der Vorgabe aus der ersten Strophe (a–b–a–a–b) an, zum anderen erweckt das »wilde[s] Blut« inhaltlich einen stärkeren Kontrast zu der gedanklichen Versunkenheit des folgenden Verses als das »Kind«.

Das erste Satzglied ist zunächst durch den paarweise gestalteten Einsatz der vier Stimmen gekennzeichnet. Während der Alt und der Tenor mit der Terz und der Quarte der ersten Harmonie g-Moll beginnen, setzen Sopran und Bass erst eine Viertelnote später mit dem Grundton g' und g ein. Auch im weiteren Verlauf des Satzgliedes bleibt diese Kopplung der Paare durch gleiche rhythmische Führung der Stimmen erhalten. Melodisch sind besonders die Terzintervalle im Sopran g'–b'–g'–b'–(c'')–d'' (T. 1 u. 2) bemerkenswert. Im Bass hingegen wird der tiefste Ton des Liedes G angestrebt. Im zweiten Satzglied unterliegen die vier Stimmen dem gleichen

Rhythmus, während der Sopran den im ersten Satzglied begonnenen Melodiebogen über f' bis zum Ausgangston g' spannt. Darüber hinaus werden Sopran und Alt über einige Töne hinweg im Terzabstand parallel geführt. Der Vordersatz der um die Tonart g-Moll kreisenden ersten Strophe endet mit der Pikardischen Terz auf G-Dur (T. 5). Die folgenden Satzglieder 3 und 4 sind in ihrer Anlage dem ersten Satzglied sehr ähnlich. Wie zuvor sind Alt und Tenor sowie Sopran und Bass paarweise rhythmisch gekoppelt. Erneut zeigt der Sopran das zum Anfangston d' sequenzierte und variierte Motiv des ersten Satzgliedes. Beginnend auf d-Moll endet dieses dritte Satzglied auf der zugehörigen Paralleltonart F-Dur (dieses Schema setzt Kukuck im Verlauf des Liedes mehrfach ein). Das nun folgende Satzglied kann analog zum Text (»da sind von ihrem süßen Schall, da sind in Hall und Widerhall«) als Wiederholung angesehen werden. Zum einen bilden Anfangs- und Endharmonien (g-Moll und B-Dur) als Paralleltonarten wieder den harmonischen Rahmen. Das benannte Terz-Motiv wird hier ein weiteres Mal zum Ton g' sequenziert und vollzieht so eine musikalische Steigerung, die im letzten Satzglied der ersten Strophe mit dem Quintsprung von c'' zum eineinhalb Takte lang ausgehaltenen höchsten Ton des Liedes g'' (T. 11) ihren Höhepunkt findet. Während zuvor der im Text angesprochene »Hall und Widerhall« durch die in allen Stimmen unterschiedliche rhythmische Gestaltung herausgearbeitet wird (T. 8–10), erscheint das plötzliche Aufblühen der Rosen (durch den oben genannten unvermittelten Quintsprung im Sopran) sowie das Entfalten ihrer Blätter (dargestellt durch die in Terzen parallel verlaufenden, absteigenden Melodielinien zunächst in Tenor und Bass, T. 10–12, dann in Alt und Tenor, T. 13) musikalisch nachvollziehbar. Die Strophe endet schließlich harmonisch auf der Tonika ohne Terz mit der leeren Quinte g–d.

Der Beginn der zweiten Strophe stellt in mehrerer Hinsicht einen Bruch zum Vorherigen dar. Der bisherige Bezug zur Tonart g-Moll wird nun aufgebrochen und von Satzglied zu Satzglied umspielend verändert. So steht im ersten Satzglied der zweiten Strophe *a*-Moll im Vordergrund, wobei der Vers wieder mit der Pikardischen Terz *A*-Dur beendet wird (T. 18). Darüber hinaus erweckt das Satzglied durch die Anweisung ›schnell‹, durch die punktierte Viertelnote mit anschließender Achtelnote in Sopran, Tenor und Bass (T. 16 u. 17) sowie durch die aufstrebenden Quart- und Quintsprünge im Sopran von *e'* zu *a'* sowie von *a'* zu *e''* (T. 15 u. 16) einen bewegten, fast tänzerischen Eindruck, der das im Text angesprochene »wilde Blut« hörbar macht. Gleichzeitig werden hier fast über die gesamte Länge des Satzgliedes Tenor und Bass im Terzabstand parallel geführt. Die folgenden vier zusammengehörenden Satzglieder wirken hingegen als Kontrast zu dieser Art von Zwischenglied (als die das erste Satzglied der zweiten Strophe aufgrund seines anderen Klangcharakters betrachtet werden kann). Denn während schon die Anweisung ›langsamer‹ (T. 19) einen neuen Abschnitt ankündigt, erscheinen die folgenden Satzglieder mit ihren besonnen wirkenden Vierteln und Halben Noten sowie durch die rhythmische Gleichführung der vier Stimmen im ruhigen Einklang. Diese Ruhe findet im Text durch die Worte »nun geht sie tief in Sinnen« und der dazugehörigen absteigenden Melodielinie im Sopran von *d''* zu *fis'* ihre Entsprechung. Neben der erneuten Parallelführung von Tenor und Bass (T. 19 u. 20 sowie T. 25) wendet Kukuck hier von Satzglied zu Satzglied wiederholt das Schema aufeinander folgender Paralleltonarten an. So beginnt das zweite Satzglied der ersten Strophe auf *h*-Moll und endet auf *D*-Dur (T. 19–22), während das dritte Satzglied beginnend auf *e*-Moll zu *G*-Dur geführt wird (T. 22–24) und das vierte Satzglied mit dem Beginn auf *a*-Moll sein Ende auf *C*-Dur findet (T. 24–26). Darüber hinaus ist auch hier (wie Str. 1) bezüglich der Satzglieder 3 und 4 eine Steigerung durch Wiederholung des in Terzen aufsteigenden Motivs *e'–g'–(a')–h'* sowie *a'–c''–(d'')–e''* zu erkennen. Der letzte Vers der zweiten Strophe (T. 27–30) verstärkt die Versunkenheit und Ratlosigkeit zum einen durch die noch einmal länger werdenden Notenwerte sowie durch die mehrmalige Wiederholung der Worte »weiß nicht« in Alt und Tenor. Während zunächst noch alle Stimmen unterschiedliche Rhythmen aufzeigen, werden ganz am Schluss wieder Sopran und Bass sowie Alt und Tenor als rhythmisch einheitliche Paare zusammengefasst. Harmonisch endet die zweite Strophe mit einem Halbschluss auf *D*-Dur, welches als Dur-Dominante von *g*-Moll zu dieser Tonart der ersten Strophe (die nun noch einmal wiederholt wird) zurückführt.

Erwähnenswert ist außerdem, dass der beim Hören des Liedes geweckte Eindruck von Ähnlichkeiten mit Alter Musik einen benennbaren Grund hat. Denn Felicitas Kukuck setzt in diesem Lied von der *Nachtigall* immer wieder Klauseln (die in dieser Form ihren Ursprung in der Musik des 15. und 16. Jahrhunderts haben) als formelhafte melodische Schlusswendungen einzelner Satzglieder ein. Besonders auffällig sind sie am Ende des Vordersatzes (T. 5) sowie am Schluss der ersten Strophe (T. 14), aber auch das erste Satzglied der zweiten Strophe wird auf diese Weise hörbar vom Folgenden getrennt (T. 18). Dieses Lied ist also beispielhaft dafür, wie Kukuck alte musikalische Elemente für sich neu entdeckt und zum Bestandteil ihrer eigenen Tonsprache werden lässt.

Meeresstrand

Das Lied *Meeresstrand* steht am Beginn von Felicitas Kukucks zweiter Folge der *Storm-Lieder*.

Text von Storm	*Text von Kukuck*
An's Haff nun fliegt die Möwe,	Ans Haff nun fliegt die Möwe,
Und Dämm'rung bricht herein;	und Dämmrung bricht herein;
Über die feuchten Watten	über die feuchten Watten
Spiegelt der Abendschein.	spiegelt der Abendschein.

Graues Geflügel huschet	Graues Geflügel huschet
Neben dem Wasser her;	neben dem Wasser her;
Wie Träume liegen die Inseln	wie Träume liegen die Inseln
Im Nebel auf dem Meer.	im Nebel auf dem Meer.
Ich höre des gärenden Schlammes	Ich höre des gärenden Schlammes
Geheimnisvollen Ton,	geheimnisvollen Ton,
Einsames Vogelrufen –	einsames Vogelrufen,
So war es immer schon.	so war es immer schon.
Noch einmal schauert leise	Noch einmal schauert leise
Und schweiget dann der Wind;	und schweiget dann der Wind;
Vernehmlich werden die Stimmen,	vernehmlich werden die Stimmen,
Die über der Tiefe sind.	die über der Tiefe sind.
(zit. nach Lohmeier 1987, S. 14 f.)	

Das Gedicht zeigt beispielhaft, wie Storm in seiner Lyrik weitgehend auf Metaphern und Bilderschmuck verzichtet, gleichzeitig aber eine für den Leser und Hörer sinnlich wahrnehmbare Atmosphäre erschafft. *Meeresstrand* ist 1854 oder 1855 während Storms Zeit als Assessor im preußischen Justizdienst in Potsdam entstanden und ist Ausdruck seines Heimwehs nach Husum. Das Heimweh ist jedoch nicht beherrschendes Thema des Gedichtes, denn die im Vordergrund stehenden, bildhaften Eindrücke werden als gegenwärtige Anschauung wiedergegeben (ebd., S. 749). Die nordische Herkunft stellt die offensichtlichste Verbindung zwischen Theodor Storm und Felicitas Kukuck dar. So wie Storm seiner Heimat Husum ein Leben lang treu bleibt und – unterbrochen von mehrjährigen Aufenthalten an anderen Orten – immer wieder hierher zurückkehrt, bleibt auch Kukuck ihrem norddeutschen Zuhause immer verbunden. Sie liebt neben der Elbe insbesondere die Nordsee (die sie schon seit ihrer Zeit in der *Schule am Meer* auf Juist kennt), den Himmel sowie die Luft und den Geruch des Meeres. Später macht sie mit ihren Kindern und ihrem Mann mehrfach auf Norderney Zelturlaub oder komponiert sogar auf Amrum und Juist in den

Dünen. Felicitas Kukuck findet in den Gedichten Storms ihre eigene Liebe zur nordischen Landschaft wieder und kann die nur verhalten zum Ausdruck kommenden Gefühle gut nachempfinden. Auch das Zurückgenommene, Herbe, Sparsame und Kühle (z. B. bei Landschaftsbeschreibungen), das mit der gleichzeitigen Tiefe der Gefühle (welche nur punktuell gesetzt sind) einhergeht, berührt sie (vgl. Johannsen: Interview, vgl. Kap. X, S. 171) und inspiriert sie unter anderem zu dem Lied *Meeresstrand*.

Das vierstrophige, im Dreihalbetakt gesetzte Lied ist zunächst als durchkomponiert zu beurteilen. Denn die einzelnen Strophen nehmen (z. B. mit jeweils unterschiedlichem Taktumfang oder mit unterschiedlich einsetzenden Stimmen) verschiedene Formen an. Dennoch gibt es Elemente, die allen Strophen gemeinsam sind. Analog zur Textvorlage, in der die Verse 1 und 2 eine syntaktische Einheit bilden und durch ein Semikolon (bzw. in Str. 3 durch einen Gedankenstrich) von den Versen 3 und 4 getrennt werden, vertont Kukuck diese beiden Sinneinheiten in allen Strophen als musikalischen Vorder- und Nachsatz. Den einzelnen Versen werden dabei einzelne Motive zugeordnet. Melodisch besonders hervorstechend ist dabei der Cantus firmus, der in jeder Strophe von unterschiedlichen Stimmen vorgestellt wird und so dem Lied inneren Zusammenhalt gibt. Erstmals wird der Cantus firmus mit seinen charakteristischen großen und kleinen Terzsprüngen in der ersten (in *a*-Moll gesetzten) Strophe vom Sopran gesungen. Im ersten Motiv erscheint die große Terz zwischen den Tönen *a'*–*f'*–*a'* (T. 1 u. 2). Im Anschlussglied wird dieses Motiv zum Ton *g'* sequenziert und mit der kleinen Terz zu *e'* variiert wiederholt (T. 3 u. 4). Insgesamt ist die Melodie des viertaktigen Vordersatz vom Anfangston *a'* bis zum Ton *c'* des Nachsatzes (T. 4) abwärtsgerichtet und vollzieht damit die hereinbrechende Dämmerung nach. Auch das Motiv des Nachsatzes ist zu den Tönen *e'*–*c'*–*d'*–*e'*–*g'* durch einen großen und einen kleinen Terzsprung geprägt (T. 4 u. 5). Ebenso finden sich auch im zugehörigen

Anschlussglied mit der Tonfolge $f'-a'-c''$ (T. 6) ein großer und ein kleiner Terzsprung. Darüber hinaus vollzieht der dreitaktige Nachsatz eine zum Vordersatz gegengerichtete Aufwärtsbewegung (von c' zu c'') sowie die Rückführung zum Grundton a. Rhythmisch ist der Cantus firmus neben Viertelnoten insbesondere durch Halbe oder punktierte Halbe Noten gekennzeichnet, die zu den Substantiven des Textes (»Haff«, »Möwe«, »Dämmrung«, »Watten«, »Abendschein«) immer auf den ersten betonten Taktteil fallen (nur zum Wort »Abendschein« wird dies von den Stimmen Alt, Tenor und Bass übernommen). Ein weiteres rhythmisches Charakteristikum ist der Einsatz von Triolen in allen Stimmen (T. 4, 5 u. 6), die bis Takt 4 syllabisch im selben Rhythmus geführt werden und nur in den letzten drei Takten durch unterschiedliche melismatische Auszierungen gegeneinander verschoben werden.

In der zweiten Strophe (d-Moll) wird der variierte Cantus firmus von zwei Stimmen wiedergegeben. Gleich im ersten Takt beginnt der Cantus firmus transponiert zum Ton d''[10] im Tenor. Während die Abfolge der Melodieintervalle gleich bleibt, wird der Rhythmus jedoch verändert. Hervorstechende Merkmale sind hierbei Triolen in allen vier Motiven sowie die schnell aufeinander folgenden Tonrepetitionen des zweieinhalbtaktigen Vordersatzes, die musikalisch das »huschende Geflügel« untermalen. Der wiederholte Einsatz von langen Notenwerten im dreieinhalbtaktigen Nachsatz erfolgt wieder zu den Substantiven des Textes (»Träume«, »Inseln«, »Nebel«, »Meer«). Bis auf eine kleine Ausnahme im einzigen Vierhalbetakt des Liedes (T. 12) werden dabei der Tenor und der unterstützende Bass rhythmisch gleich geführt. Der zum Ton d'' transponierte Cantus firmus wird aber auch vom Sopran vorgestellt. Zwei Viertel

---

[10] Zwar zeigen die Noten hier den Ton d'' an. Es ist jedoch davon auszugehen, dass die Tenorstimme – wie in den anderen Strophen auch – um eine Oktave nach unten versetzt wird.

später als der Tenor einsetzend übernimmt er (bis auf die letzten drei Notenwerte) verschoben den vom Tenor vorgegebenen Rhythmus. Dem Sopran wird dabei der Alt unterstützend zur Seite gestellt, welcher (ebenfalls vollständig den Rhythmus übernehmend) in Quarten parallel geführt wird. Diese fortwährende Parallelführung sowie die nacheinander einsetzenden, verdoppelt wirkenden Stimmen unterstreichen die im Text angesprochene traumhafte, durch den Nebel unwirklich erscheinende Atmosphäre.

Im Gegensatz zu Storms ersten beiden Strophen, die durch optische Wahrnehmungen geprägt sind, herrschen in den Strophen 3 und 4 die akustischen Eindrücke vor. Kukuck passt ihre Musik entsprechend an. Während der Cantus firmus in der dritten Strophe (*g*-Moll) nun im Bass zum Anfangston *g* transponiert erscheint, untermalen die rhythmisch mit dem Bass gleich geführten Stimmen Sopran, Alt und Tenor den »geheimnisvollen Ton« des gärenden Schlammes. Besonders eindrucksvoll ist hierbei der Sopran, der den gesamten dreitaktigen Vordersatz ausschließlich auf dem fortwährend wiederholten Ton *d"* aushält, während die unteren Stimmen Harmoniewechsel zwischen *g*-Moll und *F*-Dur (teilweise mit Sexten versehen) vollziehen. Der viertaktige Nachsatz führt die Strophe mit prägnanten Triolen in allen vier Stimmen sowie Melismen zum Wort »immer« zu Ende.

Die vierte Strophe steht am Schluss gesondert dar. Denn sie ist die einzige, die die vier Verse in der Form einer achttaktigen Periode vorstellt und dabei auf zwei Stimmen reduziert wird. Der Sopran zeigt den Cantus firmus, der dem aus Strophe 1 bezüglich des Anfangstons *a'* sowie aufgrund der ähnlichen Notenwerte sehr gleicht. Rhythmisch interessant ist der Einsatz von Viertelpausen, die die ersten drei Motive voneinander trennen und das im Text angesprochene Schweigen des Windes nachvollziehbar machen. Der Bass wird dabei konsequent in darunter liegenden Quinten geführt. Durch die nicht vorhandenen Terzen dieser ›körperlos‹ wirkenden

Quinten wird dieser Strophe jeglicher harmonische Gehalt genommen und somit eine herbe, fast unnahbare Stimmung erzeugt, die der schwebend-nebligen Naturbeobachtung des Textes entspricht.

Diese leeren Quinten durchziehen auch immer wieder die vorangehenden Strophen und werden insbesondere für die Schlussakkorde der Strophen (außer der Str. 1) verwendet. Daneben fügt Kukuck den in den Strophen verwendeten Harmonien fast immer verschärfende Intervalle (Sekunden, Quarten und selten Septimen) hinzu. Der hierbei entstehende spezielle Klangeindruck wirkt gemeinsam mit der von Strophe zu Strophe wechselnden Tonart sowie den leeren Quinten als Loslösung von einem festen harmonischen Bezugspunkt. So setzt sich die bereits im Text beschriebene Stimmung der traumhaft und verschwommen wirkenden Wattenlandschaft mit der Musik zu einem Gesamtbild zusammen. Das Lied *Meeresstrand* ist somit ein herausragendes Beispiel dafür, wie die norddeutsche, herbe Lyrik Storms ideal durch Kukucks ausdrucksvolle Musik vertont wird. Darüber hinaus zeigt sich, das Kukuck – im Vergleich zu der über dreißig Jahre zuvor entstandenen ersten Folge der *Storm-Lieder* – zu einer distanzierteren Tonsprache gefunden hat, die weniger von Emotionen und großen Melodiebögen, sondern eher von atmosphärischen Stimmungen und Klangeindrücken geleitet und geprägt wird.

Liebeslieder

Die Lieder, die Felicitas Kukuck explizit als ›Liebeslieder‹ betitelt, entstehen im letzten Viertel ihres Lebens – die meisten verfasst sie zu Texten ihrer Tochter Margret. Zu nennen sind hierbei die *Zehn Liebeslieder* für Sopran und Gitarre (1983), zweiundzwanzig Liebeslieder für Sopran und Klavier unter dem Titel *Du hast es mir angetan* (1991) sowie die unveröffentlichten *Acht Liebeslieder* für drei Solostimmen (1987).

Felicitas Kukucks eigenes privates Liebesglück ist zeitlebens stark mit ihrer Musik verknüpft. Die Ehe mit Dietrich Kukuck ist zunächst eine sehr glückliche Beziehung. Als junger Mann verehrt Dietrich Kukuck seine Frau, ihre musikalische Tätigkeit und ihre Werke sehr und unterstützt sie in ihrer Arbeit. Dennoch kommt es zur Entfremdung der Eheleute, für die es verschiedene Gründe gibt. So geschieht es gelegentlich, dass Dietrich Kukuck neue Kompositionen seiner Frau mit bissigen Kommentaren kritisiert und so die Musik zum Instrument der ehelichen Auseinandersetzung wird. Ihre Tochter Margret erinnert sich heute, dass aber auch um Alltägliches (wie Geld und Haushaltsführung) gestritten wurde:

> »Und dann hat er [Dietrich Kukuck] manchmal gesagt, sie soll nicht Kuchen backen, sie soll lieber komponieren, andere können besser Kuchen backen[11]. Und das war sehr ambivalent, wie er das gesagt hat, denn meine Eltern haben sich zu der damaligen Zeit – da war ich zehn oder zwölf – unheimlich oft in den Haaren gehabt. Er hat sie auch kritisiert, dass sie im Haushalt dieses und jenes nicht hingekriegt hat. Obwohl er früher ihre Musik voll und ganz unterstützt hat. Und er hat auch später, auch noch nach der Scheidung, Aufnahmen von ihrer Musik gemacht. Er hat in ihrem Chor mitgesungen. Und trotzdem war da diese andere Seite.« (Johannsen: Interview, vgl. Kap. X, S. 172)

Felicitas Kukuck glaubt später, dass auch ihr wachsender Erfolg ein Aspekt war, der die Ehe zum Scheitern brachte. Darüber hinaus lernt Dietrich Kukuck im von seiner Frau geleiteten Volkshochschulchor eine andere Frau (Lulu Maack, geborene Becker, ›Lolo‹ genannt) kennen und beginnt eine Beziehung mit ihr (sie wird später seine zweite Frau). Felicitas Kukucks Tochter weiß heute noch, wie unglücklich diese Zeit für ihre Mutter war, in der sich ihr Mann von ihr abwandte:

---

[11] Im Geschwisterkreis der Kukuck-Kinder wird die Äußerung über das Kuchenbacken heute unterschiedlich erinnert und damit interpretiert.

>»Es war ganz lange Zeit so, dass mein Vater sich von ihr trennen wollte, und sie wollte das nicht. Sie hat um ihn wahnsinnig geworben. [...] Sie ist hinter ihm hergelaufen, sie hat ihn physisch festgehalten.« (ebd., S. 172)

Durch verschiedene Ereignisse, die die Ehescheidung überhaupt erst möglich machen, entspannt sich die Situation. Zum einen wird Dietrich Kukuck durch die Erbschaft seines verstorbenen Vaters in die Lage versetzt, eine Ehescheidung materiell bewältigen und für zwei Familien finanziell aufkommen zu können. Zum anderen verliebt sich Felicitas Kukuck mit knapp fünfzig Jahren in den 21 Jahre jungen Freund ihrer Tochter Margret, Klaus Homann. Dies versetzt sie in die Lage, sich emotional von ihrem Mann lösen zu können. Auch nach der Scheidung 1967 ist Lolo weiterhin Mitglied des Chores und wird als Freundin der Familie von Felicitas Kukuck akzeptiert. (ebd., S. 173)

Felicitas Kukuck, die in dieser Zeit viele Werke von Sigmund Freud liest und sich mit Psychoanalyse beschäftigt, analysiert auch ihre eigene Ehe mit diesen Kategorien. Sie selbst begibt sich ab den sechziger Jahren (bis in die achtziger Jahre hinein) immer wieder bei verschiedenen Ärzten (Dr. Scheunert, Dr. Grodzicki und Dr. Baerwolff) in Behandlung und verliebt sich in sie. Obwohl ihre Liebe unerwidert bleibt, versucht sie auch außerhalb der Sitzungen mit zahlreichen Telefonaten und Briefen Kontakt zu ihren Psychoanalytikern aufzunehmen[12]. Neben den Briefen lässt Felicitas Kukuck diesen Männern oft Aufnahmen ihrer Musik zukommen, fast so, als ob sie sich mit ihrer Musik die Liebe hätte verdienen können:

>»Sie hat immer ihre Beziehung zu Männern mit der Musik verbunden. Wenn sie verliebt war, war das für sie und ihre Musik eine unglaubliche Energiequelle. Es war für sie wichtig zu lieben. Sie wollte natürlich auch geliebt werden. [...] Dass sie nicht geliebt wurde, hat aber ihre Energie nicht

---

[12] Die Entwürfe dieser Briefe sind zwar heute noch erhalten, Margret Johannsen weiß jedoch nicht sicher, ob diese Briefe überhaupt je abgeschickt wurden.

versiegen lassen, sondern sie hat um diese Männer geworben. Und das Werben hat sich zum Teil in ihrer Musik ausgedrückt. Und sie hat den Leuten diese Sachen auch geschenkt oder gezeigt oder geschickt oder präsentiert. Das heißt: Ihre Musik war manchmal auch wie ein Werben. Sie hat mit ihrer Musik um Männer geworben.« (Johannsen: Interview, vgl. Kap. X, S. 173)

Ihr Lieben und ihr Leiden daran, dass sie nicht geliebt wird, ist somit eine große Energie- und Inspirationsquelle für Kukucks Musik[13].

Felicitas Kukuck ist zeitlebens stolz darauf, an jedem einzelnen Tag zu komponieren. Das künstlerische Tätigsein ist für sie wie eine Existenzberechtigung und das Allerwichtigste im Leben. Dies lässt sich insbesondere für die Zeit nach ihrem 60. Lebensjahr sagen. Denn während in der Zeit zuvor ihre Musik immer unentwirrbar mit Männern verbunden ist und beide Komponenten sich gegenseitig bedingen, wird ihr im Alter die Anerkennung als Komponistin wichtiger als die Anerkennung als Frau (vgl. Johannsen: Interview, vgl. Kap. X, S. 174). Es ist denkbar, dass gerade die Trennung von Liebe und Musik in ihrem eigenen Leben (gemeint ist Musik, die aus Kukucks eigenem Gefühl der Liebe entsteht) die Kompositionen der so betitelten Liebeslieder für Kukuck erst möglich macht. Ihr ebenfalls spät entstandener Liederzyklus *Vier Lieder nach Texten aus dem Hohelied Salomonis* soll im Folgenden als Beispiel vorgestellt werden.

Vier Lieder für Sopran und Klavier nach Texten aus dem Hohelied Salomonis

Die 1982 entstehenden *Vier Lieder für Sopran und Klavier nach Texten aus dem Hohenlied Salomonis* enthalten die Werke *Die Lechzende, Liebesnacht, Die Wächterin* sowie *Ein Traum* und entstehen zu Man-

---

[13] Eine analytische Selbstreflexion der unerwiderten Liebe zu ihren Ärzten – aber auch ihrer geheimen Beziehung zu dem Fidelbauer Karl Franck – erbringt Felicitas Kukuck allerdings auf literarischer Ebene (z. B. *Der Mann im Spiegel, Der Mann am Weiher*).

fred Hausmanns Übersetzung des biblischen Hoheliedes. Bereits 1969 plant Kukuck die Vertonung dieser Gedichte und setzt Manfred Hausmann davon in Kenntnis:

> »Jetzt will ich Ihr Lied der Lieder, ›das man dem König Salomo zuschreibt‹, komponieren. Es ist für mein Gefühl die schönste Nachdichtung dieses wunderbaren Bibeltextes.« (Kukuck 1969)

Dieser Plan wird jedoch erst Anfang der achtziger Jahre in die Tat umgesetzt und Kukuck hofft auf die Inverlagnahme der Lieder beim *Möseler Verlag*, dem sie die Entstehungsgeschichte dieses Zyklus schildert:

> »Meine Lieder sind ein Auftrag einer Sopranistin und ihres Mannes Matthias Husmann, Kapellmeister an der Oper in Dortmund. Dieses Ehepaar hat kürzlich in Hamburg einen Liederabend gegeben, der einfach hervorragend in jeder Hinsicht gewesen ist. Ich habe den Husmanns, die ich seit Jahren kenne, die Lieder bereits geschickt und nicht nur große Zustimmung von beiden erfahren, sondern auch die Zusicherung von mehreren Aufführungen u. a. auch in Hamburg.« (Kukuck 1982b)

Auch ihrem Freund Gottfried Wolters berichtet sie von ihren neu entstandenen Liedern:

> »Ich bin sehr gespannt, was Du zu diesen Liedern sagen wirst. Sie sind ja, sowohl was die Behandlung des Textes betrifft, als auch hinsichtlich des Klaviersatzes sehr unterschiedlich und natürlich schwer zu singen, aber dennoch durchaus nicht *gegen* die Singstimme sondern entschieden *für* die Stimme. Das habe ich selbst ausprobiert.« (Kukuck 1982a)

Wolters' Antwort lässt seine Begeisterung spüren:

> »[...] diese Lieder habe ich sogleich und mit Wonne genossen – man spürt, wie Du das ›Hohe Lied‹ liebst, wie die Texte Dich beflügeln, wie Deine musikalische Aussage Flügel bekommt. Wahrhaftig keine Musik für Laien – aber Musik, die ausgreift!« (Wolters 1982)

Abb. 10: Felicitas Kukuck, ca. 1982/83 (Foto: Gisela Sautter)

Die Veröffentlichung der Lieder gestaltet sich jedoch problematisch, da der *Fischer Verlag*, bei dem Hausmanns Übersetzungen verlegt sind, Kukuck die Vertonungsrechte nicht ohne weiteres erteilt. Die Komponistin wendet sich schließlich selbst brieflich an Manfred Hausmann, um die Veröffentlichung voranzutreiben:

> »Die vier Lieder für Sopran und Klavier sollen im Februar 1983 in Dortmund und danach auch in Hamburg uraufgeführt werden. Dies ist aber nur möglich, wenn ich sie zuvor bei der *GEMA* angemeldet habe. Zur Anmeldung und Registrierung bei der *GEMA* gehört immer auch die Vertonungsgenehmigung des Text-Autors bzw. seines Verlages. Die Anmeldung ist zugleich die Voraussetzung dafür, daß die *GEMA* für jede Aufführung der Lieder Tantieme bezahlt und zwar sowohl an den Komponisten als auch an den Text-Autor. Dies gilt auch für Aufführungen aus dem Manuskript. Frau Dr. Jussenhoven [vom *Fischer Verlag*] hatte für die Drucklegung der vier Klavierlieder durch den *Möseler Verlag* 500 DM gefordert, ohne zu ermessen,

> daß es Jahre dauert, eh allein die Herstellungskosten von Noten durch den Notenverkauf finanziert werden können. Herr Möseler ist nicht bereit, dieser Forderung nachzukommen, sodaß wir wohl auf die Drucklegung dieser Lieder verzichten müssen. Worauf ich aber nicht verzichten will, das sind Aufführungen aus meinem Manuskript. Darum bitte ich Sie sehr herzlich, mir die Vertonungserlaubnis für alle [...] Lieder [...] freundlicher Weise zu erteilen.« (Kukuck 1982c)

Obwohl Kukuck auch die Bibelfassung des Hoheliedes vertonen (und so die Auseinandersetzungen um die Textrechte unproblematisch umgehen) könnte, kämpft sie um Hausmanns Übersetzungen und damit um die von ihr gewählte Textvorlage. Gegenüber Manfred Hausmann betont sie schon Ende der sechziger Jahre, welch besondere Anziehungskraft seine Texte auf sie ausüben:

> »Und dabei erkenne ich dann nicht nur, was dichterische Sprache überhaupt ist und was sie mir als musikalisches Element bedeutet, sondern wie sehr ich mich gerade am fremden dichterischen Ausdruck entzünde. Ich kann etwas derartiges, wie das Lied der Lieder in Ihrer Fassung für meine Musik nicht entbehren.« (Kukuck 1969)

So setzt sich Manfred Hausmann selbst bei seinem Verlag für diese Kompositionen ein. Kukuck bekommt nach der Einigung des *Möseler Verlags* und des *Fischer Verlags* die Vertonungsrechte erteilt und die Uraufführung kann 1983 in Hamburg stattfinden.

Liebesnacht

Das Lied *Liebesnacht* ist das zweite der *Vier Lieder nach Texten aus dem Hohenlied Salomonis*:

Text von Hausmann	*Text von Kukuck*
Jetzt gehöre ich ihm ganz, dem Geliebten, und er gehört mir.	Jetzt gehöre ich ihm ganz, dem Geliebten, und er gehört mir.

Eine Wiese bin ich von dunklen Anemonen. Er weidet über mich hin.	Eine Wiese bin ich von dunklen Anemonen. Er weidet über mich hin.
Liebe mich, mein Geliebter, bis der Hauch der Frühe anhebt zu wehen, bis die Schatten der Nacht verdämmern!	Liebe mich, mein Geliebter, bis der Hauch der Frühe anhebt zu Wehen, bis die Schatten der Nacht verdämmern!
Liebe mich gelinde, wie die Gazelle es tut, oder gewaltsam wie ein junger Hirsch in den Bather-Bergen!	Liebe mich gelinde, wie die Gazelle es tut, oder gewaltsam wie ein junger Hirsch in den Bather-Bergen!
Ach, komm! (Hausmann 1958, S. 16)	Ach, ach komm!

In der Bibel lautet die entsprechende Stelle folgendermaßen:

> »Mein Freund ist mein, und ich bin sein, der unter kühlen Lilien weidet. / Bis der Tag kühl wird und die Schatten schwinden, wende dich her gleich einer Gazelle, mein Freund, oder gleich einem jungen Hirsch auf den Balsambergen.« (*Die Bibel* 1985, Hoheslied 2,16 und 2,17)

Das in *cis*-Moll gesetzte Lied im Dreihalbetakt entspricht als durchkomponiertes Werk der freien Textvorlage Hausmanns, die nicht durch Reimschema oder Versmaß (Trochäen und Daktylen sind unregelmäßig durchmischt) gebunden ist. Kukuck übernimmt Hausmanns Zeichensetzung vollständig und fertigt entsprechende Strophen an. So entstehen zwei Strophen mit jeweils drei Versen, denen weitere zwei Strophen mit jeweils fünf Versen sowie der angehängte, einzeln stehende Satz »Ach, ach komm!« folgen. Aus dieser Gegenüberstellung von zwei Strophenpaaren mit jeweils gleicher Versanzahl ergibt sich eine zweiteilige Liedform.

Die ersten beiden Strophen haben jeweils (den Versen gemäß) drei Satzglieder. Das erste dieser Satzglieder (T. 1 u. 2) beginnt auf dem Ton gis' und ist geprägt durch zwei absteigende Sekunden sowie die Rückkehr zum Ausgangston. Sequenziert zum Ton cis'' erscheint dieses Motiv (nur durch den Rhythmus variiert) auch als erstes Satzglied der zweiten Strophe (T. 5 u. 6). Ebenso verhält es sich mit dem zweiten Satzglied, das in den beiden ersten Strophen (von gis' bzw. cis'' ausgehend) durch einen in Sekunden aufsteigenden Melodiebogen mit anschließender zum Ausgangston zurückfallender Quarte gekennzeichnet ist (T. 2 u. 3 bzw. T. 6–8). Noch ähnlicher sind sich die dritten Satzglieder dieser beiden Strophen (T. 3–5 bzw. T. 8–10), da beide in fast identischem Rhythmus eine absteigende Linie von gis' zum Grundton cis' nachvollziehen und damit den im zweiten Satzglied begonnenen Melodiebogen zu Ende führen.

Solche Analogien lassen sich zwischen den folgenden beiden Strophen mit jeweils fünf Versen nur bedingt aufzeigen. Zwar stellen die ersten Satzglieder der Strophen 3 und 4 sequenzierte und variierte Wiederholungen des allerersten Motivs (beginnend auf den Tönen *a'*, T. 11 bzw. *e''*, T. 18) dar (eine bemerkenswerte Veränderung ist hierbei die angehängte, fallende kleine Terz und Quarte). Die übrigen Verse weisen jedoch eher untereinander stropheninterne Verwandtschaften auf. So sind die Satzglieder zu den Versen 2 und 3 der dritten Strophe (T. 12–14) beide durch die gemeinsamen Töne *cis''*, *h'* und *gis'* sowie durch das Fehlen einer zwischengeschobenen Pause oder eines langen Notenwertes (beides zeigt zuvor immer das eindeutige Ende eines Satzgliedes an) eng miteinander verbunden. Der höchste Ton des Liedes *gis''* fällt hier (T. 14) auf das Wort »Wehen«, das Felicitas Kukuck anders als in der Textvorlage zum großgeschriebenen Substantiv macht und ihm damit eine zweite Bedeutung – nämlich die des Schmerzes – zuschreibt. Diese im Lied spürbar werdende Schwermütigkeit findet damit in diesem

Schmerzensaufschrei ihre musikalische Umsetzung, die in den folgenden Versen als absteigender Melodiebogen weitergeführt wird. Daran anschließend stehen sich die Satzglieder der Verse 4 und 5 ebenfalls durch das gemeinsame Intervall der abfallenden kleinen Terz (in T. 15 vom Ton *h'* zu *gis'* sowie in T. 17 von *e'* zu *cis'*) sehr nahe und verdeutlichen mit der absteigenden Melodielinie sowie der Erniedrigung des Tones *dis'* zum leiterfremden *d'* (überleitend zu *cis'*) das »Verdämmern« der Nacht.

Das zweite Satzglied der vierten Strophe (T. 19 u. 20) kann als zum Ton *cis''* sequenzierte Variation des im ersten Satzglied wiederholten (ebenfalls sequenzierten und variierten) Ausgangsmotivs betrachtet werden. Die folgenden Satzglieder zu den Versen 3, 4 und 5 wirken einander durch einen gemeinsamen, charakteristischen Quartsprung (in T. 21 zweimal vom Ton *h'* zu *fis'* bzw. in T. 22 vom Ton *h'* zu *e''*) verwandt und erscheinen gleichzeitig (wiederum durch die fehlenden Pausen) fast als Einheit. Der allerletzte Vers des Liedes nimmt eine Sonderstellung ein, da er keiner Strophe zugehörig ist. Im sonst syllabisch vertonten Lied sticht die melismatische Auszierung des Wortes »ach« (das Kukuck im Vergleich zu Hausmanns Text verdoppelt) heraus. Gemeinsam mit dem in der Klavierbegleitung verwendeten, erniedrigten Ton *d'* (überleitend zu *cis'*) zum ersten ausrufenden »Ach« weist diese Phrase damit eine Ähnlichkeit zum ebenfalls ausgezierten Schlusswort der dritten Strophe »verdämmern« auf und verstärkt am Ende des Liedes noch einmal den Eindruck des immer wieder in Tiefen absteigenden Melodieverlaufs.

Verbindende Wirkung der doch teilweise recht unterschiedlichen Satzglieder erreicht Kukuck wieder einmal durch den Einsatz von Sekundbrücken. Kleinere finden sich in den ersten beiden Strophen, so zwischen den Tönen *gis'* (T. 1) und *ais'* (T. 2) und umgekehrt zwischen *ais'* und *gis'* (T. 3) sowie zwischen den Tönen *cis''* (T. 5) und *dis''* (T. 7) mit der Rückkehr zu *cis''* (T. 8). Weitaus größere und damit umfassendere Sekundbrücken spannen sich zwischen den Tönen *gis'* (T. 8), *a'* (T. 11), *h'* und *cis''* (T. 13) sowie davon ausgehend rückwärts zu den Tönen *h'* (T. 15) und *a'* (T. 16). Neben weiteren kleinen, aus nur zwei Tönen bestehenden Brücken ist besonders der das Lied bis zum Ende begleitende Sekundgang zwischen den Tönen *h'* (T. 21), *cis''*, *dis''* (T. 22) und *e'* (T. 23) hervorzuheben.

Dem durch die Spielanweisung ›sehr ruhig‹ vorgegebenen Charakter des Liedes wird zum einen durch die Melodiestimme mit ihren oft lang ausgehaltenen Tönen sowie durch die immer wieder eingefügten Pausen, die das Lied genießerisch, aber auch wie einen wohl bedachten Vortrag wirken lassen, entsprochen. Zum anderen unterstützt die begleitende Klavierstimme, die für sich absolut eigenständig ist (und nicht wie so oft in Kukucks Liedern die Gesangsstimme mitspielt), diese Wirkung. Im Großteil des Liedes entsteht durch die zwischen rechter und linker Hand alternierenden, nur selten unterbrochenen Achtelketten ein fließender Klangcharakter, der den melodischen Fortgang stetig vorwärts treibt, aber auch als ruhige, unerschütterliche Basis gesehen werden kann. Mit Blick auf den Textinhalt gehen also erwachsene Besonnenheit sowie drängendes Verlangen miteinander Hand in Hand. Besonders auffallend sind hinsichtlich der genannten Achtelketten die aufwärtsgerichteten gebrochenen Akkorde, die fortwährend präsent sind. Während die rechte Hand sie meistens als Quart- und Quintsprung auf die Töne *gis'–cis''–gis''* vorführt (selten auch umgekehrt als Quintsprung mit darauf aufbauender Quarte), zeigt die linke Hand neben diesem Grundmodell auch Variationen dieses Motivs. Wird dieser Achtelfluss unterbrochen, geschieht dies oft in Analogie zum Text. Besonders deutlich wird dies in Strophe 3 zu den Worten »Liebe mich, mein Geliebter« (T. 11 u. 12) sowie zu den Worten »bis die Schatten der Nacht verdämmern« (T. 15–17). Wie ein kurzes Innehalten wirkend wird hier das bewusste, sinnliche Auskosten der Liebesnacht verdeutlicht. Ebenso verhält es sich auch mit der abschließenden Phrase des Liedes (T. 23), wobei die Wirkung durch die Anweisung ›ritardando‹ noch zusätzlich verstärkt wird.

Bedingt durch die ineinander greifenden Achtelketten gehen auch die verwendeten Harmonien fließend und mit zahlreichen Durchgangsnoten ineinander über. Auffällig ist außerdem die Tatsache, dass die meisten der Satzglieder und Phrasen (insbesondere in den ersten beiden Str.) auf der Tonika *cis*-Moll beginnen und dort auch enden. Diese Basis wird in den folgenden beiden Strophen mehr und mehr verlassen und die Satzglieder enden nun oft auf der Subdominante *fis*-Moll (so endet beispielsweise Str. 3 mit dieser Harmonie und verstärkt den offenen Charakter zusätzlich durch die hinzugefügte Sekunde und Quarte, T. 17). Der angehängte Schlussvers des Liedes endet dann auf *gis*-Moll mit hinzugefügter Quarte ebenfalls offen und lässt damit der Aufforderung »ach komm« Raum für Entwicklung.

Dieses in Aufbau, Klang und Charakter überaus bemerkenswerte und ausdrucksstarke Lied stellt mit seinem umfangreichen Ambitus und den großen Tonsprüngen insbesondere an die ausführende Sopranistin virtuose Anforderungen. Es ist somit eines von vielen Beispielen, die belegen, dass Felicitas Kukuck – unabhängig von ihren Schöpfungen der Gebrauchsmusik – auch als ernstzunehmende Kunstliedkomponistin gesehen werden muss.

Lieder zu Krieg und Frieden

Die Themenbereiche Krieg und Frieden haben im Leben von Felicitas Kukuck immer eine große Rolle gespielt. Zeitlebens politisch interessiert ist sie bereits in den fünfziger Jahren eine sehr aufmerksame und kritische Beobachterin der Geschichte der Bundesrepublik Deutschland und der Zeit Konrad Adenauers (vgl. Johannsen: Interview, vgl. Kap. X, S. 169). Ihrem Enthusiasmus für die Friedensbewegung (die ihr im Übrigen immer viel wichtiger ist als die Frauenbewegung) (ebd., S. 167) verleiht sie in den frühen achtziger Jahren mit einer mehrjährigen Mitgliedschaft in einer Friedensgruppe Ausdruck. An diesen Wesenszug erinnert sich auch Kukucks Tochter Margret:

> »Sie war politisch links, sie war humanistisch, sie war immer auf der Seite der Schwächeren. Das war für sie ein ganz ausgeprägter Zug. Sie war radikal gegen Krieg und Waffen. [...] Für sie waren die Kriegserfahrungen so grauenhaft, dass es für sie ganz eindeutig war, dass man gegen den Krieg sein musste.« (ebd., S. 170)

Denn Felicitas Kukuck erlebt beide großen Weltkriege. Insbesondere die Zeit des Zweiten Weltkrieges, die Felicitas Kukuck in Berlin verbringt, prägt ihre Anti-Kriegshaltung sehr. Damals erkennt sie selbst die Gefahr, die für sie und unzählige andere von den Nationalsozialisten ausgeht, und vermeidet, hier in Berlin über ihre jüdische Herkunft zu sprechen, die sie wie ein Geheimnis tief in sich verbirgt (ebd., S. 170). Kukucks eigene Biografie ist sicherlich auch später Ausgangspunkt ihres fortwährenden Engagements für Frieden, Moral und Humanität, das sich neben zahlreichen anderen Werken auch in ihrem Liederzyklus *...und kein Soldat mehr sein. Zehn Lieder gegen den Krieg* niederschlägt.

...und kein Soldat mehr sein. 10 Lieder gegen den Krieg

Der Zyklus *...und kein Soldat mehr sein*, der am 1. September 1996 aus Anlass des Antikriegstages im *Monsun Theater Hamburg* uraufgeführt wird, umfasst mit *Neues Stundengebet, Manöverplatz, Befriedigung, Postkarte an junge Menschen, An meine Landsleute, Kriegslied, Auf dem Schlachtfeld, Hiroshima, Für dich Kleines* und *Der müde Soldat* zehn Lieder gegen den Krieg. Die Werke für gemischten Chor entstehen auf ganz unterschiedliche Texte, unter anderem von Günter Kunert, Bertholt Brecht, Matthias Claudius, Klabund oder Margret Johannsen. Für eine weitere öffentliche Aufführung ein Jahr später hat Kukuck folgende einleitende Worte niedergeschrieben, welche die enge Verbindung der Lieder zu ihrem eigenen Leben herausstellen:

»Der Krieg, die Bomben und das Feuer und die Angst um meinen Mann haben mein Leben als junge Frau begleitet. Merkwürdigerweise habe ich fast 50 Jahre lang diese Erfahrungen in meinen Kompositionen nicht verarbeitet, jedenfalls nicht unmittelbar. Erst in den 90er Jahren habe ich angefangen, Texte zu vertonen, die mit meiner Biographie eng verknüpft sind. Warum das so ist, das finden *Sie* vielleicht heraus.« (Kukuck 1997a)

Diese Antikriegs-Lieder sind somit für Kukuck eine wahre »Herzensangelegenheit« (Johannsen: Interview, vgl. Kap. X, S. 170).

Kriegslied

Das *Kriegslied* entsteht auf ein Gedicht von Matthias Claudius:

Text von Claudius

's ist Krieg! 's ist Krieg! O Gottes Engel wehre,
Und rede du darein!
's ist leider Krieg – und ich begehre
Nicht schuld daran zu sein!

Was sollt ich machen, wenn im Schlaf mit Grämen
Und blutig, bleich und blaß,
Die Geister der Erschlagnen zu mir kämen,
Und vor mir weinten, was?

Wenn wackre Männer, die sich Ehre suchten,
Verstümmelt und halb tot
Im Staub sich vor mir wälzten, und mir fluchten
In ihrer Todesnot?

Wenn tausend tausend Väter, Mütter, Bräute,
So glücklich vor dem Krieg,
Nun alle elend, alle arme Leute,
Wehklagten über mich?

Wenn Hunger, böse Seuch und ihre Nöten
Freund, Freund und Feind ins Grab
Versammleten, und mir zu Ehren krähten
Von einer Leich herab?

Was hülf mir Kron und Land und Gold und Ehre?
Die könnten mich nicht freun!
's ist leider Krieg – und ich begehre
Nicht schuld daran zu sein! (Claudius ⁵1984, S. 236)

Text von Kukuck

's ist Krieg! O Gottes Engel wehre,
und rede du darein!
's ist leider Krieg
und ich begehre nicht schuld daran zu sein!

Was sollt ich machen, wenn im Schlaf mit Grämen
und blutig, bleich und blaß,
die Geister der Erschlagnen
zu mir kämen und vor mir weinten, was?

Wenn wackre Männer, die sich Ehre suchten,
verstümmelt und halb tot
im Staub sich vor mir wälzten,
und mir fluchten in ihrer Todesnot?

Wenn tausend tausend Väter, Mütter, Bräute,
so glücklich vor dem Krieg,
nun alle elend alle
arme Leute wehklagten über mich?

Wenn Hunger, böse Seuch' und ihre Nöten Freund,
Freund und Feind ins Grab versammelten
und mir zu Ehren
krähten von einer Leich' herab?

Was hülf' mir Kron' und Land und Gold und Ehre?
Die könnten mich nicht freun!
's ist leider Krieg
und ich begehre nicht schuld daran zu sein!

Claudius' Gedicht beschreibt bildhaft verschiedene fiktionale Szenarien. Dies geschieht aus der Perspektive eines lyrischen Ichs, das sich in der Zeit des Krieges vorstellt, wie es Schreckensvisionen von verstümmelten Soldaten und zerstörten Familien heimsuchen könnten. Die allgemeinen Konsequenzen eines Krieges, nämlich blutige Gewalt, Zerstörung, Tod, Hunger, Krankheit, Not und Elend, werden hier zu angsteinflößenden Träumen, die das Leben eines Einzelnen zu bestimmen drohen. Ebenso verhält es sich mit der zentralen (unausgesprochenen) Frage des Gedichtes, wer am Krieg grundsätzlich Schuld ist. Das lyrische Ich besteht wiederholt (nämlich in der ersten und in der letzten Str.) darauf, nicht in dieser Verantwortung stehen zu wollen. Tatsächlich resultiert ein Krieg aber immer aus dem gemeinschaftlichen Handeln vieler. Und so trägt auch jeder, der Teil dieser Gemeinschaft ist, eine gewisse Mitschuld (auch das lyrische Ich spricht nicht von möglicher Gegenwehr, sondern nur von seinen eigenen subjektiven Ängsten). Das Gedicht deckt also mit der Beschreibung dieser geisterhaften Kriegsopfer, die das lyrische Ich im Traum bedrängen, und ihrer Leiden die grausamen Folgen eines Krieges auf, welche entstehend aus dem Handeln vieler auch immer Auswirkungen auf das Leben jedes Einzelnen haben und ihn mit der Schuldfrage konfrontieren.

Das durch den Einsatz fortwährender Jamben sowie des Kreuzreims recht streng und formal wirkende Gedicht von Matthias Claudius bricht Kukuck durch ihre textliche Umgestaltung ein wenig auf. Hervorzuheben ist hierbei, dass Kukuck den jeweils dritten Vers einer Strophe bereits nach der Hälfte (oft den Satzzeichen gehorchend) beendet und so gleichzeitig den vierten Vers erweitert. Auf diese Weise erreicht sie, dass in jeder Strophe zwei lange Verse (aus fünfhebigen Jamben bestehend) zwei kürzere Verse (bestehend aus zwei- oder dreihebigen Jamben) umrahmen (die fünfte Str., in der diese Umgestaltung nicht so reibungslos aufgeht, stellt hierbei eine Ausnahme dar). Auch der Kreuzreim geht im Zuge dieser Veränderung des Textes verloren.

Kukuck vertont die Strophen ihres im Zweihalbetakt gesetzten variierten Strophenliedes in *g*-Moll durch eine klare Trennung von Vorder- und Nachsatz mit jeweils zwei Satzgliedern, wobei jedes Satzglied einem Vers entspricht. Die Symmetrie, die bezüglich der Verslängen durch ihre Textumgestaltung erreicht wird, spiegelt sich auch in der Musik wieder. So werden die Motive der äußeren Verse mit jeweils drei Takten vertont, während den inneren Versen jeweils nur zwei Takte zukommen. Motiv und Anschlussglied des Vordersatzes weisen dabei melodische und rhythmische Gemeinsamkeiten auf. Mit Blick auf den Sopran sind hier die aufwärtsgerichteten Quint- und Quartsprünge von den Tönen *g'* zu *d''* (Auftakt und T. 1), von *d''* zu *g''* (T. 1 u. 2) sowie von *c''* zu *f''* (T. 4) zu nennen, die durch den auffälligen Rhythmus – bestehend aus einer Achtelnote und einer (punktierten) Viertelnote – zusätzlich hervorgehoben werden. Die aufgeregte Angst des lyrischen Ichs wird dadurch in der Musik spürbar. Gleichzeitig wird hier im Vordersatz durch drei Sekundbrücken, die zwischen den Tönen *d''* und *es''* (T. 1), zwischen *g''–as''–a'* (T. 2 u. 3) sowie zwischen *c'* und *d''* (T. 3 u. 4) zu finden sind, innerer Zusammenhang geschaffen. Der Nachsatz wirkt hingegen mit seinen langen Notenwerten (Viertelnoten, Halbe Noten sowie punktierte Halbe Noten) als Kontrast. Dieser Eindruck ruhiger Versunkenheit wird durch zwei absteigende Melodielinien zusätzlich unterstützt. Bereits auf dem Ton *ges''* des Vordersatzes (T. 4) beginnend wird die erste dieser Linien im Motiv des Nachsatzes fortgeführt. Die absteigenden kleinen Sekunden, die hier von *es''* zu *d''* (T. 4 u. 5), von *h'* zu *b'* (T. 5 u. 6) und von *g'* zu *fis'* (T. 6 u. 7) aneinander gereiht werden, sind musikalischer Ausdruck für Trauer und Niedergang. Mit der zweiten absteigenden Melodielinie im Anschlussglied vom Ton *es''* zu *g'* (T. 8–10) wird ein weiteres Mal die Angst vor Katastrophe und Untergang aus der Sicht des lyrischen Ichs in der Musik veranschaulicht. Auch hier verdeutlichen absteigende kleine Sekundintervalle von *es''* zu *d''*, von *c''* zu *h'* (beides

T. 8) sowie von *as'* zu *g'* (T. 10) den traurigen Charakter des Nachsatzes. Darüber hinaus ist zwischen den Tönen *fis'* und *g'* (T. 7 u. 10) wiederholt eine Sekundbrücke vorzufinden.

Die drei anderen Stimmen Alt, Tenor und Bass behalten (abgesehen von einigen zusätzlich eingefügten Achtelnoten, die als Durchgangsnoten bzw. melismatische Auszierungen fungieren) das rhythmische Gerüst des Soprans bei und lassen so einen einheitlichen Klangeindruck entstehen. Melodisch verfolgen diese Stimmen absolut unterschiedliche Linien und sind mit verschiedensten Intervallen und Tonsprüngen zu leiterfremden Tönen als durchaus anspruchsvoll einzustufen. Lediglich im Rahmen des Vordersatz-Anschlussgliedes werden Sopran und Bass im Abstand einer kleinen Terz kurzzeitig parallel geführt (T. 3, 4 u. 5). Zusammen ergeben die Stimmen ein abwechslungsreiches harmonisches Gerüst, welches durch den häufigen Einsatz von Varianttonarten der einzelnen Funktionen geprägt ist. So endet beispielsweise der Vordersatz auf *G*-Dur (also auf der Tonika in Dur, T. 5) und das Motiv des Nachsatzes auf *D*-Dur (und damit auf der Dominante in Dur, T. 7). Auch leiterfremde Harmonien werden punktuell verwendet (z. B. *As*-Dur in T. 8 u. 9) und erweitern so den harmonischen Rahmen.

Die hier beschriebene Grundstruktur bleibt in allen Strophen gleich. So werden die Melodieverläufe der einzelnen Stimmen in den folgenden Strophen übernommen und nur punktuell durch hinzugefügte oder entfernte Töne fast unmerklich verändert. Diese kleinen Variationen zeigen, wie Kukuck die Musik an den Text jeder einzelnen Strophe anpasst. Ebenso verhält es sich mit dem Rhythmus, der in seiner Struktur erhalten bleibt und nur dem Text folgend (z. B. durch zusätzliche Tonrepetitionen, länger ausgehaltene Notenwerte oder selten durch den Einsatz von Melismen im sonst fast ausschließlich syllabisch vertonten Text) verändert wird. Besonders auffällig wird die Anpassung der Musik an den Text in der fünften Strophe. Wie oben bereits angesprochen sind die Verse in

Kukucks Textumgestaltung (mit sechs Hebungen im ersten Vers, fünf Hebungen im zweiten Vers, zwei Hebungen im dritten Vers sowie vier Hebungen im vierten Vers) im Vergleich zu den vorherigen Strophen anders aufgebaut. Entsprechend verschieben sich in der Vertonung die zuvor einheitlich verwendeten Motive und Anschlussglieder. So werden die Töne a' im Sopran sowie c im Tenor (T. 43), die sonst das Vordersatz-Motiv beschließen, hier zu den Anfangstönen des Anschlussgliedes. Außerdem wird dieses Anschlussglied in allen vier Stimmen von zwei aufeinander folgenden Tönen beendet (T. 45 u. 46), die eigentlich schon zum Motiv des Nachsatzes gehören (im Sopran handelt es sich um die Töne h' und b', im Alt um die Töne d' und es', im Tenor um die Töne d' und b, im Bass um die Töne G und Ges). Darüber hinaus endet das Motiv des Nachsatzes im Vergleich zu den anderen Strophen eine Viertelnote später (T. 47). Diese Angleichung der Musik an den Text stört jedoch nicht den Eindruck der fortwährend wiederholten Struktur, die in jeder Strophe aufs Neue eindringlich die Schreckensbilder des Krieges musikalisch aufleben lassen.

Lieder zum Holocaust

Der Holocaust ist Teil von Felicitas Kukucks Biografie. Auch wenn sie durch die Heirat mit Dietrich Kukuck ihre jüdische Herkunft nach außen hin ›tilgen‹ kann, erlebt sie die Schrecken jener Zeit und die tägliche Angst ums Überleben hautnah mit. Damals ist es die Musik, die ihr Kraft und Hoffnung gibt. Doch erst spät kann sich Kukuck auch musikalisch den traumatischen Kriegserlebnissen stellen. Mit zunehmendem Alter beginnt sie sich für den jüdisch-christlichen Dialog sowie für Literatur jüdischer Autoren zu interessieren. Macht zunächst noch ihre Tochter Margret Felicitas Kukuck auf Werke von Paul Celan oder Nelly Sachs aufmerksam, liest sie später selbst gerne jüdische Auslegungen von biblischen Personen (insbesondere Werke von Shalom Ben-Chorin). Mit der Kantate *De profundis* (die u. a. auf Worte von Nelly Sachs entsteht) vertont sie in den achtziger Jahren erstmals einen Text einer jüdischen Lyrikerin (vgl. Johannsen: Interview, vgl. Kap. X, S. 170). Neben zwei weiteren Motetten zu Nelly Sachs-Texten (mit den Titeln *O der weinenden Kinder Nacht* sowie *O die Schornsteine*, beide 1994), zwei Motetten auf Worte von Paul Celan (mit den Titeln *Todesfuge* sowie *Psalm*, beide 1994) und dem Oratorium *Ecce Homo. Die letzten Tage des Jesus aus Galiläa* (1991) entstehen auch die *Sieben Lieder zu Gedichten von Selma Meerbaum-Eisinger*.

Sieben Lieder zu Gedichten von Selma Meerbaum-Eisinger

Der Liederzyklus *Sieben Lieder zu Gedichten von Selma Meerbaum-Eisinger* ist 1997 die letzte Veröffentlichung zu Lebzeiten von Felicitas Kukuck, die jedoch erst posthum am 2. Juli 2001 in Hamburg uraufgeführt wird. Die Texte stammen von dem jüdischen Mädchen Selma Meerbaum-Eisinger aus Rumänien, die während des Zweiten Weltkrieges in das deutsche Arbeitslager Michailowska deportiert wird und dort am 16. Dezember 1942 mit nur 18 Jahren stirbt (vgl. Serke 1984, S. 9). Während der schrecklichen Zeit im Arbeitslager kann sie sich eine kleine Insel der Hoffnung und des Glücks schaffen: Sie verfasst Gedichte für ihren Freund Lejser Fichman (ebd., S. 13), die voller Traurigkeit und Sehnsucht nach der Liebe, voller Erinnerung an vergangene, glückliche Zeiten sowie einer leisen Ahnung von kommenden, besseren Tagen sind und die zwischen optimistischer Hoffnung und realistischer Resignation hin und her pendeln.

Felicitas Kukuck wird auf diese Gedichte zufällig durch die Flötistin und alte Freundin Gudula Lehmann-Grube aufmerksam, die selber Klavierkompositionen zu diesen Texten angefertigt und gesungen hat und sie der Komponistin zur Durchsicht vorlegt. Von den Gedichten tief berührt vertont Kukuck nun selbst sieben (in deren Titel immer die Bezeichnung ›Lied‹ auftaucht) dieser insgesamt

57 Gedichte für Frauenstimme und Klavier (vgl. Johannsen: Interview, vgl. Kap. X, S. 170). Es entstehen die Werke *Den gelben Astern ein Lied, Schlaflied, Lied, Regenlied, Schlaflied für mich, Schlaflied für dich* sowie *Wiegenlied*. Den Gehalt der Gedichte versucht sie dabei auch musikalisch wiederzugeben:

> »Die Gedichte sind sehr bewegend, und in den einzelnen Zeilen jeder Strophe ist die traurige oder müde oder hoffnungsvolle Stimmung durchgehalten. Das hat mich dazu bewogen, die Lieder strophisch zu komponieren. Die meisten Lieder haben einen recht großen Tonumfang. (Mezzo). Die Klavierbegleitung (leicht bis mittelschwer) passt sich der emotionalen Stimmung der Melodien an.« (Kukuck 1997c)

Am *Lied* soll diese Vorgehensweise nun nachvollzogen werden.

Lied

Der Text des *Liedes* (Nr. 3 des Zyklus) ist ein hervorragendes Beispiel dafür, wie Felicitas Kukuck noch vor der eigentlichen Kompositionsarbeit ein Gedicht für ihre Vertonung eingerichtet hat:

Text von Meerbaum-Eisinger	*Text von Kukuck*
Nimm hin mein Lied –	Nimm hin mein Lied. Es ist nicht froh,
Es ist nicht froh,	der Regen weint und weint.
Der Regen weint und weint.	Und wer ihn sieht, weiß sowieso,
Und wer ihn sieht	wie es das Glück gemeint.
Weiß sowieso,	
Wie es das Glück gemeint.	
Es ist vorbei	Es ist vorbei die helle Zeit,
Die helle Zeit,	die Lachen uns gelehrt.
Die Lachen uns gelehrt.	Sie ging entzwei, Zwiespalt gedeiht
Sie ging entzwei,	wenn auch die Welt sich wehrt.
Zwiespalt gedeiht –	
Wenn auch die Welt sich wehrt.	

Kehrt sie zurück? Ich weiß es nicht. Vielleicht weiß es der Wind. Er kennt das Glück, Wenn's nicht zerbricht, So sagt er's uns geschwind.	Kehrt sie zurück? Ich weiß es nicht. Vielleicht weiß es der Wind. Er kennt das Glück, wenn's nicht zerbricht, so sagt er's uns geschwind.
Doch sieh, der Wind Verbirgt sich doch Er ist ja gar nicht da. Ganz wie ein Kind, So glaubt er noch: Nur er weiß, was geschah.	Doch sieh, der Wind verbirgt sich doch er ist ja gar nicht da. Ganz wie ein Kind, so glaubt er noch: Nur er weiß, was geschah.
Nimm hin mein Lied. Vielleicht bringt es Das Lachen einst zurück. Und wer es liest, Der sagt: Ich seh's, und meint damit das Glück. (zit. nach Serke 1984, S. 55)	Nimm hin mein Lied. Vielleicht bringt es das Lachen einst zurück. Und wer es liest, der sagt: Ich seh's, und meint damit das Glück.

Besonders auffallend beim Text dieses Strophenliedes in *a*-Moll ist zunächst die Umwandlung von sechszeiligen in vierzeilige Strophen, die durch die Zusammenfassung der Verse 1 und 2 sowie 4 und 5 erreicht wird. Dabei wird aus dem verschränkten Reim von Meerbaum-Eisinger (Reimschema a–b–c a–b–c) ein Kreuzreim (Reimschema a–b a–b). Es entstehen so pro Strophe zwei Sinn- und damit Satzeinheiten von jeweils zwei zusammengehörigen Versen. Diese Textumgestaltung ist für die von Kukuck vorgesehene musikalische Umsetzung notwendig. Denn nur so ist es möglich, die Form einer achttaktigen Periode (also einer einsätzigen Liedform) zu verwenden, die für alle Strophen gilt. Die vier Verse können entsprechend den vier Teilen einer Periode (bestehend aus Motiv, Anschlussglied, Motiv, Anschlussglied) vertont werden. Eine solch einfache Form verleiht dem Lied etwas Volksliedhaftes und steht somit ganz in der Tradition der von Kukuck geschätzten Gattung.

Die Umformung des Textes steht jedoch vor allem im Dienste seiner musikalischen Untermalung und Vermittlung. So bleibt bei der Umformung von sechs zu vier Versen das Metrum mit seiner durchgehend jambischen Struktur erhalten. Dieses einheitliche, immer gleich bleibende Metrum findet sich auch in Kukucks Vertonung sehr stark wieder. Denn die alternierenden unbetonten und betonten Silben werden syllabisch durch sich abwechselnde Achtel- und Viertelnoten oder punktierte Viertelnoten umgesetzt (Ausnahmen sind hierbei die Achtelketten in T. 4 u. 9). Auch von der Klavierstimme wird dieser Rhythmus aufgegriffen, der sich zwar durch die Verwendung von zusätzlichen Achteln, Sechzehnteln sowie punktierten Notenwerten etwas vielfältiger präsentiert, dabei aber die unterstützende Wirkung der Begleitung nicht trübt. Mit ihrer Textumformung erschafft Kukuck also einen heterometrischen Vierzeiler mit vierhebigen Jamben in den Versen 1 und 3 sowie dreihebigen Jamben in den Versen 2 und 4. Diese unregelmäßig gebauten Verse sind zueinander aber dennoch musikalisch gleichwertig, da durch langes Aushalten der letzten Note des Vordersatzes oder des Nachsatzes jeder Vers (und damit jeder motivische Teil der Periode) genau zwei Takte lang ist.

Die Melodie, deren erstes Motiv bereits durch die Klaviereinleitung vorgestellt wird, ist prägnant gekennzeichnet durch Abwärtsbewegungen in allen vier Teilen der Periode und verdeutlicht die von Kukuck angesprochene traurige Stimmung innerhalb der sieben Lieder des Zyklus. Dabei erscheint das Motiv des Nachsatzes als Variation des Vordersatzmotivs. Ebenso verhält es sich mit dem Anschlussglied des Nachsatzes, das das Anschlussglied des Vordersatzes variiert wiedergibt. Insbesondere die Motive von Vorder- und Nachsatz zeichnen sich dabei durch lange, absteigende Sekundketten in Takt 4 und 5 ($c''-h'-a'-g'-f'-e'-d'$), in Takt 8 ($b'-a'-g'$) sowie in

Takt 9 (*es"–d"–c"–h'*) aus. Auch die aufsteigenden Tonsprünge jeweils zu Beginn des Vorder- und Nachsatzes (*e'–c"* und *d'–b'*) können dem bereits im Text angesprochenen Niedergang nicht entgegenwirken. Die Klavierstimme zeichnet sich gleichfalls durch diese abfallende Richtung aus – damit erfüllt das Klavier seine unterstützende Aufgabe also bezüglich Rhythmus und Melodie. Als verbindendes Element wirken darüber hinaus in der Melodie wieder verschiedene Sekundbrücken, so zwischen den Tönen *g'* und *a'* (T. 3 u. 5), zwischen *e'* und *f* (T. 5 u. 6), zwischen *d'* und *es"* (T. 7 u. 9) sowie zwischen *g'* und *fis'* und zwischen *g'* und *a'* (das *g'* in T. 10 bildet mit zwei Tönen in T. 10 u. 11 gleichzeitig zwei verschiedene Sekundbrücken).

Eine symbolische Ausdeutung der Intervalle zeigt sich besonders deutlich in den Takten 6 und 7. Das im Text angesprochene »Weinen« wird hier durch die absteigende kleine Terz (*e'–cis'*) sowie die anschließende kleine Sekunde (*d'–cis'*) wie ein Schluchzen nachgeahmt. Und auch, wenn dieser Schluss des Vordersatzes in den folgenden Strophen mit immer anderem Text belegt ist, bleibt dieses Weinen als durchgängig trauriges Element musikalisch erhalten.

Melodie und Bassstimme zeigen im Sinne der übergeordneten Zweistimmigkeit oft identische Zeitwerte auf (bis auf einige ergänzende Achtel- und Sechzehntel-Durchgangsnoten im Bass) und lassen nahezu fortwährend eine entgegengesetzte Laufrichtung der Stimmen erkennen. Auffällig ist darüber hinaus auch, dass Kukuck (wie so oft in ihren Liedern) im Bass sehr oft die Grundtöne der verwendeten Harmonien setzt (so z. B. in T. 9: *As–B–c–G*).

Die Melodie zeigt wie bereits erwähnt nur wenige Tonsprünge. Innerhalb der beiden Anschlussglieder, die jeweils Beispiele für solche Tonsprünge darstellen, ist jedoch besonders die aufsteigende Quinte am Schluss (T. 11) bemerkenswert. Wie Kukuck betont, schimmert im Zyklus hier und da immer wieder ein Funke Hoffnung durch. Diese Quinte, die mit ihrer Aufwärtsrichtung einen

Gegenpart zum gesamten Lied darstellt, steht nicht nur am Ende jeder Strophe für die wehmütige Frage nach möglicher Hoffnung, sondern spricht diese in der letzten Strophe auf die Worte »das Glück« auch deutlich aus. Der fragende Charakter dieser Stelle wird außerdem durch den offenen Halbschluss (eingeleitet durch den Tonika-Gegenklang F-Dur und mit der abschließenden Subdominante d-Moll beendet) verstärkt. Gedicht und Lied sind also Ausdruck für das Gefühl der Angst innerhalb der ungewissen Situation der Gefangenschaft. Die Hoffnung auf Freiheit und die Rückkehr der guten Zeit, die das »Lachen zurückbringt« (vgl. Str. 5), bleibt jedoch möglich.

Felicitas Kukucks Tochter Margret erkennt in diesen Liedern zu Gedichten von Selma Meerbaum-Eisinger, wie ihre Mutter durch den gezielten Einsatz großer Melodiebögen wieder zu ihrem frühen Liedstil zurückfindet, den sie in den fünfziger und sechziger Jahren auf Gedichte von Theodor Storm, Clemens Brentano, Joseph von Eichendorff oder Eduard Mörike anwandte:

> »Diese Bögen, ein Atem, der von Anfang bis zum Ende durchhält, das ist in diesen Selma-Liedern zum Teil wieder drin. [...] Wie eine junge Frau ist sie damit umgegangen. Es sind ja auch Liebeslieder.« (Johannsen: Interview, vgl. Kap. X, S. 171)

Musikalisch – aber auch hinsichtlich ihrer Biografie als Komponistin – schließt sich mit diesem Liederzyklus der Kreis von Felicitas Kukucks Liedschaffen.

VII. Resümee und Schlusswort

Felicitas Kukucks Kompositionen im Bereich des Liedes lassen auf der Grundlage der analysierten Werke einige Gemeinsamkeiten erkennen. Als erstes ist hier sicherlich die Textvorlage zu nennen, die in nahezu allen Fällen der Funke für ihre Inspiration ist. Die individuelle Umformung und Einrichtung des jeweiligen Textes noch vor der eigentlichen Komposition erfüllt immer den Zweck, Bedeutung, Stimmung oder Gefühle der Sprache auszudrücken. Diese kommunikative Weitergabe von Inhalten hat immer oberste Priorität und bestimmt sprachinterpretierend den Stil des jeweiligen Liedes. Einige der dabei von Kukuck verwendeten kompositorischen Mittel (wie z. B. der gezielte Einsatz von Quarten in der Melodie, Sekundbrücken oder weitläufiger, affektgeladener Melodiebögen) sind immer wieder vorzufinden. Jedoch hält sie – neben dem Einsatz von Paul Hindemiths Kompositionsprinzipien – nur punktuell deutlich erkennbar am Vorbild ihres Lehrers fest (z. B. in der *Sintflut*-Geschichte) und findet mit verschiedenen Mitteln (z. B. durch symbolhafte Intervalle wie in der *Ostergeschichte in Liedern*, durch chromatische Wendungen wie im *Kriegslied*, durch den Einsatz modaler Elemente oder Kirchentonarten wie in *Manchmal kennen wir Gottes Willen* oder durch den Einsatz von Klauseln wie in *Die Nachtigall*) den Weg zu einer eigenen Tonsprache, die mit feinem Gespür Stimmungen erfasst und immer individuell auf die Ansprüche des jeweiligen Textes eingeht. Auch berücksichtigt sie bei der Komposition ihrer Lieder immer Anlass der möglichen Aufführung sowie Können der Ausführenden und musikalisches Vermögen der Zuhörer. So komponiert sie mit ihren Volksliedern, den Kinderliedern, der Geschichte von der *Sintflut*, den Hamburg-Liedern oder ihren Songs Gebrauchsmusik im besten Sinne, welche einfache Ausführbarkeit bei gleichzeitigem künstlerischem Anspruch als Leitbilder auf sich vereint. Auch ihre religiösen Lieder, die für den Gottesdienst oder die Aufführung im kirchlichen Rahmen konzipiert sind, fallen unter diese Kategorie. Andererseits konnte ebenso deutlich gemacht werden, dass Felicitas Kukuck auch durchaus anspruchsvolle, virtuose Kunstmusik komponiert hat. Neben den *Liedern nach Texten aus dem Hohelied Salomonis* sind hier insbesondere ihre Chorwerke zu nennen. Werke wie das zwölftönige Lied aus der *Ostergeschichte in Liedern*, die *Storm-Lieder* oder die *Lieder gegen den Krieg* stellen auch an professionelle Chöre hohe musikalische Anforderungen.

Zwar zeigt die vorliegende Arbeit nur einen kleinen Ausschnitt aus Kukucks Liedschaffen. Auch hätte die subjektive Auswahl und Kategorisierung der Lieder unter anderen Gesichtspunkten erfolgen und damit andere Fragestellungen in den Vordergrund treten lassen können. So stellt beispielsweise die Tatsache, dass Felicitas Kukuck immer wieder ihre Stücke (und somit auch ihre Lieder) für verschiedene Anlässe verändert und neu arrangiert hat, sicher einen reizvollen Ansatz für eine fortführende und umfassendere Untersuchung dar. Dennoch konnte anhand des gegebenen Überblicks Kukucks Liedschaffen, das als überaus vielfältig bewertet werden kann, in seiner abwechslungsreichen Breite umrissen werden. Kukucks kompositorische Vielfalt auf dem Gebiet des Liedes zeigt sich demnach zum einen in der Anpassung an verschiedene Schwierigkeitsstufen sowie zum anderen in der Verwendung unterschiedlichster Themen und Texte, welche (daraus resultierend) ihre Entsprechung im mannigfachen, jeweils angepassten musikalischen Ausdruck finden. Gleichwohl bleibt Felicitas Kukucks erklärtes Ziel immer die Kommunikation mit dem Hörer über den Weg der Musik.

Wie bereits in der Einleitung angedeutet wurde, ist Felicitas Kukuck heute fast vollständig aus dem Blickfeld der Musikwissenschaft verschwunden. Dies ist erstaunlich, bedenkt man, dass Kukuck noch vor wenigen Jahrzehnten aktiv öffentlich gewirkt hat und erst vor wenigen Jahren verstorben ist. Es stellt sich unweigerlich die Frage nach den Gründen für das schwindende Interesse an dieser Komponistin.

Denkbar sind verschiedene Hypothesen. Zunächst kann Felicitas Kukucks »ungewöhnlich selbstverständliche Biographie« (wie Monika Lamerz ihre Hausarbeit über die Komponistin so treffend betitelt) Ursache für das mangelnde Interesse an ihrer Person sein. Wie dargelegt wurde, kann Kukuck sowohl als Teiljüdin im Nationalsozialismus aber auch als weibliche Künstlerin in einem von Männern dominierten Beruf einen – sicher nicht ausschließlich einfachen – Weg gehen, der gewissermaßen nie von größeren Hindernissen erschwert wird. Öffentliche Verfemung und die Flucht ins Exil bleiben ihr in der Zeit des Zweiten Weltkrieges erspart, und auch als Komponistin erfährt sie keine geschlechtsbedingte Benachteiligung: »Sie fühlte sich nicht als Frau diskriminiert. Sie hat in ihrem Kollegenkreis – und nur das war es, was eigentlich für sie zählte – immer Anerkennung gehabt.« (Johannsen: Interview, vgl. Kap. X, S. 167) Kukucks eindeutige, aus ihrer eigenen Biografie resultierende Haltung zum Thema der Benachteiligung von Komponistinnen ist sicher auch Grund für ihre fehlenden Seilschaften im Bereich der weiblichen Musikschaffenden (erst im letzten Drittel ihres Lebens tritt sie dem Arbeitskreis *Frau und Musik* bei). Auch hier können Motive für die nicht fortdauernde Förderung von Kukucks Musik nach ihrem Tod vermutet werden. Die genannte, äußerliche Selbstverständlichkeit ihres persönlichen wie künstlerischen Werdegangs birgt außerdem die Gefahr des Anscheins, dass nur unzureichende oder zu wenig reizvolle Ansatzpunkte für die musikwissenschaftliche Beschäftigung mit Leben und Werk dieser Komponistin gegeben seien. Die vorliegende Arbeit beweist jedoch das Gegenteil, denn gerade dieser Selbstverständlichkeit entspringen – im zeitgeschichtlichen und biografischen Kontext betrachtet – zahlreiche Untersuchungsmöglichkeiten, die hier nur ansatzweise ausgeschöpft werden konnten. Die detaillierte Beschäftigung mit Kukucks unzähligen anderen musikalischen Werken und Gattungen (interessant wäre beispielsweise auch ein Überblick über ihre weniger zahlreich vertretenen Instrumentalwerke oder die Analyse ihrer musikpädagogischen Arbeiten), die Edition ihrer unveröffentlichten Notenmanuskripte oder die geordnete Zusammenstellung ihrer Briefwechsel (z. B. mit Gottfried Wolters) sind nur einige von mehreren möglichen Bereichen, auf denen weitere Arbeit und Forschung lohnenswert wäre.

Darüber hinaus ist zu vermuten, dass Kukucks Werke (und so auch ihre Lieder) zunehmend aus der Musikpraxis schwinden. Zwar bestätigt die *GEMA* auf Nachfrage hin, dass auch in jüngster Vergangenheit Aufführungen von Felicitas Kukucks Werken stattfanden, jedoch können diese aus datenschutzrechtlichen Gründen hinsichtlich des Aufführungsortes und der aufgeführten Werke nicht näher benannt werden. Da sich (wie oben beschrieben) Kukucks Familie um Aufführungen im Großraum Blankenese und Hamburg kümmert, kann nicht eindeutig geschlussfolgert werden, ob über diese Konzerte hinaus öffentliche Darbietungen stattfinden. Erkundigungen bei verschiedenen deutschen Ämtern für Kirchenmusik, bei verschiedenen nationalen und internationalen Chorverbänden (u. a. *Deutscher Chorverband, Allgemeiner Cäcilien-Verband für Deutschland, Europa Cantat*), in verschiedenen Chormusik-Foren sowie beim *Arbeitskreis Musik in der Jugend* (in dem Kukuck bis zuletzt Mitglied war) ergeben ein relativ einheitliches Bild: Nur den Wenigsten ist der Name Felicitas Kukuck noch ein Begriff. Darüber hinaus erklärten die Befragten, dass im Zeitraum der letzten fünf bis zehn Jahre nahezu keine Aufführungen von Kukucks Werken (über einige ihrer Kirchenlieder hinaus) stattgefunden haben. Gerade aber auch im Bereich der Kirchenlieder lässt sich vermuten, dass der zunehmende Einsatz des heute oft bevorzugten Neuen geistlichen Liedes im Gottesdienst auch hier Kukucks nachdenkliche und mit musikalischen Ecken und Kanten versehene Werke in Vergessenheit geraten lässt.

Hans Kohlhase benennt in seinem Aufsatz, in welchem er sich mit Felicitas Kukuck als Schülerin Paul Hindemiths beschäftigt, weitere mögliche Gründe für die Tatsache, dass die Komponistin nur selten Objekt musikwissenschaftlicher Betrachtungen ist. Zum einen erkennt er, dass Werke wie die von Felicitas Kukuck allgemein oft als ästhetisch minderwertig eingeschätzt werden. Denn neben der Tatsache, dass Kukucks Kompositionen in der Hindemithschen Tradition der Gebrauchs- und Laienmusik stehen, diese Gattungen aber schon im Nachkriegsdeutschland eigentlich keine Rolle mehr spielen, sind ihre Werke für Laien (die ihrer Natur nach auf vereinfachte musikalische Mittel zurückgreifen müssen) oft dem Vorwurf mangelnder Kunstfertigkeit ausgesetzt (vgl. Kohlhase 1984, S. 157). Diese – möglicherweise in der Musikwissenschaft bestehende – Sicht auf Kukucks allgemeines Schaffen ist zu einseitig, um sie bestätigen zu können. Obwohl Kukuck tatsächlich nie den Anspruch vertreten hat, avantgardistische und experimentelle Vorreiterin auf dem Gebiet der Musik sein zu wollen, konnte anhand der analysierten Lieder in der vorliegenden Arbeit aufzeigt werden, dass sie neben der Gebrauchsmusik auch durchaus anspruchsvolle, künstlerisch ›hochwertige‹ Vokalmusik komponiert hat. Darüber hinaus findet Kukuck – die punktuell an Hindemith festhält – mehr und mehr zu eigenen musikalischen Ausdrucksformen. Kohlhase erwägt schließlich, dass die enge Verbindung von Kukuck zur Jugendmusikbewegung (deren Vorliebe für deutsches Volksliedgut und für das gemeinschaftliche Musizieren sich in der Zeit des Zweiten Weltkrieges von den Nationalsozialisten zunutze gemacht wurde) ihre Musik in die Nähe der faschistischen Ideologie rücken lässt (ebd., S. 158). Bei näherer Beschäftigung mit Kukucks Biografie ist diese These selbstverständlich unhaltbar.

Die genannten Thesen können in ihrer ergänzenden Unterschiedlichkeit möglicherweise erklären, warum Felicitas Kukuck heute nur geringe wissenschaftliche Beachtung findet und zunehmend auch aus den musikwissenschaftlichen Lexika verschwindet. Auf dem Gebiet der Musikpädagogik verhält sich die Situation ähnlich – so ist im Personenteil des *Neuen Lexikons der Musikpädagogik* kein Eintrag zu ihr zu finden. Es stellt sich hier die Frage, nach welchen Kriterien ein solcher Artikel ›aussortiert‹ wird. Denn während Kukucks zeitgenössische Kolleginnen wie Philippine Schick (deren Œuvre in seinem Umfang nicht annähernd an Kukucks heranreicht) oder Ilse Fromm-Michaels beispielsweise in beiden Ausgaben der *Musik in Geschichte und Gegenwart* zu finden oder, wie im Fall von Grete von Zieritz, zumindest in der neuesten Ausgabe vertreten sind, tauchen andere Namen (wie z. B. Gunild Keetmann) hier überhaupt nicht auf. Zwar plante die Redaktionsleitung der *MGG* noch 2007, Felicitas Kukuck (wie bereits in der Überarbeitung des *Riemann Musiklexikons* geschehen) in das Supplement dieser Musik-Enzyklopädie aufzunehmen (vgl. Sührig 2007). Das Fehlen eines entsprechenden Eintrags in dem inzwischen erschienenen Supplement-Band dokumentiert jedoch ihre rückläufige Bedeutung im heutigen Musikleben.

Festzustellen bleibt schließlich, dass Felicitas Kukuck – bis ins hohe Alter tätig – Komponistin mit Leib und Seele gewesen ist. Während sie in ihrem bewegten Leben Höhen und Tiefen kennengelernt hat, beglückt sie die Musik in allen Phasen ihres Werdegangs bis zuletzt:

»Man kann schon sagen, dass insgesamt ihr Leben erfüllt war. Zum Beispiel hatte sie vier Kinder. Und sie war sehr gerne Mutter. […] Sie war immer gern Geliebte und hat ein reiches Liebesleben gehabt. Sie hatte zwar auch viel Unglück mit Männern, […] aber sie hat aus dem Vollen geschöpft, auch in diesem Bereich. Und sie hat immerzu komponiert.« (Johannsen: Interview, vgl. Kap. X, S. 175)

Resümee und Schlusswort   151

Mit einem letzten Blick auf ihr umfangreiches Liedschaffen, dessen Werke in so unterschiedlichen Formen in Erscheinung treten, fasst stellvertretend ein Gedicht von Joseph von Eichendorff (welches die Komponistin selbst vertont hat) äußerst präzise Kukucks grundsätzliche Ansprüche an ihre Liedkompositionen in Worte. Denn die folgenden Zeilen sind wie ein Gebot zu verstehen, dem sich Felicitas Kukuck zeitlebens verschrieben hat:

> Schläft ein Lied in allen Dingen, die da träumen fort und fort,
> und die Welt hebt an zu singen, triffst Du nur das Zauberwort.
> (vgl. Erbengemeinschaft Felicitas Kukuck: http://www.felicitaskukuck.de)

Abb. 11: Felicitas Kukuck im Garten, 1998 (Foto: Margret Johannsen)

VIII. Quellenverzeichnis

Primärquellen

Anonymus: *Heinrich Stolte wird Drehorgelmann. Ein skurriles Konzert mit Rahlstedter und Volksdorfer Künstlern*. In: *Die Brücke* vom 29. August 1969

Die Bibel. Lutherbibel Standardausgabe mit Apokryphen. Bibeltext in der revidierten Fassung von 1984. Stuttgart 1985 [zit. als *Die Bibel* 1985]

Claudius, Matthias: *Sämtliche Werke*. München ⁵1984

Gröger, Gabriele: Brief an Felicitas Kukuck vom 17. Juli 1979 [unveröff.], Original im *Archiv Frau und Musik*

Hausmann, Manfred: *Das Lied der Lieder. Das man dem König Salomo zuschreibt.* Frankfurt am Main 1958

Hindemith, Paul: Brief an Felicitas Kukuck vom 28. Dezember 1938 [unveröff.], Original im *Archiv Frau und Musik*

Hindemith, Paul: Brief an Felicitas Kukuck vom 31. August 1939 [unveröff.], Original im *Archiv Frau und Musik*

Holtbernd, Barbara: Brief an Felicitas Kukuck vom 8. Februar 1976 [unveröff.], Original im *Archiv Frau und Musik*

Johannsen, Margret: Brief an die Autorin vom 20. März 2007 [unveröff.] [zit. als Johannsen 2007a]

Johannsen, Margret: Notiz an die Autorin vom 20. März 2007 [unveröf.] [zit. als Johannsen 2007b]

Johannsen, Margret: E-Mail an die Autorin vom 30. Juni 2008 [unveröff.] [zit. als Johannsen 2008a]

Johannsen, Margret: E-Mail an die Autorin vom 2. September 2008 [unveröff.] [zit. als Johannsen 2008b]

Keppler, Gerlinde: Brief an Felicitas Kukuck vom 24. Juni 1997 [unveröff.], Original im *Archiv Frau und Musik*

Kerr, Alfred: *Sterbelied*. http://www.hampsong.com/foundation/library/texts.php?id=P991 (Verifikationsdatum: 23.7.2008) [zit. als Kerr: *Sterbelied*]

Kühn (Gau-Hauptstellenleiter): Brief an den Landeskulturverwalter-Gau Berlin vom 22. Dezember 1938 [unveröff.], Bestandteil der Reichskulturkammer-Akte, Original im *Bundesarchiv Berlin* (ehem. *Berlin Document Center*, Signatur RK R 16, Bild Nr. 826)

Kukuck, Felicitas: Brief an Manfred Hausmann vom 23. Februar 1969 [unveröff.], Original im *Archiv Frau und Musik*

Kukuck, Felicitas: Brief an Barbara Holtbernd vom 11. Februar 1976 [unveröff.], Original im *Archiv Frau und Musik*

Kukuck, Felicitas: Brief an Gottfried Wolters vom 23. März 1978 [unveröff.], Original im *Archiv Frau und Musik* [zit. als Kukuck 1978a]

Kukuck, Felicitas: Brief an Gottfried Wolters vom 8. Mai 1978 [unveröff.], Original im *Archiv Frau und Musik* [zit. als Kukuck 1978b]

Kukuck, Felicitas: Brief an Gabriele Gröger vom 17. Juli 1979 [unveröff.], Original im *Archiv Frau und Musik*

Kukuck, Felicitas: Brief an Gottfried Wolters vom 20. April 1981 [unveröff.], Original im *Archiv Frau und Musik*

Kukuck, Felicitas: Brief an Gottfried Wolters vom 26. Februar 1982 [unveröff.], Original im *Archiv Frau und Musik* [zit. als Kukuck 1982a]

Kukuck, Felicitas: Brief an Karl-Heinz Möseler vom 2. März 1982 [unveröff.], Original im *Archiv Frau und Musik* [zit. als Kukuck 1982b]

Kukuck, Felicitas: Brief an Manfred Hausmann vom 28. Oktober 1982 [unveröff.], Original im *Archiv Frau und Musik* [zit. als Kukuck 1982c]

Kukuck, Felicitas: Brief an Gudrun Jarczyk vom 22. Februar 1984 [unveröff.], Original im *Archiv Frau und Musik* [zit. als Kukuck 1984a]

Kukuck, Felicitas: Brief an Gottfried Wolters vom 1. April 1984 [unveröff.], Original im *Archiv Frau und Musik* [zit. als Kukuck 1984b]

Kukuck, Felicitas: *Autobiographie in Form eines Tagebuchs ab 17. April 1989* (pdf-Datei: http://www.felicitaskukuck.de/Autobiographie_FKukuck.pdf, Verifikationsdatum: 23.7.2008)

Kukuck, Felicitas: *Worte von Felicitas Kukuck zu ihren Chorliedern ›...Und kein Soldat mehr sein‹.* o. O. 1997 [unveröff.], Original im *Archiv Frau und Musik* [zit. als Kukuck 1997a]

Kukuck, Felicitas: Brief an Gerlinde Keppler vom 27. Juni 1997 [unveröff.], Original im *Archiv Frau und Musik* [zit. als Kukuck 1997b]

Kukuck, Felicitas: szenische Anweisungen zur Sintflut-Geschichte [unveröff.], Original im *Archiv Frau und Musik* [zit. als Kukuck: szenische Anweisungen]

Kukuck, Felicitas: *Es führt über den Main eine Brücke von Stein*. Zeichnung und Text [unveröff.], Original im *Archiv Frau und Musik* [zit. als Kukuck: *Es führt über den Main*]

Laage, Carl: Brief an Felicitas Kukuck vom 25. Januar 1953 [unveröff.], Original im *Archiv Frau und Musik*

Lohmeier, Dieter (Hg.): *Theodor Storm. Gedichte Novellen 1848–1867*. Frankfurt am Main 1987

Sührig, Ilka: E-Mail an die Autorin vom 21. Mai 2007 [unveröff.]

Wolters, Gottfried: Brief an Felicitas Kukuck vom 16. September 1950 [unveröff.], Original im *Archiv Frau und Musik*

Wolters, Gottfried: Brief an Felicitas Kukuck vom 1. März 1982 [unveröff.], Original im *Archiv Frau und Musik*

Sekundärliteratur

Antholz, Heinz: *Jugendmusikbewegung*. In: *Die Musik in Geschichte und Gegenwart*. Hg. von Ludwig Finscher. Kassel, Basel, London u. a. 1996, Sachteil Bd. 4, Sp. 1569–1587

Briner, Andres/Rexroth, Dieter/Schubert, Giselher: *Paul Hindemith. Leben und Werk in Bild und Text*. Zürich und Mainz 1988

Bröck, Marianne: *Volksmusik*. In: *Die Musik in Geschichte und Gegenwart*. Hg. von Ludwig Finscher. Kassel, Basel, London u. a. 1998, Sachteil Bd. 9, Sp. 1733–1761

Exter, Ruth: *Felicitas Kukuck. Biographie und Musik einer Komponistin im 20. Jahrhundert*. Hausarbeit zur ersten Staatsprüfung für das Lehramt. Hamburg 1988

Friedel, Claudia: *Komponierende Frauen im Dritten Reich. Versuch einer Rekonstruktion von Lebensrealität und herrschendem Frauenbild*. Münster und Hamburg 1995

Genzmer, Harald: *Ernst und Spaß*. In: *Neue Musikzeitung* 33 (1984) H. 2, S. 3

Genzmer, Harald: *Der Unterricht bei Paul Hindemith*. In: *Hindemith-Jahrbuch. Annales Hindemith*. Hg. vom Paul-Hindemith-Institut. Mainz u. a. 1997, S. 8–24

Gerteis, Eva-Maria: *Felicitas Kukuck. Der Weg einer Komponistin und ihre Bedeutung in der Schulmusik*. Zulassungsarbeit zur Ersten Dienstprüfung für das Lehramt. Reutlingen 1986

Gurlitt, Wilibald (Hg.): *Riemann Musiklexikon*. Personenteil. Mainz 1961

Herrmann, Ursula: *Hugo Distler. Rufer und Mahner*. Berlin 1972

Hildebrandt, Irma: *Immer gegen den Wind. 18 Hamburger Frauenporträts*. München 1997

Hindemith, Paul: *Unterweisung im Tonsatz. Theoretischer Teil*. Mainz 1940

Hindemith, Paul: *Komposition und Kompositionsunterricht*. In: *Paul Hindemith: Aufsätze, Vorträge, Reden*. Hg. von Giselher Schubert. Zürich und Mainz 1994, S. 47–111

Hoffmann, Freia: *Instrument und Körper. Die musizierende Frau in der bürgerlichen Kultur*. Frankfurt am Main und Leipzig 1991

Jost, Peter: *Lied*. In: *Die Musik in Geschichte und Gegenwart*. Hg. von Ludwig Finscher. Kassel, Basel, London u. a. 1996, Sachteil Bd. 5, Sp. 1259–1328

Kohlhase, Hans: *Hindemiths Einfluß als Lehrer. Zum Schaffen seiner Schülerin Felicitas Kukuck*. In: *Hindemith-Jahrbuch. Annales Hindemith*. Hg. vom Paul-Hindemith-Institut. Mainz u. a. 1984, S. 156–183

Krabiel, Klaus-Dieter: *Lehrstück*. In: *Die Musik in Geschichte und Gegenwart*. Hg. von Ludwig Finscher. Kassel, Basel, London u. a. 1996, Sachteil Bd. 5, Sp. 1004–1008

Lamerz, Monika: ›Komponistin – ganz anders‹. *Werkstationen einer ungewöhnlich selbstverständlichen Biographie*. Hausarbeit zur Staatlichen Prüfung für Musikschullehrer und selbständige Musiklehrer. o. O. 1982

Lemmermann, Dirk/Töpel, Michael: *Hugo Distler*. In: *Die Musik in Geschichte und Gegenwart*. Hg. von Ludwig Finscher. Kassel, Basel, London u. a. 2001, Personenteil Bd. 5, Sp. 1094–1103

Philipp, Beate (Hg.): *Komponistinnen der Neuen Musik. Eine Dokumentation*. Kassel 1993

Rieger, Eva/Oster, Martina: *Felicitas Kukuck.* In: *Annäherung an sieben Komponistinnen II. Mit Berichten, Interviews und Selbstdarstellungen.* Hg. von Brunhilde Sonntag und Renate Matthei. Kassel 1987, S. 35–40

Rieger, Eva: *Frau, Musik und Männerherrschaft: Zum Ausschluss der Frau aus der deutschen Musikpädagogik, Musikwissenschaft und Musikausübung.* Kassel 1988

Rieger, Eva: *Laudatio zur Verleihung der Brahms-Medaille der Stadt Hamburg am 25.1.1995.* http://www.felicitaskukuck.de/presse_stimmen1.htm (Verifikationsdatum: 23.7.2008)

Rübben, Hermann Josef: *Frauen in der Chormusik.* In: *Lied und Chor* 60 (1968) H. 1, S. 5

Schubert, Giselher: ›Vision‹ und ›Materialisation‹. *Zum Kompositionsprozeß bei Hindemith,* In: *Vom Einfall zum Kunstwerk. Der Kompositionsprozeß in der Musik des 20. Jahrhunderts.* Hg. von Hermann Danuser und Günter Katzenberger. Laaber 1993 (= Publikationen der Hochschule für Musik und Theater Hannover Bd. 4), S. 219–241

Schubert, Giselher: *Paul Hindemith.* In: *Die Musik in Geschichte und Gegenwart.* Hg. von Ludwig Finscher. Kassel, Basel, London u. a. 2003, Personenteil Bd. 9, Sp. 5–51

Serke, Jürgen (Hg.): *Selma Meerbaum-Eisinger. Ich bin in Sehnsucht eingehüllt. Gedichte eines jüdischen Mädchens an seinen Freund.* Frankfurt a. M. 1984

Strauch, Alexander: *Felicitas Kukuck. Ein Gespräch mit Alexander Strauch.* In: *Lied und Chor* 67 (1975) H. 11, S. 250–251

Twittenhoff, Wilhelm: *Felicitas Kukuck.* In: *Die Musik in Geschichte und Gegenwart.* Hg. von Friedrich Blume. Kassel, Basel, London u. a. 1958, Personenteil Bd. 7, Sp. 1888

Velten, Klaus: *Paul Hindemiths frühes Liedschaffen.* In: *Hindemith-Jahrbuch. Annales Hindemith.* Hg. vom Paul-Hindemith-Institut. Mainz u. a. 1992, S. 87–96

Weissweiler, Eva: *Ausgemerzt! Das Lexikon der Juden in der Musik und seine mörderischen Folgen.* Köln 1999

Websites

Erbengemeinschaft Felicitas Kukuck: *Felicitas Kukuck. Leben und Werk der Komponistin.* http://www.felicitaskukuck.de (Verifikationsdatum: 23.7.2008)

Johannsen, Margret: *LexM – Lexikon verfolgter Musiker und Musikerinnen der NS-Zeit*. http://cmslib.rrz.uni-hamburg.de:6292/object/lexm_lexmperson_00001443 (Verifikationsdatum: 23.7.2008)

Tonträger

Gespräche mit Felicitas Kukuck über die Musik. Gespräch mit Ulrike Loos (1993). Die CD ist zu beziehen über die Erbengemeinschaft Felicitas Kukuck. http://www.felicitaskukuck.de/cd_gespraeche.htm (Verifikationsdatum: 23.7.2008) [zit. als Kukuck 1993]

Felicitas Kukuck von den Anfängen bis zum Spätwerk, LATERNE-Tonträger 21114 (2003). © Erbengemeinschaft Felicitas Kukuck. Die CD ist zu beziehen über die Erbengemeinschaft Felicitas Kukuck. http://www.felicitaskukuck.de/cd.htm (Verifikationsdatum: 23.7.2008)

Noten

Hindemith, Paul: *Wir bauen eine Stadt*. Edition Schott 3242. © 1930 B. Schott's Söhne, Mainz

Kukuck, Felicitas: *Es führt über den Main eine Brücke von Stein*. © Möseler Verlag, Wolfenbüttel

Kukuck, Felicitas: *Drittes Lied*. Aus: *Die Ostergeschichte in Liedern zu eigenen Texten*. M 61.415. © 1979 Möseler Verlag, Wolfenbüttel

Kukuck, Felicitas: *Manchmal kennen wir Gottes Willen*. Melodie: Felicitas Kukuck. © Gustav Bosse Verlag, Kassel

Kukuck, Felicitas: *Lied von der Arche Noah*. Aus: *Die Sintflut. Ein Kreisspiel für Kinder*. © 1968 Fidula Verlag, Boppard am Rhein

Kukuck, Felicitas: *Das Lamm und die Wolke*. Manuskript. Abdruck mit freundlicher Genehmigung der Erbengemeinschaft Felicitas Kukuck

Kukuck, Felicitas: *Gib dem kleinen Stöffel einen blanken Löffel*. Rekonstruktion von Margret Johannsen, Thomas Kukuck und Christoph Leis-Bendorff. Abdruck mit freundlicher Genehmigung der Erbengemeinschaft Felicitas Kukuck

Kukuck, Felicitas: *Sterbelied*. Manuskript. Abdruck mit freundlicher Genehmigung der Erbengemeinschaft Felicitas Kukuck

Quellenverzeichnis

Kukuck, Felicitas: *Hamburg, das Tor zur Welt*. Manuskript. Abdruck mit freundlicher Genehmigung der Erbengemeinschaft Felicitas Kukuck

Kukuck, Felicitas: *Die Nachtigall*. Aus: *Storm-Lieder für gemischten Chor*. M 62.431. © 1951 Möseler Verlag, Wolfenbüttel

Kukuck, Felicitas: *Meeresstrand*. Aus: *Storm-Lieder für gemischten Chor II*. M 62.493. © 1985 Möseler Verlag, Wolfenbüttel

Kukuck, Felicitas: *Liebesnacht*. Aus: *Vier Lieder für Sopran und Klavier nach Texten aus dem Hohelied Salomonis übertragen von Manfred Hausmann*. M 59.436. © 1987 Möseler Verlag, Wolfenbüttel

Kukuck, Felicitas: *Kriegslied*. Aus: *...und kein Soldat mehr sein. 10 Lieder gegen den Krieg*. M 62.499. © 1997 Möseler Verlag, Wolfenbüttel

Kukuck, Felicitas: *Lied*. Aus: *Sieben Lieder zu Gedichten von Selma Meerbaum-Eisinger*. Furore Edition 5820. © 1997 Furore Verlag, Kassel [zit. als Kukuck 1997c]

Klangbeispiele

Johannsen, Margret: Vollständiger Mitschnitt des Interviews vom 17. März 2007 in Blankenese. Aufzeichnung mit freundlicher Genehmigung von Margret Johannsen

Es führt über den Main eine Brücke von Stein: Felicitas Kukuck, Sopran. http://www.felicitaskukuck.de/musik_hoeren.htm (Verifikationsdatum: 23.7.2008)

Sterbelied (Drehorgelsongs): Christoph Leis-Bendorff, Tenor/Heinrich Stolte, Drehorgel. Auf: *Felicitas Kukuck von den Anfängen bis zum Spätwerk*. LATERNE-Tonträger 21114 (2003). © Erbengemeinschaft Felicitas Kukuck

Die Nachtigall (Storm-Lieder): Bergedorfer Vokalquartett, Auf: *Felicitas Kukuck von den Anfängen bis zum Spätwerk*. LATERNE-Tonträger 21114 (2003). © Erbengemeinschaft Felicitas Kukuck

Meeresstrand (Storm-Lieder II): GrassGroof-Vokalensemble unter der Leitung von Christoph Leis-Bendorff. Auf: *Felicitas Kukuck von den Anfängen bis zum Spätwerk*. LATERNE-Tonträger 21114 (2003). © Erbengemeinschaft Felicitas Kukuck

Liebesnacht (4 Lieder für Sopran und Klavier nach dem Hohelied Salomonis): Stephanie Stiller, Sopran/Prof. Werner Hans Hagen, Klavier. Auf: *Felicitas Kukuck von den Anfängen bis zum Spätwerk*. LATERNE-Tonträger 21114 (2003). © Erbengemeinschaft Felicitas Kukuck

Kriegslied (…und kein Soldat mehr sein. Zehn Lieder gegen den Krieg): Kammerchor Blankenese unter der Leitung von Hartwig Willenbrock. Auf: *Felicitas Kukuck von den Anfängen bis zum Spätwerk*. LATERNE-Tonträger 21114 (2003). © Erbengemeinschaft Felicitas Kukuck

Lied (Sieben Lieder zu Gedichten von Selma Meerbaum-Eisinger): Stephanie Stiller, Sopran/Prof. Werner Hans Hagen, Klavier. Auf: *Felicitas Kukuck von den Anfängen bis zum Spätwerk*. LATERNE-Tonträger 21114 (2003). © Erbengemeinschaft Felicitas Kukuck

IX. Felicitas Kukucks Lebensweg

1914	Anna Maria Dora Felicitas Cohnheim wird am 2. November in Hamburg geboren; Vater: der jüdische Physiologe Prof. Dr. med. Otto Cohnheim; Mutter: die nichtjüdische Altistin Eva Cohnheim, geb. Barth
1917	Otto Cohnheim wandelt auf Wunsch seiner Mutter den jüdischen Familiennamen Cohnheim in den Namen Kestner um
1921	Schulbesuch: von ihrer ersten Schule (einer Mädchenschule) wechselt Felicitas an die *Lichtwarck-Schule*
1924/25	erster Klavierunterricht mit zehn Jahren
1933	die *Lichtwarck-Schule* wird gleichgeschaltet: Felicitas muss die Schule verlassen und besucht nun das Landschulheim *Schule am Meer* auf Juist
1934	die *Schule am Meer* ist wirtschaftlich am Ende: der Schulleiter Martin Luserke empfiehlt Kukuck an die *Odenwaldschule*
1935	Abitur an der *Odenwaldschule*; der Wunsch, sich an der *Hochschule für Musikerziehung und Kirchenmusik* in Berlin zur Schulmusikerin ausbilden zu lassen, wird ihr wegen ihrer jüdischen Abstammung verwehrt; sie beginnt an der Berliner *Hochschule für Musik und darstellende Kunst* ein Studium im Hauptfach Klavier
1937	Kukuck legt die Privatmusiklehrerprüfung im Fach Klavier ab; wegen ihrer teiljüdischen Herkunft bekommt sie sofortiges Unterrichtsverbot erteilt; Querflötenstudium bei Gustav Scheck; sie wird an die Kompositionsklasse von Paul Hindemith empfohlen, bei dem sie bis zu dessen Emigration 1938 Unterricht erhält
1939	Abschluss ihres Musikstudiums mit absolvierter künstlerischer Reifeprüfung im Fach Klavier; drei Tage später heiratet Felicitas Kestner am 3. Juli ihren ehemaligen Schulfreund Dietrich Kukuck; sie tritt mit einer Sondergenehmigung in die Reichsmusikkammer ein
1940	der erste Sohn Johann Eberhard (genannt Jan) wird geboren

1941	Dietrich Kukuck wird zur Marine eingezogen und arbeitet als Ingenieur im Offiziersrang
1943	Felicitas Kukuck nimmt die Jüdin Elisabeth Feilchenfeld auf
1945	wenige Monate vor Kriegsende wird Dietrich Kukuck durch einen neuen, ultranationalsozialistischen Vorgesetzten seines Offizier-Postens enthoben; statt sich bei offiziellen Stellen zu melden, verdingt er sich auf einem Bauernhof; nach Kriegsende kommt Felicitas Kukuck mit ihrem Sohn Jan im Berliner Vorort Heiligensee für die Sommermonate bei der Familie eines ehemaligen Schülers unter; Kukuck wird beruflich tätig und hält an einer neu gegründeten Volkshochschule Einführungen in die musikalische Formenlehre; Ende November tritt sie die einwöchige Reise nach Hamburg an und kann dort nach langer Trennungszeit ihren Mann wieder finden
1946	die Zwillinge Margret und Irene werden geboren
1948	am 30. Juni zieht die Familie in Dietrich Kukucks ehemaliges Elternhaus in Blankenese ein; der jüngste Sohn Thomas wird geboren
Beginn 50er Jahre	Zusammentreffen mit Gottfried Wolters: durch ihn erhält Kukuck über viele Jahre hinweg ihre ersten Kompositionsaufträge; Kukuck konzipiert für den Schulfunk von *Radio Bremen* eine Musik-Sendereihe für Kinder; ausgehend von dieser Arbeit wird sie in den folgenden Jahren Herausgeberin verschiedener Lehrbücher
Beginn 60er Jahre	eine Anfrage der *Musischen Bildungsstätte Remscheid*, dort als Lehrerin tätig zu werden, lehnt Kukuck ab
1967	Scheidung von Felicitas und Dietrich Kukuck; Gründung des *Kammerchor Blankenese*, dessen Leitung Felicitas Kukuck übernimmt: viele ihrer Werke können gemeinsam mit dem Chor erarbeitet und aufgeführt werden
1972	Kukuck tritt eine Stelle an der *Lola-Rogge-Schule* (Schule für Tanz und tänzerische Gymnastik) an und unterrichtet hier bis 1982 Musiklehre, Improvisation und Musikgeschichte

1989	Auszeichnung von der Freien und Hansestadt Hamburg mit der *Biermann-Ratjen-Medaille* für ihre Verdienste in Kunst und Kultur in Hamburg
1994	Auszeichnung von der Freien und Hansestadt Hamburg mit der *Johannes-Brahms-Medaille* für ihre Verdienste um das Hamburgische Musikleben sowie für hervorragende Leistungen auf dem Gebiet der Musik
2001	Felicitas Kukuck stirbt am 4. Juni und wird am 18. Juni auf dem Friedhof der Evangelisch-Lutherischen Kirchengemeinde in Blankenese beigesetzt

X. Zusammenfassung des Interviews mit Margret Johannsen

Wie war es für Sie und Ihre Geschwister, eine Komponistin als Mutter zu haben?

- Es war kein ungeteiltes Vergnügen: Die Kinder haben oft mit Freude am musikalischen Leben ihrer Mutter teilgenommen, insbesondere im Rahmen des gemeinsamen Singens, das im Haushalt häufig praktiziert wurde.
- Das Aufwachsen in einem ›Künstlerhaushalt‹ war für die Kinder Normalität.
- Als die Kinder in die Pubertät kamen, wurde das Verhältnis zum musikalischen Leben und Arbeiten der Mutter angespannter.
- Die Kinder wollten, dass die Mutter einmal Schlager komponieren solle:

    »Und wenn wir schon eine Mutter hatten, die komponierte, dann bitte die Musik, die wir mochten.« (vgl. Interview Teil 1, Min. 05:58)

- Einer der Söhne hatte eine Laubsägearbeit gefertigt (einen Kreis von etwa 30 cm Umfang, der in der Mitte von einem Ausrufezeichen in zwei Teile geteilt war: Links befand sich das Zeichen von Felicitas Kukuck – ihre Initialen bilden als ineinander verschlungene Buchstaben ein Kreuz mit einem K-Strich nach rechts unten – und rechts befanden sich zwei Achtelnoten mit einem Balken verbunden), die anzeigte ›Achtung, Mutti komponiert – nicht stören‹. Hing dies an der Tür, durften die Kinder ihre Mutter nicht bei der Arbeit stören. Die Kinder waren oft eifersüchtig auf den Raum, den die Musik im Leben ihrer Mutter einnahm. Die Mutter sollte aus Sicht der Kinder mehr wie andere ›normale‹ Mütter sein:

    »Wir fanden es nicht toll, dass unsere Eltern so anders waren.« (vgl. Interview Teil 1, Min. 04:30)

- Diese Sicht auf die Mutter und ihr Schaffen änderte sich erst später:

    »Wir [Kinder] haben – bis wir anfingen stolz auf unsere Mutter zu sein – ihre Musik nicht gewürdigt.« (vgl. Interview Teil 1, Min. 07:02)

In welcher Form hat Felicitas Kukuck ihren Kindern die Musik mit auf den Lebensweg gegeben?

- Alle ihre Kinder probierten sich im Spiel verschiedener Instrumente aus (so hatte die Tochter Margret kurzzeitig Klavierunterricht bei ihrer Mutter), aber das einzige der vier Kinder, das je dauerhaft ein ›E-Musik‹-Instrument erlernt hat, ist der älteste Sohn Jan (Querflöte). Der jüngste Sohn Thomas ist Schlagzeuger geworden.

- Dennoch hat die Mutter den Kindern die Musik mit auf den Lebensweg gegeben: Insbesondere das Singen war für Margret Johannsen und ihre Schwester wichtig (erst als Kinder zu Hause, später im eigenen Kammerchor) und ist es bis zum heutigen Tag geblieben.
- Darüber hinaus kümmert sich Margret Johannsen noch heute um Aufführungen und Veröffentlichungen der Werke ihrer Mutter.
- Und auch der erstgeborene Enkel Christoph, der die ersten Jahre im Kukuckschen Hause aufwuchs, kennt Musik von klein auf. Er wurde auch Schlagzeuger und ist heute als Toningenieur und Inhaber eines Tonstudios sehr erfolgreich. Er ist außerdem ein großer Fan der Musik seiner Großmutter und hat nun einen ›Kukucks-Chor‹ gegründet sowie einige ihrer Stücke im Studio aufgenommen:

  »Die ganze Familie fühlt sich inzwischen dieser Musik auch sehr verpflichtet: Mein Bruder macht die technische Seite der Pflege der Musik (also Aufnahmen, das Brennen von CDs, Digitalisierung, etc.), und ich kümmere mich mehr um das Management. Mein Neffe kümmert sich auch um Aufführungen.« (vgl. Interview Teil 1, Min. 15:54)

- Felicitas Kukuck komponierte aber auch speziell für ihre Kinder, die sie zu vielen Werken inspirierten, wie *Eia Kindelein, Nun schlaf mein liebes Kindelein* oder verschiedene Wiegenlieder.

Ihre Mutter hat sich als Frau in einem von Männern deutlich dominierten Beruf nie benachteiligt gefühlt. Warum, glauben Sie, war das so?

- Felicitas Kukuck wuchs in einem Elternhaus auf, das dem liberalen Bildungsbürgertum zuzuordnen war: Die Eltern erkannten die musikalische Begabung ihrer Tochter, waren stolz auf sie und haben ihr jede Förderung zukommen lassen. In ihrem Elterhaus hat Felicitas Kukuck – auch von ihrem Vater – nie Frauenfeindlichkeit kennengelernt. Ihre musikalische Ausbildung und Berufsergreifung war selbstverständlich:

  »Meine Mutter ist immer mit diesem Selbstbewusstsein aufgewachsen, dass sie die Musik macht, dass sie in der Familie die Musikalische ist.« (vgl. Interview Teil 1, Min. 23:32)

- Auch im Studium erfuhr sie sowohl von ihrem Kompositionslehrer Paul Hindemith als auch von ihren (ausschließlich männlichen) Kommilitonen keinerlei Zurückweisung und war dort anerkannt:

    »Sie fühlte sich nicht als Frau diskriminiert. Sie hat in ihrem Kollegenkreis – und nur das war es, was eigentlich für sie zählte – immer Anerkennung gehabt.« (vgl. Interview Teil 1, Min. 29:18)

- Die Friedensbewegung war für sie immer viel wichtiger als die Frauenbewegung.

Wie wichtig war Ihrer Mutter Religion und Glaube? Welchen Grund hat es, dass sie sich so sehr der geistlichen Musik zugewandt hat?

- Dietrich Kukuck war ›bekennender Atheist‹.
- Felicitas Kukuck war auf einer gewissen Basis religiös. Dies war jedoch kritisch: So hielt sie es immer mit den Rebellen unter den Christen (sie hat beispielsweise Eugen Drewermann gelesen) und fühlte sich diesen Ansichten verwandt.
- Felicitas Kukuck hat viel geistliche Musik komponiert, jedoch erst nach dem Krieg. Einer ihrer Gründe dafür war, dass sie die Kirche als einen für Aufführungen geeigneten Ort erachtete. So erklärt sich auch ihre Auffassung, sich manchmal im Gottesdienst sehen lassen zu müssen. Ein weiterer pragmatischer Grund war die Tatsache, dass sie für die biblischen Texte keine Tantiemen bezahlen musste. Margret Johannsen denkt, dass ihre Mutter diese Begründungen gegenüber ihrer areligiösen Familie (Vater und Kinder) glaubte vorbringen zu müssen und sich für ihr Interesse am Thema Religion und Glaube genierte (dieses Interesse belegen viele Bücher ihres Nachlasses, die sich mit theologisch-politischen Fragen beschäftigen).
- Auch ihr Interesse für biblische Geschichten, aber auch für Ausdeutungen der Bibel zeugen davon, dass die Kirche ihr auch über die Eigenschaft eines bloßen Aufführungsraumes hinaus etwas bedeutet hat.

Wie wurde Ihre Mutter zu neuen Kompositionen inspiriert?

- Ein Großteil der Werke und Stoffe, die sie komponiert hat, sind zufällig und ohne Vorsatz entstanden, genauer: Sie sind das Ergebnis bestimmter zusammentreffender Ereignisse. Es entstanden oftmals ›Auftragskompositionen‹, wenn beispielsweise ein Ensemble, ein Sänger oder ein Instrumentalist sie um eine Komposition bat oder eine Idee verwirklicht haben wollte:

»Jemand hatte eine Idee, dann setzte sich bei ihr eine Art Assoziationskette in Gang, und dann war sie Feuer und Flamme.« (vgl. Interview Teil 3, Min. 21:30)

- Beispiel hierfür: Wolfgang Pailer, ein Bariton aus der Schweiz, hatte die Kirchenoper *Noah's Flood* aufgeführt und fragte Felicitas Kukuck bei einem Besuch 1984, ob sie nicht auch einmal eine Kirchenoper komponieren wolle. Ihre Idee und Antwort kam wie aus der Pistole geschossen: »Ja, über Mose!« Die Anregung war also Auslöser für etwas, das schon lange im Kopf der Komponistin als Vorstellung vorhanden war und nun auf fruchtbaren Boden fiel.
- Sie hat nicht für den Schreibtisch komponiert, sondern für Aufführungen.
- Besonders der von Margret Johannsen mitbegründete Chor (bestehend aus Familienmitgliedern und Freunden) spielt bei der Aufführung ihrer Werke eine wichtige Rolle: Sang der Chor zunächst noch Werke verschiedener Komponisten, wandte er sich mehr und mehr und dann ausschließlich den Werken seiner Leiterin Felicitas Kukuck zu. Sie hatte so einen eigenen Uraufführungschor.

Bei Felicitas Kukucks Vokalkompositionen waren es immer die »Worte«, die sie »entzündeten«. Wie erhielt sie neue Texte für ihre Musik?

»Sie hat ja eine sehr konkrete Musik geschrieben und für sie waren Texte sehr inspirierend.« (vgl. Interview Teil 2, Min. 12:31)

- Texte erhielt sie auf verschiedene Weise. Neben den Texten, die sie selbst fand, bekam sie oft Textvorschläge von anderen, insbesondere in den letzten zehn Jahren von ihrer Tochter Margret. Die Tochter schrieb eine Zeit lang (in den späten siebziger und frühen achtziger Jahren) auch selbst Gedichte sowie deutsche und englische Texte für die ›U-Musik‹ ihres Neffen und Schwagers. Als die Mutter sie bat, auch für sie Texte zu schreiben, war Kukuck von den Gedichten ihrer Tochter begeistert und vertonte sie. Darunter finden sich auch einige Liebeslieder; diese entstanden allerdings lange nach ihrer Ehescheidung sowie während und nach den letzten Jahren ihrer psychoanalytischen Behandlung.
- Während die Gedichte ihrer Tochter (die ursprünglich gar nicht für die Mutter geschrieben wurden) bereits vor der Vertonung fertig vorlagen, fing Felicitas Kukuck bei anderen Texten ihrer Tochter bereits mit der Komposition an, als erst Fragmente fertig gestellt waren (Beispiele hierfür: *Der Mann Mose, Ecce Homo, Wer war Nikolaus von Myra, Und es ward: Hiroshima, Von der Barmherzigkeit*):

»Sie hat sie [die Texte] mir aus der Hand gerissen, das ist immer so gewesen, wenn ich etwas für sie getextet habe. Die waren nicht fertig, als sie sie komponierte. Sie fing sofort an.« (vgl. Interview Teil 2, Min. 09:24)

Im umfangreichen Vokalschaffen nehmen die Lieder bei Felicitas Kukuck einen sehr großen Stellenwert ein. Gibt es etwas, das alle ihre Lieder miteinander gemeinsam haben?

- Wenn man in ihren vielfältigen Liedern etwas Gemeinsames oder ein verbindendes Element finden will, dann sind es immer die Worte, von denen sie ausgeht:

  »Ich habe das 'mal ›semantisch‹ genannt, sie komponiert ›semantisch‹. [...] Sehr am Wort orientiert, sehr auskomponiert.« (vgl. Interview Teil 2, Min. 19:09)

- Dennoch kann man Unterschiede zwischen den frühen und den spät entstandenen Liedern erkennen: Die frühen Lieder werden besonders durch starke Gefühle und große Emotionen angeregt, wie Herzensleid, Jubel, etc. Dies zeigt sich auch auf musikalischer Ebene:

  »Gerade ihre frühen Lieder – die sich doch von den späten deutlich unterscheiden – haben so eine Art langen Atem, einen Bogen.« (vgl. Interview Teil 2, Min. 21:25)

  »Sie hat die Gefühlsebene, die in Texten enthalten ist, in ihrer Musik versucht zu konkretisieren und zum Ausdruck zu bringen.« (vgl. Interview Teil 2, Min. 22:55)

- Später (z. B. die Lieder aus den achtziger Jahren auf Texte ihrer Tochter) sind die Lieder sehr unterschiedlich: spöttisch, verspielt, lustig. Sie hat oft den Inhalt des Textes und der Worte in der Musik parallelisiert und damit konkretisiert. Darüber hinaus komponierte sie später viel bewusster und handwerklicher.
- Von ihren eigenen Liedern schätzte Felicias Kukuck insbesondere *Es führt über den Main*, auf dessen Popularität sie sehr stolz war.

Das Thema ›Krieg und Frieden‹ spielte im Leben Ihrer Mutter immer eine große Rolle. In welcher Form hat sie sich dieser Thematik auch musikalisch zugewandt? Warum, glauben Sie, hat sich Felicitas Kukuck erst so spät musikalisch dem Thema des Holocaust gewidmet?

- Felicitas Kukuck war zeitlebens politisch interessiert. Bereits in den fünfziger Jahren war sie eine sehr aufmerksame und kritische Beobachterin der Geschichte der BRD und der Adenauer-Zeit. In den frühen achtziger Jahren war sie einige Jahre lang Mitglied einer Friedensgruppe:

> »Sie war politisch links, sie war humanistisch, sie war immer auf der Seite der Schwächeren. Das war für sie ein ganz ausgeprägter Zug. Sie war radikal gegen Krieg und Waffen. [...] Für sie waren die Kriegserfahrungen so grauenhaft, dass es für sie ganz eindeutig war, dass man gegen den Krieg sein musste.« (vgl. Interview Teil 1, Min. 53:25)

- In der Zeit des Zweiten Weltkrieges lebte Felicitas Kukuck in Berlin. Dort wusste man nichts von ihren jüdischen Vorfahren. Im Bewusstsein der Gefahr vermied sie es, darüber zu sprechen. Sie hat ihre Herkunft wie ein Geheimnis tief in sich verborgen.
- Auch musikalisch setzt sie sich für Frieden ein:

  > »Diese *Lieder gegen den Krieg*, das ist ihr eine Herzensangelegenheit gewesen.« (vgl. Interview Teil 2, Min. 05:38)

- Mit der Kantate *De profundis* (die u. a. auf Worte von Nelly Sachs entstand) vertont sie in den achtziger Jahren erstmals einen Text einer jüdischen Lyrikerin. Es bleibt jedoch fraglich, ob dies bewusst geschah. Vermutlich war sie jedoch damals (Margret Johannsen datiert die Entstehung der Komposition auf 1984) schon sehr am jüdisch-christlichen Dialog interessiert. Sie war Mitglied in einem Verein, der sich diesem Dialog gewidmet hat, und las jüdische Auslegungen biblischer Personen (insbesondere Werke von Shalom Ben-Chorin).
- Je älter sie wurde, desto mehr interessierte sie sich offen für dieses Thema und komponierte Texte und Lyrik jüdischer Autoren, auf die sie ihre Tochter Margret aufmerksam machte (z. B. Paul Celan).
- Auf die Gedichte von Selma Meerbaum-Eisinger wurde sie zufällig durch die Flötistin und alte Freundin Gudula Lehmann-Grube aufmerksam, die selbst Klavierkompositionen zu diesen Texten angefertigt und gesungen hatte und sie Felicitas Kukuck zur Durchsicht vorlegte. Felicitas Kukuck war von den Gedichten tief berührt und komponierte nun selbst Musik zu den Gedichten. Dabei wählte sie Gedichte, in deren Titel immer das Wort ›Lied‹ vorkam.
- Sie fand in diesen Liedern (die ja Teil ihres Spätwerkes sind) musikalisch wieder zu ihrem frühen Liedstil zurück, den sie in den fünfziger und sechziger Jahren auf Gedichte von Theodor Storm, Clemens Brentano, Joseph von Eichendorff oder Eduard Mörike anwandte. Hervorstechendes Merkmal sind dabei die großen Melodiebögen:

Zusammenfassung des Interviews mit Margret Johannsen

»Diese Bögen, ein Atem, der von Anfang bis zum Ende durchhält, das ist in diesen Selma-Liedern zum Teil wieder drin. [...] Wie eine junge Frau ist sie damit umgegangen. Es sind ja auch Liebeslieder.« (vgl. Interview Teil 1, Min. 47:10)

Sucht man bei Felicitas Kukuck und Theodor Storm nach Gemeinsamkeiten, ist die nordische Herkunft offensichtlich. Was hat Felicitas Kukuck an der Komposition von Liedern auf Gedichte von Storm gereizt?

- Sie liebte neben der Elbe insbesondere die Nordsee (die sie schon aus ihrer Zeit in der *Schule am Meer* auf Juist kannte), den Geruch, den Himmel und die Luft dort. Mit ihren Kindern und ihrem Mann war sie mehrfach auf Norderney zelten. Später fuhr sie nach Amrum und Juist und komponierte gerne in den Dünen.
- Storms Gedichte sprachen sie durch das in ihnen ausgedrückte Nordische, Zurückgenommene, Herbe, Sparsame, Kühle (z. B. bei Landschaftsbeschreibungen) neben der gleichzeitigen Tiefe der Gefühle (welche nur punktuell gesetzt sind) an.
- Felicitas Kukuck findet in den Gedichten Storms ihre eigene Liebe zur nordischen Landschaft wieder und kann die nur verhalten zum Ausdruck kommenden Gefühle gut nachempfinden.
- Margret Johannsen glaubt, dass Felicitas Kukuck von all ihren eigenen Liedern *Die Nachtigall* besonders gemocht hat.

Das Lied Hamburg, das Tor zur Welt *ist eine Zusammenarbeit ihrer Eltern, denn der Text stammt von Dietrich Kukuck. Es gibt mehrere Lieder von Felicitas Kukuck über Hamburg und Blankenese. Fühlte sie sich hier besonders verwurzelt?*

- Felicitas Kukuck ist in Hamburg geboren und in Eppendorf aufgewachsen und zur Schule gegangen. Auch nach dem Krieg kehrte sie nach Hamburg zurück und ließ sich 1948 in Blankenese nieder:

    »Ich glaube, sie war nicht in Hamburg verwurzelt. Sie war in Blankenese verwurzelt. Noch mehr: Sie war hier im Treppenviertel verwurzelt. [...] Sie liebte auch die Elbe. Aber sie war keine Lokalpatriotin.« (vgl. Interview Teil 2, Min. 46:02)

- Die Kompositionen der Hamburglieder hatten wahrscheinlich eher äußere Gründe (u. a. entstanden sie für Wettbewerbe). Die Blankenese-Lieder waren ursprünglich Hamburg-Lieder und wurden von Margret Johannsen in Blankenese- Lieder umgetextet.

- Auch das Lied *Hamburg, das Tor zur Welt* entstand für einen Hamburg-Wettbewerb. Die Zusammenarbeit von Dietrich und Felicitas Kukuck ist vermutlich jedoch einmalig:

  »Mein Vater hatte eine kleine lyrische Ader, er konnte gut Gedichte schreiben.« (vgl. Interview Teil 2, Min. 45:10)

Wie haben Sie die Situation erlebt, als die Ehe Ihrer Eltern Anfang bzw. Mitte der sechziger Jahre scheiterte?

- Die Ehe war zunächst eine sehr glückliche Beziehung.
- Als junger Mann verehrte Dietrich Kukuck seine Frau, ihre musikalische Tätigkeit und ihre Werke und unterstützte sie in ihrer Arbeit.
- Für die mit der Zeit fortschreitende Entfremdung der Eheleute voneinander gab es verschiedene Gründe: Es kam vor, dass Dietrich Kukuck neue Kompositionen mit bissigen Kommentaren kritisierte. Musik wurde zum Instrument der ehelichen Auseinandersetzung. Aber auch um Geld und Haushaltsführung gab es Auseinandersetzungen:

  »Und dann hat er [der Vater] manchmal gesagt, sie soll nicht Kuchen backen, sie soll lieber komponieren, andere können besser Kuchen backen. Und das war sehr ambivalent, wie er das gesagt hat, denn meine Eltern haben sich zu der damaligen Zeit – da war ich zehn oder zwölf – unheimlich oft in den Haaren gehabt. Er hat sie auch kritisiert, dass sie im Haushalt dieses und jenes nicht hingekriegt hat. Obwohl er früher ihre Musik voll und ganz unterstützt hat. Und er hat auch später, auch noch nach der Scheidung, Aufnahmen von ihrer Musik gemacht. Er hat in ihrem Chor mitgesungen. Und trotzdem war da diese andere Seite.« (vgl. Interview Teil 1, Min. 05:14)

- Im Geschwisterkreis der Kukuck-Kinder wird die Äußerung über das Kuchenbacken heute unterschiedlich erinnert und damit interpretiert.
- Felicitas Kukuck glaubte später, dass auch ihr wachsender Erfolg ein Aspekt war, der die Ehe zum Scheitern brachte.
- Dietrich Kukuck lernte im Volkshochschulchor, den seine Frau leitete, eine Frau (genannt ›Lolo‹) kennen und begann eine Beziehung mit ihr (sie wurde seine zweite Frau).
- Die Zeit, in der sich ihr Mann von ihr abwandte, war für Felicitas Kukuck sehr unglücklich:

  »Es war ganz lange Zeit so, dass mein Vater sich von ihr trennen wollte, und sie wollte das nicht. Sie hat um ihn wahnsinnig geworben. […] Sie ist hinter ihm hergelaufen, sie hat ihn physisch festgehalten.« (vgl. Interview Teil 2, Min. 32:27)

- Unter anderem entstehen in dieser Zeit die *Lieder der Verlassenen*, die ihre Situation widerspiegeln.
- Erst durch verschiedene Ereignisse entspannte sich die Situation und eine Ehescheidung wurde überhaupt erst möglich: 1.) Als Dietrich Kukucks Vater starb, wurde er durch die Erbschaft in die Lage versetzt, eine Ehescheidung materiell zu ermöglichen und für zwei Familien finanziell aufkommen zu können. 2.) Felicitas Kukuck verliebte sich mit knapp fünfzig Jahren in einen 21 Jahre jungen Mann (Klaus Homann), den Freund ihrer Tochter. Dies versetzte sie in die Lage, sich emotional von ihrem Mann zu lösen.
- Auch nach der Scheidung sang Lolo weiter im Chor mit und wurde von Felicitas Kukuck akzeptiert. Später sagte Felicitas Kukuck, Lolo sei ihren Kindern wie eine zweite Mutter gewesen. Lolo wurde zur Freundin der Familie.
- Das verzweifelte Festhalten an ihrem Mann und später an ihren Psychoanalytikern rührt aus einer großen Verlustangst, deren Ursprung evtl. in ihrer eigenen Kindheit zu finden ist.

Felicitas Kukuck war seit den sechziger Jahren bis in die achtziger Jahre hinein in psychoanalytischer Behandlung. Warum war das so? Welche Beziehung hatte sie zu ihren behandelnden Ärzten?

- Felicitas Kukuck hat in den sechziger und siebziger Jahren viele Werke von Sigmund Freud gelesen und sich mit Psychoanalyse beschäftigt. Sie hat in dieser Zeit auch oft ihre eigene Ehe mit diesen Kategorien analysiert.
- Sie war im Laufe der Zeit bei drei Ärzten in Behandlung: Dr. Scheunert, Dr. Grodzicki und Dr. Baerwolff. Sie verliebte sich in sie. Obwohl ihre Liebe unerwidert blieb, versuchte sie auch außerhalb der Sitzungen mit zahlreichen Telefonaten und Briefen Kontakt zu ihnen aufzubauen. Die Entwürfe dieser Briefe sind zwar heute noch erhalten, Margret Johannsen weiß jedoch nicht sicher, ob diese Briefe überhaupt je abgeschickt wurden.
- Neben den Briefen hat Felicitas Kukuck diesen Männern oft Aufnahmen ihrer Musik zukommen lassen, fast so, als ob sie sich mit ihrer Musik die Liebe hätte verdienen können:

  »Sie hat immer ihre Beziehung zu Männern mit der Musik verbunden. Wenn sie verliebt war, war das für sie und ihre Musik eine unglaubliche Energiequelle. Es war für sie wichtig zu lieben. Sie wollte natürlich auch geliebt werden. [...] Dass sie nicht geliebt wurde, hat aber ihre Energie nicht versiegen lassen, sondern sie hat um diese Männer geworben. Und das Werben hat sich zum Teil in ihrer Musik ausgedrückt. Und sie hat den Leuten diese Sachen auch geschenkt oder gezeigt oder geschickt oder präsentiert. Das heißt: Ihre Musik war manchmal auch wie ein Werben. Sie hat mit ihrer Musik um Männer geworben.« (vgl. Interview Teil 2, Min. 56:27)

- Ihr Lieben und ihr Leiden daran, dass sie nicht geliebt wurde, war für sie und ihre Musik eine große Energie- und Inspirationsquelle. Die entstandenen Lieder sind Ausdruck dieses Leidens und des Gefühls.
- Eine analytische Selbstreflexion ihrer unerwiderten Liebe zu ihren Ärzten – aber auch ihrer geheimen Beziehung zu dem Fidelbauer Karl Franck – erbrachte Felicitas Kukuck allerdings auf literarischer Ebene (z. B. *Der Mann im Spiegel, Der Mann am Weiher*).

In zahllosen privaten Briefen wird Felicitas Kukuck von Verwandten und Freunden mit dem Kosenamen ›Fe‹ beziehungsweise ›Fee‹ angesprochen. Hat sie diesen Namen geschätzt?

- Sie mochte den Namen und das Spiel mit ihrem Vornamen.
- Eine Freundin von ihr (Toni Schmieden) nannte sie sogar ›Zauber-Fee‹.
- Sie komponierte das Tonintervall *f–e* oft als musikalisches Anagramm in ihren Werken. Für sie ist die große Septime ein Schmerzensintervall oder Aufschrei. Margret Johannsen kann sich vorstellen, dass ihre Mutter hierin eine musikalische Deutung ihres Vornamens oder sogar ihres Lebens sah oder auch rückblickend konstruierte.

Glauben Sie, dass ihre Mutter rückblickend in ihrem Leben glücklich und erfüllt war?

- Sie war stolz darauf, jeden Tag zu komponieren. Für sie war das künstlerische Tätigsein wie eine Existenzberechtigung und das Allerwichtigste im Leben. Dies lässt sich insbesondere für ihr Leben nach dem 60. Lebensjahr sagen: Während in der Zeit zuvor ihre Musik immer unentwirrbar mit Männern verbunden war und beides sich gegenseitig bedingte, wird ihr im Alter die Anerkennung als Komponistin wichtiger als die Anerkennung als Frau:

  »Wenn man ihr sagte, dass sie eine große Künstlerin sei, hat sie das ungeheuer befriedigt.« (vgl. Interview Teil 3, Min. 11:30)

- Am Ende ihres Lebens war das Komponieren als fester, routinierter Bestandteil jedes einzelnen Tages für sie ein Halt, durch den sie weiterleben konnte. Als ihr Gesundheitszustand sie dazu zwingt, mit dem Komponieren aufzuhören, stirbt sie nach kurzer Zeit.

»Man kann schon sagen, dass insgesamt ihr Leben erfüllt war. Zum Beispiel hatte sie vier Kinder. Und sie war sehr gerne Mutter. […] Sie war immer gern Geliebte und hat ein reiches Liebesleben gehabt. Sie hatte zwar auch viel Unglück mit Männern, […] aber sie hat aus dem Vollen geschöpft, auch in diesem Bereich. Und sie hat immerzu komponiert.« (vgl. Interview Teil 3, Min. 15:17)

XI. Lieder-Werkverzeichnis

Dieses Lieder-Werkverzeichnis wurde speziell für die vorliegende Arbeit angefertigt und beruht auf den Gesamtverzeichnissen aller veröffentlichten und unveröffentlichten Werke von Felicitas Kukuck (Stand: 28. März 2006). Diese Verzeichnisse sind als pdf-Dokumente unter http://www.felicitaskukuck.de/musik_werkverz einzusehen. In das Verzeichnis aufgenommen wurden nur die Werke, die auch als Lieder benannt sind. Darüber hinaus gibt es jedoch eine Reihe von Werken, die nicht eindeutig dieser Gattung zuzuordnen sind und deshalb nicht aufgelistet werden. Die Zuordnung der Notenexemplarnummern ist nicht immer zweifelsfrei, da die Titel teilweise mehrfach komponiert wurden. Die Autorin der vorliegenden Arbeit übernimmt somit keine Gewährleistung für die Richtigkeit und Vollständigkeit dieses Lieder-Werkverzeichnisses.

Abkürzungen und Zeichenerklärung:
GEMA-Werknummer in {...}
GEMA-Notenexemplarnummer in [...]
Kompositionsdatum in (...)

Veröffentlichte Lieder

Klavierlieder

Weihnachtslieder für Klavier: *O Heiland, reiß den Himmel auf, Es kommt ein Schiff geladen* {1571411} [47234], für drei Streicher [58693], *Lobt Gott ihr Christen, Was soll das bedeuten* {1916015} [47234], *Laufet ihr Hirten* {1915999} [47234], *Kommet ihr Hirten* {1445600}, *Es ist ein Ros entsprungen* {1914851} [47234], *Vom Himmel hoch, oh Englein komm* {1916003} [47234], *Den geboren hat ein Magd* {1914847} [47234], *Dem der Hirten Lieder klangen* {1914839} [47234], *In dulci jubilo* {1632658}, *Es sungen drei Engel* {632021} [105276], {1445574} [47234], M 18.424 (1950). Wolfenbüttel und Zürich: Möseler Verlag

Lieder im Volkston {1485133}, sieben Lieder nach Theodor Storm: *Elisabeth* (Meine Mutter hat's gewollt) {12372296} [52049], *Als ich dich kaum gesehn* {1485122} [52049], *Verirrt* (Ein Vöglein singt so süße) {1237304} [52049] *Einen Brief soll ich schreiben* {1237292}

[52049], *Ein schwarzbraunes Mädel* (Kanon) {1485126} [52049], *Lied des Harfenmädchens* (Heute, nur heute bin ich so schön) {1237299} [52049], *Mondlicht* (Wie liegt im Mondenlichte) {1485130} [52049], Ausgabe für Gesang und Klavier, M 59.315 (1951). Wolfenbüttel und Zürich: Möseler Verlag [s. auch unveröff. für vierstg. gem. Chor u. Sgst. u. Str.] {1485122}

Laternenlied {1916028} (Wer will mit uns Laterne gehn), für Singstimme und Klavier [52645], für Singstimme, Streicher und Blockflöte [52645] (1953). Kassel: Bärenreiter-Verlag

Es war ein Jungfrau auserkoren {620975} [66357], Satz für Singstimme und Klavier, Flöte ad libitum [128849], *Christus ist geboren* {621042}, *Schlafe schlafe schönes Kind* {621062} [66357], für Singstimme und Klavier, Flöte ad libitum [128849], in: *Das Psälterlein* (1955). Boppard/Rhein: Fidula-Verlag

Vier Lieder für Sopran und Klavier nach dem Hohenlied Salomonis {1572890} [210096]: *Die Lechzende, Liebesnacht, Die Wächterin, Ein Traum*, M 59.436 (1982). Wolfenbüttel und Zürich: Möseler Verlag [s. unveröff. Werke: *Die Wächterin* auch in anderer Besetzung: f. zwei Sgst. u. Git., f. Sgst., Git. u. Xyl., f. gem. Chor], UA: Hamburg 1983

Du hast es mir angetan, 22 Liebeslieder für Sopran und Klavier, nach Gedichten von Margret Johannsen {6090742}, fue 6770 (1983–1998), UA: Hamburg 1991 (7 Lieder). Kassel: Furore Verlag [Gitarrenfassung v. 10 Liedern bei Möseler, s. auch dreistg. (SAT) Fassung von 8 Liedern, unveröff.]

Sieben Lieder {4502031} *zu Gedichten von Selma Meerbaum-Eisinger*: *Den gelben Astern ein Lied, Schlaflied, Lied, Regenlied, Schlaflied für mich, Schlaflied für dich, Wiegenlied*, für Frauenstimme und Klavier (1997), Furore-Edition 582 (1996/97), ISMN: M-50012-582-2. Kassel: Furore Verlag, UA: Hamburg 2001

Sieben Klavierlieder nach Texten von Joseph von Eichendorff, für Frauenstimme und Klavier: *Abschied, Der Einsiedler, Das zerbrochene Ringlein, Wanderspruch, An die Waldvögelein, Grün war die Weide, Nachts*, WK 1035 [Melodien 1955] (2005). Remscheidt: Waldkauz-Verlag

Herz in deinen sonnenhellen Tagen, sechs Lieder nach Texten von Joseph von Eichendorff, für Tenor und Klavier: *An die Waldvögel, Wanderspruch, Der Einsiedler, Nachts, Das zerbrochene Ringlein, Abschied*, WK 1035 [Melodien 1955] (2005). Remscheidt: Waldkauz-Verlag

Sechs Lieder nach Texten von Joseph von Eichendorff, für Singstimme und Klavier: *Abschied, Der Einsiedler, Das zerbrochene Ringlein, Wanderspruch, An die Waldvögelein, Grün war die Weide*, WK 1012 (Melodien 1955) (2005). Remscheidt: Waldkauz-Verlag, UA: Hamburg 1964

O Nacht, die Gottes Wunder liebt (Text: S. Stehmann) und *Der du die Zeit in Händen hast* (Text: J. Klepper), Solo-Lieder mit Tasteninstrument, in: *Weihnachtskreis*, H. 1, hg. v. S. Rothenberg/G. Schuler (o. J.). Kassel: Werkbrüder Verlag und Neukirchen-Vluyn, Kreis Moers: Singende Gemeinde

Lieder-Werkverzeichnis 179

Gitarrenlieder

Es führt über den Main {620553} [69332], für Singstimme und Gitarre (1952). Wolfenbüttel und Zürich: Möseler Verlag

Ich hab die Nacht geträumet {1485554}, sieben Mädchenlieder nach Gedichten aus der Romantik für Singstimme und Gitarre: *Ich hab die Nacht geträumet* {621159} [84947], *Das verlassene Mägdlein* (Früh wenn die Hähne kräh'n) {623245} [84047], *Der Spinnerin Lied* (Es sang vor langen Jahren) {620694} [84047], *Die Zeit ist hin* {623541} [84047], *An die Waldvögel* (Konnt mich auch sonst mitschwingen) {620449} [84047], *Grün war die Weide* {621079} [84047], *Lebewohl* {621606} [84047], M 59.307 (1967). Wolfenbüttel und Zürich: Möseler Verlag [auch als Klavierfassung, unveröff.]

Das Paradies {622036}, Tanzspiel für Kinder mit Liedern zu eigenen Texten, Gitarre (1968), auch als Schallplatte (Elise-Averdieck-Schule, Ltg. Karin Maria zu Knyphausen/Heidi Haronska, Gymnasium Blankenese, Ltg. Christa Ledig, Gerda Schefe): fidulafon 3018 [vergriff.]. Boppard/Rhein: Fidula-Verlag

Die Sintflut {622261} [84176], Kreisspiel für Kinder mit einstimmigen Liedern zu eigenen Texten, Gitarre (1968), Mosaik 113, Best. Nr. 2113 (auch beim Verlag Ernst Kaufmann/Christopherus-Verlag erschienen), als Schallplatte (Elise-Averdieck-Schule, Ltg. Karin Maria zu Knyphausen/Heidi Haronska, Gymnasium Blankenese, Ltg. Christa Ledig, Gerda Schefe): fidulafon 3018 [vergriff.]. Boppard/Rhein: Fidula-Verlag

Die Weihnachtsgeschichte in Liedern {1345521} [901184] zu eigenen Texten, Ausgabe für Gesang und Gitarre, M 59.308 (1973). Wolfenbüttel und Zürich: Möseler Verlag

Du sagst zu mir ich solle ruhig bleiben (H. Wohlgemut), für Gesang und Gitarre (Kompositionen f. Dt. Ev. Kirchentag Hamburg 1981: *Fürchte dich nicht*, Dokumentation Neues geistliches Lied)

Zehn Liebeslieder {1591196} [204936]: *Die letzte Seerose, Grab mir Geliebter ein Bett, Er hat entdeckt, Meine Liebe war eine Feder, Oktoberlied* (Ich würd dich gern), *Als ich mein Herz, Bruchstück* (Bin ich verrückt), *Treibhaus* (Als die Tage), *Geliebter Katz, Ich wollte dir den Kopf verdrehn*, für Sopran und Gitarre, nach Texten von Margret Johannsen in der Werkreihe CORDA, M 24.851[1983] (1983). Wolfenbüttel und Zürich: Möseler Verlag [s. 22 Klavierlieder Furore Verlag; s. 8 dreistg. Lieder, unveröff.], UA: Wörme 1983

Sechs Lieder nach Texten von Joseph von Eichendorff, für Singstimme und Gitarre: *Abschied, Der Einsiedler, Das zerbrochene Ringlein, Wanderspruch, An die Waldvögelein, Grün war die Weide* {1592413}, WK 1020 (1955/1967) (2005). Remscheidt: Waldkauz-Verlag

Andere solistische Lieder

Deutsche Volkslieder: Der Kuckuck auf dem Zaune saß {1629502}, *Drei Laub auf einer Linden* {1161934} [48081], *Es geht ein dunkle Wolk* {871466} [48081], *Jetzt fängt das schöne Frühjahr an* {1536455} [48081], *Kuckuck hat sich zu Tod gefallen* {1629501} [48081],

Kommt ihr G'spielen {1629516} [48081], *Mit Lust tät ich ausreiten* {1629529} [48081], *Der Maie* {16299534}, *Ach Elslein* {1632673} [48081], *Der Jäger aus Kurpfalz* {1914982} [48081], *Der Jäger in dem grünen Wald* {1914983} [48081]. Celle: Moeck Verlag, Volksliedsätze für eine Singstimme und Sopran-Blockflöte, in: *Zeitschrift für Spielmusik* 148 (Februar 1951)

Bremer Musikantenspiele Nr. 1 {1916133} *Wir Musikanten wollen singen* {1916127} [49668], *Es führt über den Main* {620553}, *Schlaflied* (Eia Kinderlein) {546479} [49668], *Hei du rabenschwarze Stute* {1016031}, *Kommt herbei, denn wir wollen* {1630296}, *Tanzspiel* (Muss wandern) {191631} [49668], für Singstimme, Blockflöte, Xylophon, Pauke und Trompete (1952). Wolfenbüttel und Zürich: Möseler Verlag

Schlaflied (Eia Kindelein) {546479}, für zwei Streichinstrumente, Singstimme ad libitum [58700], für Oboe und Viola (1952). Wolfenbüttel und Zürich: Möseler Verlag

Synkopenlied {1630296} [49668], Kreisspiel für Singstimme, Blockflöte, Pauke, Trompete und Xylophon (1952). Wolfenbüttel und Zürich: Möseler Verlag

Der goldene Stern {1914975}, Handwerker-Singspiel (Text: F. Kukuck), einstimmige Lieder mit Streichtrio oder Klavierbegleitung (1954), Ed.-Nr. 2201. Celle: Moeck Verlag

Holländische Volkslieder, Sätze, *Morgens ist der Reif so kalt* (Wiegenlied) {622340}: Satz für Singstimme und drei Geigen, *Es saß ein schneeweiß Vögelein* {620634}: dreistimmiger Satz (SAT), in: *carmina*, Chorblattreihe, Nr. 8, hg. v. Hilde Langforth (1959). Wien: Universal Edition A. G.

Christ ist erstanden {620590} [153557], *Jesus Christus unser Heiland* {621259} [153557], *Erhalt uns Herr* {647379} [153557], für eine Singstimme, Tasteninstrument (Orgel) und ein Instrument ad libitum, Ed. 19.802, *Das Kirchenlied in kleiner Besetzung* (1970) H. 2 [s. Carus-Verlag]

Flötenlied (1970), *An einem Abend* {621027} (1970) (Text: Li-Tai-Pe, dt.: H. Bethge), *Es geht ein dunkle Wolk' herein* {871462}, für Singstimme und Flöte [216189] (1987), M 93.013/014. Wolfenbüttel und Zürich: Möseler Verlag

Die Posaunen von Jericho, fünf Lieder mit Fidelsätzen und Gitarrensätzen für die ersten sechs Kapitel aus dem Buch Josua in spanischen Trochäen auf Deutsch und Esperanto (1984) (Texte: Richard Schulz). Paderborn: Esperanto-Centro

Tschernobyl in tausend Kinderschuhen {3796123}, zwölf Lieder: *Gau Jahrestag, Damals, Sommer 1986, AKW Blues, Plutonium, Sarkophag, Alltag, Lebensmittel, Pripjat mon amour, Restrisiko, Frühling 1986, Von Tschernobyl reden*, für Singstimme und Akkordeon, nach Gedichten von Elke Tashiro, Edition Merseburger EM 543 (1997). Berlin: Merseburger-Verlag

Bearbeitungen von Kompositionen von H. Rohr, zum Teil aus *Gotteslieb*, zum Teil aus *Kinderlieder zur Bibel*, zum Teil aus *Musikantenspiele zur Bibel*, für Singstimme, Flöte und Orff-Instrumente.: *O Herr, wir loben und preisen dich* {756385}, *Dein Wort oh Herr geleitet uns* {756392}, *Wenn wir jetzt weitergehen* {756398}, *Preiset den Herrn* {756532}, *Ehre sei Gott im Himmel* {756550}, *Singet dem Herrn* {756983}, *Herr Jesus!*

Lieder-Werkverzeichnis 181

Du bist das Lamm {757476}, *Wir sagen euch an den lieben Advent* {917945}, *Lobgesang Mariens* {921183}, *Du hast uns Herr gerufen* {979483}, *Christus Herr erbarme dich* {1071423}, *Gott des Vaters ewger Sohn* {1074018}, *Heilig heilig heilig* {1283152}. Freiburg: Christopherus-Verlag

Christkindlein, komm herein {620618}, freie Weise, Satz für Singstimme und zwei bis drei Instrumente [84952]. o. O.: Deutscher Theaterverlag

Herbei ihr Groß und Klein {938544}, einstimmiges Lied zu eigenem Text, in: *Wir singen all*, Folge 5. Kassel: Eichenkreuzverlag

Hei so sausen wir den Hang hinunter {00621104}, Lied zu eigenem Text mit Glockenspiel, in: *Wir singen all*, Folge 6. Kassel: Eichenkreuzverlag

Weltliche Chorlieder

Storm-Lieder, 1. Folge {1917217}: *Oktoberlied* {1632637} [48197], *Wir können auch die Trompete blasen* {1915957} [48197] *Die Nachtigall* {1915889} [48197], *In der Frühe* (Goldstrahlen schießen übers Dach) {1914888} [48197], *Käuzlein* {1915902} [48197], *Mai* {1915895} [48197] (n. Gedichten v. Th. Storm), Ausgabe für gemischten Chor (SATB), M 62.431 (1950). Wolfenbüttel und Zürich: Möseler Verlag, zwei Lieder (*Oktoberlied* u. *Wir können auch die Trompete blasen*) auf Schallplatte: *Camerata* CMS 17121 EP (Kammerchor der VHS Dülkne, Ltg. Hans-Josef Roth, 1968)

Was mir so viel vom Tage stiehlt, das ist das liebe Singen {1491103} [48012], für vierstimmigen gemischten Chor, M 70.387 (1951) [franz.: *La chanson fidèle*, in: *viva la musica*, collection dirigée par César Geoffraym Accords XI]

Lieder im Volkston, sieben Lieder nach Theodor Storm: *Elisabeth* (Meine Mutter hat's gewollt) {1237296} [48439], *Als ich dich kaum gesehn* {1485122} [48439], *Verirrt* (Ein Vöglein singt so süße) {1237304} [48439], *Einen Brief soll ich schreiben* {1237292} [48439], *Ein schwarzbraunes Mädel* {1485126} [48439], *Lied des Harfenmädchens* (Heute, nur heute) {12377299} [48439], *Mondlicht* (Wie liegt im Mondenlichte) {1485130} [48439], Ausgabe für drei gleiche Stimmmen, M 60.412 (1951). Wolfenbüttel und Zürich: Möseler Verlag

Einzelsätze für Chor in der Liedblattreihe *Musikant*: *Viel Freuden mit sich bringet* {2070303}, für Singstimme und Blockflöte (1951). Wolfenbüttel und Zürich: Möseler Verlag

Zahlreiche Lieder und Einzelsätze für Chor in der Liedblattreihe *Das Singende Jahr* Nr. 1–120, u. a.: *Nun wollen wir singen* (2) {546493} [52070, 47729], *Nu laat uns singen* (4), *Wer allzeit hinterm Ofen sitzt* {1915874} [48169] (7), *Winde wehn* {1440670} [77309] (8), *Dunkle Wolk* {871462} [48679, 77309] (11), *Heute nur heute* {1237299} [52049] (11), *Nikolaus komm zu uns ins Haus* {1915869} (12), *Es dunkelt schon* {620898} {1388075} [51978, 62701] (23), *Herr denk an uns hinieden* {1914873} [50986, 85023] (25), *Hansel willst du mit mir tanzen* {621096} (26), *Es führt über den Main* {620553} [58706, 5559] (26), *Wacht auf, der helle Tag* {1491106, 621873, 621885} [52054] (30), *Draußen da wachsen Blaubeeren* {1218877}, *Ich sag ade* {1632660} [53452] (33), *Ich glaube keinen*

Gott (35), *Es ist ein Schnitter* {1667563} [53450] (35), *Die Drehorgel* (Die Erde kreist) {620886} [88611, 53451, 80895] (38), *Ich sag ade* {1632660} [53452] (39), *Zum Sommertanz* (Herbei ihr groß und klein) {938544} [54879] (43), *Laßt uns singen* {984224} (43), *Himmel und Erde müssen vergeh'n* (Kanon) {1915952} [55785] (46), *Über die Heide* (47), *April* (Die Sonne leckt die Wiesen ab) {1461042} [57403] (52), *Wohlan die Zeit ist kommen* {1491101} [57405] (54), *Klingt im Wind ein Wiegenlied* {1486539} [56374] (55), *Der schöne bunte Schmetterling* {1632641} [56368] (Text u. Weise: M. Kukuck) (56), *Der Nebel steigt* {1632637} [48197] (58), *Ich soll wohl leben* {1632623} [58456] (59), *Es führt über den Main* {620553} [58706, 5559] (60), *Ich weiß nicht, woher ich bin gekommen* {1915965} [58457] Kanon (60), *Wohlauf, ihr kleinen Waldvögelein* {1914882} [67114] (64) *Sommerbeet* {1632639} [64556] (65), *Die heilige Woche* (68), *Hallo komm mit* {621093} [88611], {621253} [64729](?) (69), *Lied der Angst – Hast du ein Fenster* {621659} [67194] (72), *Wo ist der neugeborne König der Juden* {623483} [72627] (85), *So treiben wir den Winter aus* {622488} [72628] (86), *Die Glocke im Meer* {621040} (97), *Bunt sind schon die Wälder* {620567} [67195] (106), *Kommt, Lilien und Akeleien* {1629512} [52056], *Hüt dich schöns Blümelein* {1914887} [53450], *Deine Schönheit wird vergehn* {1914891} [53450], *Da Jesus von seiner Mutter ging* {621098} [64730], *Es drängt sich auf den Beeten*, *Ein Fischer hatte zwei kluge Jungen* (1953–1964). Wolfenbüttel und Zürich: Möseler Verlag

Hört ihr Leut {1919517}, alte und neue Kinderlieder für Anfänger am Klavier: *Kommt und lasst uns tanzen, springen* {621536} [105276], *Hei so sausen wir den Hang hinunter* {621104} [105276], für einstimmigen. Chor [50589], für Singstimme und Klavier [105276], für zweistimmigen Chor [59551], *A, a, a, der Winter der ist da* {620314} [105276], *Es ging ein Weiblein Nüsse schütteln* {621033}, *Hört ihr den Vogel schrein* {631135} [105276], *Hört ihr Leut* {621146} [105276], *Jetzt fängt das schöne Frühjahr an* {621269} [105276], *Kindlein mein* {621471} [105276], *Kling klang Schmied schlag zu* {621480} [105276], *Lange lange Riege* {621584} [105276], *Langsam gehts den Berg hinauf* {621598} [105276], *Komm doch lieber Frühling* {621624} [105276], für Singstimme und Glockenspiel [50987], *Mit Gott so wollen wir loben und ehren* {621846} [105276], *Regen, Regentröpfchen* {622161} [105276], *Schornsteinfeger, Klinkenträger* {622222} [105276], *Traritrara, der Sommer* {622641} [105276], *Trauer über Trauer* {622655} [105276], *Was machen denn die Maurer* {623275} [105276], *Was soll das bedeuten* {623304} [105276], *Wen soll ich nach Rosen schicken* {623395} [105276], *Die Wetterfrau* {623427 } [105276], *Nun wollen wir singen das Abendlied* {631996} [105276], *Auf auf ihr Hirten* {632009} [105276], *Alle Vögel sind schon da* {632015} [105276], *Es sungen drei Engel* {632021} [105276], {1445574} [47234], *Es singen drei Engel* {1445585}, *Maienzeit bannet Leid* {1920608} [105276] (1954), RL 23850. Berlin-Lichterfelde: Robert Lienau Verlag

Es führt über den Main {620553} [58706, 5559], Chorsatz (1954), M 70527. Wolfenbüttel und Zürich: Möseler Verlag

Das Zicklein und der Wolf {1915785} [49668]: *Ei du gelbe Butterblume*, *Kommt der böse Wolf*

Lieder-Werkverzeichnis 183

geschlichen, Schlau schau schau, Tanzspiel für Kinder, für Kinderchor und Instrumente ad libitum, eigener Text nach einer Parabel, hg. v. Hans Poser, 847 (1958) H. 2. Weinheim/Bergstraße: Laienspiel Verlag (laut *GEMA* Rechte bei F. Kukuck)

Holländische Volkslieder, Sätze, *Zwei Äuglein braun* (Liebeslied) {621031}, dreistimmiger Satz (SSA) und Sopranblockflöte (*c"*) und Streicher, *Nun kommt die schöne Zeit* (Frühlingslied) {620742}, dreistimmiger Satz (SSA), in: *carmina,* Chorblattreihe, Nr. 14, hg. v. Hilde Langforth (1958). Wien: Universal Edition A. G.

Ich ging im Walde (Text: J. W. v. Goethe), für drei Singstimmen [58696], für drei Instrumente, für Chor [102680] (1953). Mainz: Verlag B. Schott's Söhne

Uns ruft der Berg {623227}, Chorlied (Text: M. Häussermann) (1958). Mailand: Verlag Ricordi

Das Essen {1914999} [6621] (Text: C. Zuckmayer), *Ein guter Braten* {1915000} [66211] (Text: W. Busch), drei- und vierstimmiger Chorsätze und Instrumente ad libitum, in: *Man nehme. Lucullische Sammlung vierzehn in Musik gesetzter Recepte für 3–4 gleiche Stimmen* (1959), Best.-Nr. 6052. Boppard/Rhein: Fidula-Verlag

Es führt über den Main {620553}, Satz für zwei Stimmen, in: *Klingende Runde* (1961). Berlin: Merseburger-Verlag

Dreh dich zu mir doch noch einmal herum {620785}, für Singstimme und Drehorgel, für vierstimmigen Chor [75974], *Zur Weggenossenschaft gehören beide Gaben* {1617145} [75974], Kanon für zwei Singstimmen und zwei Instrumente, in: *Klingende Kette* (1963). Berlin: Merseburger-Verlag

Kommt ihr lieblichen Stimmen all {621528} [77192], Refrainlied für ein Laienspiel von Gotthard Prox: *Der Siebensohn,* für drei hohe Stimmen, in: *Schöne Musika,* Blatt 228 (1964) [siehe Merseburger]

Komm, sing froh! Geselliges Chorbuch für gleiche Stimmen: *Kommt ihr lieblichen Stimmen all* {621528} [77192], für dreistimmigen gemischten Chor (1964); *Tratriraro, der Sommer der ist do,* {622650} [771192], für dreistimmigen Chor a cappella (1963), *Liebt euch auf Erden* {621638} (Kanon) (1961). Berlin: Merseburger-Verlag

Ich hab die Nacht geträumet. 7 Mädchenlieder nach Gedichten aus der Romantik: Ich hab die Nacht geträumet {621159} [84047], *Das verlassene Mägdlein* (Früh wenn die Hähne kräh'n) {6211079} [84047, 80728], *Der Spinnerin Lied* (Es sang vor langen Jahren) {620694} [84047], *Die Zeit ist hin* {623541} [84047], *An die Waldvögel* (Konnt mich auch sonst mitschwingen) {620449} [84047], *Grün war die Weide* {6211079} [84047], *Lebewohl* {623541} [84047], Ausgabe für drei gleiche Stimmen, M 60.411 (1968). Wolfenbüttel und Zürich: Möseler Verlag

Lieder zum Lob des Weines {621698}: *Drei Kumpane* {620870} [84629], *Lied auf dem Flusse* {621648} [84629], *Der Trinker im Frühling* {622659} [84629], *Der Verbannte* {623234} [84629]) (n. Gedichten v. Li-Tai-Pe), für gemischten Chor (SATB), M 62.430 (1968). Wolfenbüttel und Zürich: Möseler Verlag

Zahlreiche Lieder und Einzelsätze für Chor in *Liedererte*: *Wer da bittet der empfängt* {623406} [88611] (1969), *Lustge Vögel in dem Wald* {621719} [88611] (1969), *So spricht das Leben* {622484} [88611] (1969), *Hallo, komm mit* {621253} [64729] (1969), *Des Menschen Leben währet siebzig Jahr* (Kanon) {620736} [88611] (1969), *Heil sei dem Tag* (Kanon) {621101} [88611] (1969), *Wie heimlicher Weise* {623455} [88611] (E. Möricke), *Hab ich Lieb so hab ich Not* {621090} (1969), *Die Erde kreist in alle Ewigkeit* {620694}, *Früh wenn die Hähne krähn* {623245}, *Ich hab die Nacht geträumet* {621159}. Wolfenbüttel und Zürich: Möseler Verlag

Das rote Meer {6062272–6062279}, Tanzspiel für zwei Kindergruppen, sieben einstimmige Lieder zu eigenen Texten (einschl. Kanons), Bongo, Trommel, Xylophon, Metallophon, in: *Mosaik* 174 (1976), Best.-Nr. 2174. Boppard/Rhein: Fidula-Verlag

Stormlieder, 2. Folge {1621620} [98932]: *Meeresstrand, Die Stadt, Abseits, Über die Heide* {1815849}, *Weihnachtslied* {1745871} (n. Gedichten v. Th. Storm), für vierstimmigen. gemischten Chor, M 62.493 (1982). Wolfenbüttel und Zürich: Möseler Verlag

Und kein Soldat mehr sein {4038072}, zehn Lieder gegen den Krieg: *Neues Stundengebet* (B. Brendler), *Manöverplatz* (G. Kunert), *Befriedigung* (H. Krea), *An meine Landsleute* (B. Brecht), *Postkarte an junge Menschen* (W. Bauer), *Auf dem Schlachtfeld* (aus dem Shiking), *Kriegslied* (M. Claudius), *Hiroshima* (M. Johannsen), *Für dich Kleines* (E. Tashiro), *Der müde Soldat* (Klabund), für gemischten Chor (SATB), M 62.299 [1995/96] (1997). Wolfenbüttel und Zürich: Möseler Verlag, UA: Hamburg 1996

Sechs Lieder nach Texten von Joseph von Eichendorff, für dreistimmigen Frauenchor und Streichtrio: *Abschied, Der Einsiedler, Das zerbrochene Ringlein, Wanderspruch, An die Waldvögelein, Grün war die Weide*, WK 1012 [Melodien 1955/Sätze 1989] (2005). Remscheidt: Waldkauz-Verlag

Sieben Lieder nach Texten von Joseph von Eichendorff {1846956}, für gemischten Chor (SATB): *Abschied, Das zerbrochene Ringlein, Wünschelrute, Viele Boten gehen und gingen, Wanderspruch, Nachts, Der Einsiedler*, WK 4113 [1955/1983] (2005). Remscheidt: Waldkauz-Verlag, UA: Hamburg 1993

Zwei Lieder nach Texten von Joseph von Eichendorff, für Männerchor (TTBB): *Der Einsiedler, Abschied*, WK 1035 [Melodien 1955] (2005). Remscheidt: Waldkauz-Verlag, UA: Hamburg 1993

Die helle Sonn, Melodie alt, Satz für zwei gleiche Stimmmen, in: *Schöne Musika*, Blatt 227. Gelnhausen: Burckhardthausverlag

Seht den bunten Garten, Kommt die Ferienzeit, Sätze für drei gleiche Stimmen (Melodie u. Text: M. Kukuck), in: *Schöne Musika*, Blatt 233. Gelnhausen: Burckhardthausverlag, (Verwaltung der Rechte: München: Strube Verlag)

Wach auf, wach auf, du deutsches Land (Melodie: 1561), Satz für drei gleiche Stimmen, in: *Schöne Musika*, Blatt 167. Gelnhausen: Burckhardthausverlag (Verwaltung der Rechte: München: Strube Verlag)

Kuckuck hat sich zu Tod gefalln (Melodie: 1544), Satz für drei gleiche Stimmen, in: *Schöne Musika*, Blatt 172. Gelnhausen: Burckhardthausverlag

Ich hör ein Sichlein rauschen {1632659}, Satz für drei gleiche Stimmen, in: *Schöne Musika*, Blatt 187. Gelnhausen: Burckhardthausverlag

Lieder-Werkverzeichnis

Ich steh in meines Herren Hand, Chorsatz für drei gleiche Stimen, in: *Schöne Musika*, Blatt 214. Gelnhausen: Burckhardthausverlag

Was haben wir Gänse für Kleider an {1915751}, (Melodie: volkstümlich), Chorsatz für drei gleiche Stimmen, in: *Schöne Musika*, Blatt 217. Gelnhausen: Burckhardthausverlag (Verwaltung der Rechte: München: Strube Verlag).

Lasst uns singen, lasst uns springen {984224} [102680], für zwistimmigen Chor und Instrumente ad libitum (o. J.). Mainz: Verlag B. Schott's Söhne

Zahlreiche Einzelsätze für Chor in den *Losen Blättern*

Geistliche Chorlieder

3 Marienlieder {1916047} [66359]: *Nun lasst uns fröhlich heben an, O Maria noch so schön, Meerstern ich dich grüße*, dreistimmige Sätze für Frauenchor, in: *Regina Coeli*, Fidula Stuttgart-Sillenbuch (1954). Boppard/Rhein: Fidula-Verlag

Wir preisen all den Namen dein {623493} [70580] (M. Müller-Zitzke), *Herr Christ mit dir der Tag begann* {621106} [70580] (A. Pötzsch), *Herr Christe komm in unsre Nacht* (F. J. Weinrich), *Gott fährt mit Jauchzen auf* {621071} [70580] (J. Klepper), *Tief aus den Nöten* (Satz){622556} [70580] (K. Schneider), *Mein König dir zu singen* (Satz) {536768} [70580] (G. Fritzsche), in: *Das junge Chorlied*, Edition Merseburger 360 (1958). Berlin: Merseburger-Verlag

Die Ostergeschichte {1916035} [64506], für dreistimmigen gemischten Chor, Instrumente ad libitum, hg. v. Otto Brodde, Edition Merseburger 361 (1958). Berlin: Merseburger-Verlag

Denn es ist hier kein Unterschied {620677} [72254], Coro (SAB) (1959), CV 7.033/00. Stuttgart: Carus-Verlag

Lobt Gott ihr frommen Christen {1916043} [128634], Coro (SATB), drei Trompeten, zwei Posaunen, Orgel (zwei Blockflötem *c''*, *f*), CV 10.078/00 (1959). Stuttgart: Carus-Verlag

43 Vokalsätze für zwei-, drei-, vierstimmingen Chor (gl. od. gem.) über Choralmelodien aus dem EKG, in den folgenden Reihen:

Das Monatslied, Edition Merseburger 771 (1961): *Gib dich zufrieden und sei stille* {547651} (Komp.: Jakob Hintze), Monatsspruch April: *Was suchet ihr den Lebendigen* {621863} [69472], *Zeuch an die Macht, du Arm des Herrn* {623549} [69472], *Ich will dich lieben, mein Stärke* {596243, 621176} [69472], *Wir warten dein, o Gottessohn* {623503} [69472], für drei gleiche Stimmen (1960). Berlin: Merseburger-Verlag

Liturgisches Chorbuch, Teil II, hg. v. Otto Brodde. *Nun lasst uns Gott dem Herren* {796732} (Komp.: N. Selnecker), *Das Wort geht von dem Vater aus* {541465} (Komp.: Nikolaus Herman). Berlin: Merseburger-Verlag

Das Monatslied, Edition Merseburger 772 (1962): *Gottes Lob* (Ob rings die Schwerter klirren) {621067} [73540] (Text: H. Lamparter), für zwistimmigen Chor (1960), *Befiehl du deine Wege* {489709} [721151, 73540], *Nun danket all und bringet Ehr* {421550} [73540], *So wahr ich lebe* {622493} [73540] (Komp.: Johan Heermann), *Ist Gott für mich* {621236}. Merseburger-Verlag, Berlin.

Das Monatslied, Edition Merseburger 773 (1963): *Auf, Seele, auf und säume nicht* {540288} (Komp.: Nikolaus Herman), *Dir, dir, Jehova, will ich singen* {620772} [73541] (Komp.: Bartholomäus Crasselius), *O Lamm Gottes, unschuldig* {426525} (Komp.: Nikolaus Decius), *Ich dank dir schon durch deinen Sohn* {737658} (Komp.: M. Prätorius). Berlin: Merseburger-Verlag

Kantate Chorheft 1962, Edition Merseburger 764 (1962): *Nun jauchzt dem Herren alle Welt* {621961} [72151], für vierstimmigen gemischten Chor und Gemeinde, [s. Bärenreiter {1453222} [61029]], *O dass ich tausend Zungen hätte* {597483} [72151], *Ich will dich lieben meine Stärke* {596243, 621176} [69472], *Befiehl du deine Wege* {489709} [721151, 73540], *Nun preiset alle Gottes Barmherzigkeit* (= *Ich hab von ferne, Herr, deinen Thron erblickt*) {645995} [72151]. Berlin: Merseburger-Verlag

Kantate Chorheft Weihnachtslieder, Edition Merseburger 765 (1963): *Lobt Gott ihr Christen allzugleich, Auf Seele, auf, und säume nicht* {541402} [73651]. Berlin: Merseburger-Verlag

Die helle Sonn II, Sammlung leichter Chormusik, Vokalsätze für drei gemischte Stimmen über Choralmelodien aus dem EKG: *O wir armen Sünder* {622020} [73045], *Christ ist erstanden* {620607} [73045, 73874], *Herzlich lieb hab ich dich* {621120} [73045], *Sollt ich meinem Gott nicht singen* {784124} (Komp.: J. Schop). Berlin: Merseburger-Verlag

Geselliges Chorbuch: Es *dunkelt schon in der Heide* {620898} {1388075} [70917], für vierstimmgen gemischten Chor (1961), *Bescher uns Herr das täglich Brot* {620506} [70917], für vierstimmigen gemischten Chor (1961), *Ich singe dir mit Herz und Mund* {420634} [73874], *In Gottes Namen fahren wir* {621215} (Komp.: Nikolaus Herman) (1961), *Liebt euch auf Erden* (Kanon) {621638} (1961). Berlin: Merseburger-Verlag

Herr unser Herrscher {621110} [77193], *Gelobet sei der Herr* (Satz) {429167} [77193], für vierstimmigen gemischten Chor, in: *Der Chorvers. Das Bibelwort zum Kirchenlied* 783 (1964) H. 2, Edition Merseburger. Berlin: Merseburger-Verlag

Du hast zu deinem Abendmahl {620880} [80792] (auch f. Ob., Va. u. Vc.) und *Ich will mich fügen...* {621181} [80792], in: *Zeitgenössische Kirchenlieder,* Chorausgabe, Edition Merseburger 382 (1967). Berlin: Merseburger-Verlag [s. auch: Begleitsatz f. Tasteninstrument, m. zwei Intonationen, in: *Neue Lieder für den Gottesdienst,* Hänssler-Edition 19.516 (1973)] [s. auch: 19. Dt. Ev. Kirchentag Hamburg 1981: Liederbegleitheft für Bläser] [auf Schallplatte: Philipp Reich, Hessische Kantorei, Stauda, Kassel (1973)]

Ich steh an deiner Krippen hier {1035972} [137422], dreistimmige Sätze (SAT) (1962), CV 14.028 und CV 14.901/00. Stuttgart: Carus-Verlag

O wir armen Sünder {622029} [137462], dreistimmige Sätze (SAT) (1962), CV 14.057 und CV 14.901/00. Stuttgart: Carus-Verlag

Heut triumphieret Gottes Sohn {489950} [137427], dreistimmige Sätze (SAT) (1963), CV 14.083/00 und CV 14.901/00. Stuttgart: Carus-Verlag

Lieder-Werkverzeichnis 187

Allein zu dir, Herr Jesu Christ, Sätze {620428}, für dreistimmigen Chor (SAM) [143784], für zweistimmigen Chor, für ein Instrument ad libitum CV 14.902/00 (1963). Stuttgart: Carus-Verlag

Heut triumphieret Gottes Sohn {489950} [137427], dreistimmige Sätze für gemischte Stimmen aus der Reihe Varia, hg. v. Otto Brodde, H 5783 (1964) [s. Carus Verlag CV 14.083]

Ich steh an deiner Krippen hier {1035972} [137422], dreistimige Sätze aus der Reihe Varia, hg. v. Otto Brodde, H 5728 (1964), CV 14.028. Stuttgart: Carus-Verlag

O wir armen Sünder {622029} [137462], dreistimmige Sätze für gemischte Stimmen aus der Reihe Varia, hg. v. Otto Brodde, H 5757 (1964), CV 14.057. Stuttgart: Carus-Verlag

Heut singt die liebe Christenheit, dreistimmige Sätze: *Heut singt die liebe Christenheit* {621123} [137463], für gemischte Stimmen aus der Reihe Varia, hg. v. Otto Brodde, H 5816 (1964), CV 14.109. Stuttgart: Carus-Verlag

Manchmal kennen wir Gottes Willen {621725} [164777], zwei Sätze zu eigener Weise, für dreistimmigen und vierstimmigen gemischten Chor, Chorheft zum Anhang 71, HE 19.509 (1967) [s. Gustav Bosse Verlag]

Manchmal kennen wir Gottes Willen {621725} [164777], Chorlied in dreistimmigen und verstimmigen Sätzen (Text: K. Marti/A. Juhre), be 617, Chorblatt 42 (auch: Flötensatz) (1967), auf Schallplatte: schwann studio 303 (F 60.852) (1973). Regensburg: Gustav-Bosse-Verlag

Die Verleugnung des Petrus {623252} [84261], Lied für einstimmigen Chor, in: *111 Kinderlieder zur Bibel,* hg. v. Gerd Watkinson (1968). Lahr/Schwarzwald: Verlag Ernst Kaufmann und Freiburg i. Br.: Christophorus-Verlag Herder

Die Sintflut {622261}, Kreisspiel für Kinder mit Liedern zu eigenen Texten, Gitarre, in: *111 Kinderlieder zur Bibel,* hg. v. Gerd Watkinson (1968). Lahr/Schwarzwald: Verlag Ernst Kaufmann und Freiburg i. Br.: Christophorus-Verlag Herder [siehe Fidula-Verlag]

Nun komm der Heiden Heiland (Satz 1959), in: *Ehre sei Gott,* Chorbuch HE 2.029 (1972). Stuttgart-Hohenheim: Hänssler-Verlag

Josef und seine Brüder {621307}, Singspiel für Kinder aus fünf Liedern zu eigenen Texten, ein- bis zweistimmiger Chor, Gitarre, Xylophon, Metallophon, eine Blockflöte, Bongo (1973), Best.-Nr. 6522. Boppard/Rhein: Fidula-Verlag

Josef und seine Brüder {621307}, Singspiel für Kinder mit Liedern zu eigenen Texten: *Junger junger Josef aus Rahels Schoß* {898570}, *Sehr ihn, der Träumer kommt* {898572}, *Josef kam nach Ägyptenland* {898573}, *Als Josef im Gefängnis saß* {898574}, *Und als nach sieben Jahren die Hungersnot begann* {898575}, für Singstimme, Gitarre, Xylophon, Metallophon, eine Blockflöte, Bongo, in: *9 x 11 neue Kinderlieder zur Bibel,* hg. v. Gerd Watkinson (1973). Lahr/Schwarzwald: Verlag Ernst Kaufmann und Freiburg i. Br.: Christophorus-Verlag Herder (auch im Fidula-Verlag erschienen)

Die Weihnachtsgeschichte in Liedern {1345521}, für vierstimmigen gemischten Chor a cappella und Gemeinde ad libitum [90183], für einstimmigen Chor und Gitarre [90184], für Singstimme und Klavier [191542] (n. eig. Texten), Ausgabe für gemischten Chor (SATB), M 64.467 (1973). Wolfenbüttel und Zürich: Möseler Verlag, UA: Hamburg 1973

Lied das die Welt umkreist {1345508}, 22 Neue geistliche Lieder in Melodien (anlässlich des Dt. Ev. Kirchentages 1973 in Düsseldorf): *Lied für Blinde Lahme Taube* {1342827}, für Melodiestimme [91852], für Chor und Instrument [97615], für einstimmigen Chor, Orgel, Streicher, Violine und Voloncello (W. Willms), *Den Weg wollen wir gehn* {1345482} [91852] (H. J. Netz), *Jeden Morgen seh ich in der Straßenbahn* {1345492} (H. J. Netz), *Täglich Brot* {1345495} [91852] (H. J. Netz), *Die Sache mit Gott* {1345496} [91852] (R. O. Wiemer), *Stadtrand* (Das Straßenkreuz ist aufgestellt) {1345497} (A. Juhre), *Wer stellt die Kreuze in die Welt* (A. Juhre), *Neues Lied im alten Land* {1345498} [91852] (W. Willms), *Jeden Tag* (Zwischen Krieg und Frieden) {1345514} (H. J. Netz), *Das Perlenlied* {1345499}, für Melodiestimme [91852], für einstimmigen Chor, Streicher, Violine und Glockenspiel [97615] (W. Willms), *Töpferlied* {1345500}, für Melodiestimme [91852], für einstimmigen Chor, Violine, Flöte und Vibraphon (W. Willms), *Nicht nur ein Wort* {1345501} (E. Bücken), für dreistimmigen Chor und Gemeinde, *Nebenan* {1345502}, für dreistimmigen Chor und Gemeinde [91852] (H. J. Netz), *Passion* {1345503}, für Melodiestimme [91852] {621692} (W. Willms), *Für uns* {1345504}, für Melodiestimme [91852] (E. Bücken), *Dieser dein Gott* {1345505}, für Melodiestimme [91852] (F. R. Schulz), *Als wir an den Tischen saßen* {1345506}, für einstimmigen Chor und Begleitinstrument [91852] (H. Wohlgemuth), *Damals wie heute* {1347707}, für Melodiestimme [91852] (A. Juhre), *Moritat vom Nutzen der Seefahrt* {1345509}, für Melodiestimme [91852] (G. Valentin), *Zum Menschen allein* (Und lösten wir sämtliche Rätsel der Welt) {1345510}, für Melodiestimme [91852] (F. R. Schulz), *In Galiläa war zu Kanaa ein Hochzeitspaar* {1345511}, für Melodiestimme [91852] (F. R. Schulz), *Die Verkündigung* (Ein Engel vom Himmel) {1548108} (F. Kukuck), *Die Verkündigung* (Die Hirten auf dem Felde) {1548105} {1345559} {1345521} (F. Kukuck) (1973–1982). Wolfenbüttel und Zürich: Möseler Verlag, auf Schallplatte: *Camerata* (1981), *Passion* auch auf Schallplatte bei: Schwann studio 15044 (Lieder m. Sätzen f. Chor, Klav.,Fl. und Str. im Manuskript)

Die Ostergeschichte in Liedern {1393254} [95203], nach eigenen Texten für drei bis vier beliebige Stimmen, M 61.415 (1978). Wolfenbüttel und Zürich: Möseler Verlag

Das Straßenkreuz ist aufgestellt, neue geistliche Lieder unserer Zeit zum Mitsingen, mit verschiedenen Instrumenten, darin fünf Lieder: *Stadtrand* (Das Straßenkreuz ist aufgestellt) {1345497} [91852], einstimmig (Text: A. Juhre), M 51.087, *Jeden Tag* (Zwischen Krieg und Frieden) {1345514}, für einstimmigen Chor, Flöte, Violine und Violoncello, für Singstimme und Klavier, *Jeden Morgen seh ich in der Straßenbahn* {1345492}, für Singstimme und Bongo [91852], für Singstimme und Klavier (Text: H. J. Netz), M 28.420 (Sätze) (1981). Wolfenbüttel und Zürich: Möseler Ver-

Lieder-Werkverzeichnis 189

lag, auf Schallplatte: *Camerata* CMS 30080 LPT

Die Passionsgeschichte in Liedern {1560551} [98495], zu eigenen Texten für gemischten Chor (SATB), M 64.539 (1984). Wolfenbüttel und Zürich: Möseler Verlag, UA: Hamburg 1984 [unveröff. Fassung f. Sgst. u. Org. {1928420}]

Josef und seine Brüder, neun einstimmige Chorlieder mit Generalbaß, Xylophon, Gitarre und Schellentrommel zu einem Spiel von Barbara Cratzius, in: *Biblische Spiele für alle. Ein Werkbuch zum Aufführen und Musizieren*, hg. v. Barbara Cratzius und Wolfgang Longardt (1984). Lahr: Musikverlag Ernst Kaufmann und Zürich und Köln: Benziger Verlag

Das Spiel vom Auszug des Volkes Israel, zwei einstimmige Chorlieder mit Generalbaß oder Gitarre sowie ein dreistimmiges Chorlied zu einem Spiel von Barbara Cratzius, in: *Biblische Spiele für alle. Ein Werkbuch zum Aufführen und Musizieren*, hg. v. Barbara Cratzius und Wolfgang Longardt (1984). Lahr: Musikverlag Ernst Kaufmann und Zürich und Köln: Benziger Verlag

Manchmal kennen wir Gottes Willen {621725}, dreistimmiger Satz, vierstimmiger Satz, in: *Chorheft '89 zum Dt. Ev. Kirchentag Berlin*, Ed. 1140. München: Strube Verlag

Die Seligpreisungen {3366574}, für Chor a cappella (SATB), deutsch und englisch, Carus 7.120 [1953/1994] (2004). Stuttgart: Carus-Verlag, UA: Hamburg 1994

Christe, du bist der helle Tag {620576}, Coro (SSATB), Gemeinde, Blockflöte f, c', Orgel, CV 10.080/00. Stuttgart: Carus-Verlag

Heut singt die liebe Christenheit, {621123} [137463], dreistimmige Sätze (SAT), CV 14.10900 und CV 14.901/00. Stuttgart: Carus-Verlag

Komm, du Heiland aller Welt, Satz zu einer Melodie von Martin Luther, für Chor (SATB), in *Chorbuch Advent*, CV 02.082/00. Stuttgart: Carus-Verlag

Manchmal kennen wir Gottes Willen {621725} [164777] (Text: K. Marti/A. Juhre), zwei Sätze zu eigener Weise, für dreistimmigen Chor (SAM) oder vierstimmigen Chor (SATB), CV 19.509/00, CV 02.061/00, CV 19.514/00, CV 19.511/00. Stuttgart: Carus-Verlag

Der Zug der heiligen drei Könige {623560} freie Weise, Satz für zwei Singstimmen und drei Instrumente [84952]. o. O.: Deutscher Theaterverlag

Das will ich mir schreiben in Herz und Sinn, gekoppelt mit *Allen Bruder sein* {2129481}, für viestimmigen gemischten Chor, in: *Wir singen all*, Folge 19. Kassel: Eichenkreuzverlag

Herbei ihr jung und alt {1914915}, Chorsatz für drei gleiche Stimmen, in: *Wir singen all*, Folge 20. Kassel: Eichenkreuzverlag

Dir, dir Jehova {620772} (Melodie 1690), Satz für drei gemischte Stimmen, in: *Wir singen all*, Folge 22. Kassel: Eichenkreuzverlag

Sätze: *Allein zu dir, Herr Jesu Christ* {620428}, für dreistimmigen Chor [143784], für zweistimmigen Chor, für ein Instrument ad libitum. Stuttgart-Hohenheim: Hänssler-Verlag

Es sungen drei Engel {632021} [105276], {1445574} [47234], *Christkindelein, Laufet ihr Hir-*

ten, *Der Zug der heiligen drei Könige*, mehrstimmige Vokalsätze, zum Teil mit Instrumenten, in: *O Freude über Freude*. Weinheim/Bergstraße: Laienspiel Verlag

Kanons

Kanons: *Kaffee* {1914996} [66582], *Ich danke meinem Gott* {1915001} [66376], *Aus tausend Traurigkeiten* {1629498} [66378, 85040] (1953). Boppard/Rhein: Fidula-Verlag
Zwei Kanons in der Glückwunschkarten-Serie *Freud und Segen: Liebt euch auf Erden* {621638} (Rechte bei Strube), *Zur Weggenossenschaft* {1617145} (1961). Frankfurt am Main: Werkbrüder Verlag (Rechte bei Merseburger)
Sine musica nulla vita Kanon zu vier Stimmen (1973). Gelnhausen: Burckhardthausverlag (Verwaltung der Rechte: München: Strube Verlag)
Bereitet dem Herrn den Weg (Kanon), Chorbuch 12: *Der Himmel singt*, CS 85082 (1987). Neukirchen-Vlyn: Verlag Singende Gemeinde
Der Mai, der liebliche Mai (Kanon) {1629532} (o. J.). Mainz: Verlag B. Schott's Söhne

Kantaten und Motetten

Eichendorff-Kantate {1267046}, zehn Lieder und Ritornelle für Chor für drei gleiche Stimmen und kleines Orchester oder Instrumente ad libitum [66212]: *Viele Boten, Herz in deinen sonnenhellen Tagen, O Täler weit o Höhen, Wem Gott will rechte Gunst erweisen* {2176653}, *Schläft ein Lied* (Kanon), *Nachts* (Ich wandre durch die stille Nacht), *Waldvöglein* (Konnt mich auch sonst mit schwingen), *Der Einsiedler* (Komm Trost), in: *Mosaik 17*, Best.-Nr. 2017 (1956). Boppard/Rhein: Fidula-Verlag
Des bin ich froh {620710} [66765], Kantate mit acht europäischen Weihnachtsliedern und der Weihnachtsgeschichte (Luk. 2), für ein- und zweistimmigen Chor, Xylophon, Glockenspiel, zwei Geigen, zwei Flöten (1959), Best.-Nr. 7021, als Schallplatte (Elise Averdieck Schule Hamburg, Lt. Marin Maria zu Knyphausen): fidulafon 1113. Boppard/Rhein: Fidula-Verlag,
Wer war Nikolaus von Myra? Wie ein Bischof seine Stadt aus der Hungersnot rettete und vor Krieg bewahrte {3075264}: Begrüßung: *Liebe Klosterngemeinde* {6032383}, *Weizenlied* {6032392}, *Hungersnot in Myra* {6032395}, *Bitte um Regen* {6032402}, *Matrosenlied* {6032411}, *Spottlied der Kinder* {6032418}, *Schiffe in Sicht* {6032445}, *Piratensong* {6032450}, *Der Handel* {6032451}, *Myra rüstet sich zur Schlacht* {6032455}, *Lied der Frauen gegen den Krieg* {6032457}, *Die Kinder wollen Brot* {6032458}, *Die Schätze von Myra: Bischof Nikolaus* {6032462}, *Danksagung* Orgelvorspiel {6032467}, *Heimfahrt der Matrosen* {6032474}, *Sankt Nikolai* {6032480}, (Szenische) Kantate für Solostimmen (TB), gemischten Chor (SATB), Männerchor, Frauenchor und Kinderchor, Orgel, Akkordeon, Fagott und Schlagzeug (Text: M. Johannsen) [1995] (1995), Best.-Nr. 7023. Boppard/Rhein: Fidula-Verlag, UA: Hamburg 1995

Lieder-Werkverzeichnis 191

Liedsätze

In meinem Bauerngarten {1629995} [66230] (Rechte b. Fidula) (Text: Weinheber), Lied im zweistimmigen Satz, in: *Schöne Musika*, Blatt 163 (1955). Gelnhausen: Burckhardthausverlag

Manchmal kennen wir Gottes Willen {621725} [864485] (Text: K. Marti/A. Juhre) Intonation und zwei verschiedene Liedsätze zu eigener Weise, CV 19.750/20. Stuttgart: Carus-Verlag

Sätze zu Liedern aus dem EKG: *Jesus Christus, unser Heiland, Im Frieden dein, Amen, das ist: es werde wahr*, in: *So sei nun Lob gesungen* (1956). Kassel: Eichenkreuzverlag

Sechs Volksliedsätze: *Der Maie, Es taget in dem Osten, Was wölln wir, Zwei Gespielen, Ach Elslein* (zweimal) {1632673}, für drei Blockflöten (Sopran-, Alt-, Tenor-Blockflöte), in: Gerhard Braun (Hg.): *Volkslieder in neuen Sätzen* (1962), CV 11.106/00. Stuttgart: Carus-Verlag und Stuttgart-Hohenheim: Hänssler-Verlag

Liedsätze: *Es dunkelt schon in der Heide* {620898} {1388075} [51978, 62701], *Es führt über den Main* {620553}, *Schwesterlein* {895158} [84765], *Gebet* (Herr schicke was du willst) {1629980} [66382] (Rechte bei Fidula), für zwei bis drei gleiche Stimmen, in: *Christopherus Chorbuch für Schulen*, hg. v. Karl Berg, Nr. 50618 (1969). Freiburg: Christopherus-Verlag

Volksliedsätze für Blockflötenquartett: *Es ist ein Schnitter, Es reiten itzt die ungrischen Husaren, Es kommt die Zeit zum Offenbaren, Es, es, es und es*, WK 9065 (2004). Remscheid: Waldkauz-Verlag

Volksliedsätze für Altblockflöte, Oboe und Bratsche: Es ist ein Schnitter, Es taget vor dem Walde, Ich spring in diesem Ringe, Es gingen zwei Gespielen gut, WK 7085 [1939/1942] (2004). Remscheidt: Waldkauz-Verlag, UA: Berlin 1942

Vier Flämische Volksliedsätze, für drei Blockflöten: *Er kwamen drie koningen*, in: *We maken muziek*, in Nr. 1 (*Muziek voor de stille Tijd*), *De mei plezant*, in Nr. 2 (*Lachend kommt de lente*), *Hier is onze fiere Pinksterblom*, in Nr. 3 (*Zomer is nu weergekomen*), *Wij zijen al bijeen*, in Nr. 7 (*Feest*). Deurne-Antwerpen: Volksdanscentrale voor Vlaanderen

Es sungen drei Engel {632021} [105276], {1445574} [47234] (Melodie 13. Jahrhundert), zwei dreistimmige Sätze, in: *Wir singen all*, Folge 8. Kassel: Eichenkreuzverlag

In einem kühlen Grunde {621204}, Lied mit zweistimmigem Satz (Text: J. v. Eichendorff) in: *Wir singen all*, Folge 11. Kassel: Eichenkreuzverlag

Verschiedenes

Zahlreiche Lieder und Einzelsätze für Chor in diversen Liederbüchern: *Nun wollen wir singen das Abendlied* (1951) {546493}, {1914844} [47731, 58706], *Es führt über den Main* {620553} [58706, 5559] (1952), *Herr, denk an uns hinieden* {1914873} [50986, 85023] (1952), *Die Erde kreist in alle Ewigkeit* {00620694} [88611, 53451, 80895] (1953) (als Schallplatte *Spiel mit auf der Gitarre*, Grammophon, 30375), *Ich sag ade* {1632660} [53452] (1954), *Wacht auf, der helle Tag* {1491106, 621873, 621885} [52054]

(1953/1966), *Herbei, ihr groß und klein* {938544} (1954) (beide auf der Schallplatte Elrec, Dortmunder Kanorei, Instrumentalensemble, Ltg. Gerhard Trubel, Castrop-Rauxel 1986), *Himmel und Erde* (1954), *Es geht ein dunkle Wolk herein* (Satz), in: *Komm mit ins klingende Neuland*, Nr. 1, hg. v. Jens Rohwer, *Verirrt*, in: *Komm mit ins klingende Neuland*, Nr. 2, hg. v. Jens Rohwer, *Wem Gott will rechte Gunst erweisen* {2176653} (Satz), in: *Komm mit ins klingende Neuland*, Nr. 4, hg. v. Jens Rohwer, *Ave Maria*, in: *Komm mit ins klingende Neuland*, Nr. 6, hg. v. Jens Rohwer, *Das neue Werk*, in: *Komm mit ins klingende Neuland*, Nr. 7, hg. v. Jens Rohwer (1954), *April* (Die Sonne leckt die Wiesen ab) {1461042} [57403] (1955), *Wohlan die Zeit ist kommen/Geh du nur hin* {1491101} [57405] (1955), *Der Nebel steigt* (1955), *Klingt im Wald ein Wiegenlied* (1955), *Aller Augen warten auf dich Herre* (Kanon und Quodlibet) {1914881} [59740] (1956), *Bunt sind schon die Wälder* {620567} (1959), *Hallo komm mit und tanz mit mir* {621253} [64729] (1963). Wolfenbüttel und Zürich: Möseler Verlag

Laßt uns singen mit den Vöglein im Wald {1284201}, *Hei so sausen* wir {621104} [50989, 59551] (Verwaltung der Rechte: Strube Verlag), *Aus tausend Traurigkeiten* {1629498}, *Der Winter ist vergangen* {1915757}, *In meinem Bauerngarten* {1629995} [66230], *Seid alle eingeladen* {1632653}, *Liebt euch auf Erden* {621638}, in: *Rundherum. Volksliederbuch für die evangelische Jugend*, hrsg. im Auftrag der Arbeitsgemeinschaft für Musik in der evangelischen Jugend von Erich Gruber, unter Mitarbeit von Herbert Beuerle, Felicitas Kukuck, u. a. (1956). Gelnhausen: Burckhardthaus-Verlag, Eichenkreuz-Verlag (Abdrucke)

Neue Sportlieder {622506}: *Auftrag* (Und Schwung und Schwung) {620466} (W. Fietkau), *Die Geschichte vom Segler Peter* {621030} (E. Bücken), *Gruß für Turner* (Von Parteien, Völkern, Rassen) {621085} (G. Valentin), *Kinder-Spiellied* (Spielen wir) {621463} [168445] (G. Valentin), *Sing mit* {622254}, *Turnen tut gut* {622671} [168445], *Die Welt ist rund* {623389} (A. Juhre), *Turner-Festlied* {622664}, n. Texten v. A. Juhre, G. Valentin, E. Bücken, W. Fietkau, in: *So kann das Spiel beginnen* (1973), zwei Lieder (*Turnen tut gut, Kinder-Spiellied*) auf Schallplatte: *So kann das Spiel beginnen*, Best.Nr. Pietbiet 1009. Telgte: Peter Janssens Musik Verlag

Zehn Lieder und Kanons auf Liedpostkarten (z. T. zu eig. Texten): *Im Grase* {621190} (J. Weinheber) (1953), *Aus tausend Traurigkeiten* (Kanon) {1629498} [66378, 85040] (L. Holzmeister) (1953), *Wechselnde Pfade* {1630103} [66207] (baltischer Hausspruch) (1954), *Herr Christe, komm in unsre Nacht* {1414011} [58693] (F. J. Weinrich) (1955), *Kindelein im Stall, Kanon resignandi* (Bekommst du einen Brief) {621356} [7230] (1961), *Sei willkommen, liebes neues Kind* (1963), *Armes krankes Lebewesen* (M. Kukuck) (1963), *Liebe ..., Geburtstagskind* (1963), *Tausend Dank* (M. Kukuck) (1963), (1953–1963). Boppard/Rhein: Fidula-Verlag

Zahlreiche Lieder, Kanons und Sätze, u. a. *Lobt Gott ihr Christen* {1259781}, für Klavier [47234], für zwei Streicher [58692], *Regen Regen immer immer Regen* {1630121} [58701] (Text: F. Kukuck) für zweistimmigen Chor (1955), *Bitte um Frieden* (Herr denk an uns hinieden) {1914873} [50986, 85023], *Maria durch ein Dornwald ging*

{1491104}, in: *Finkenbücherei: Inmitten der Nacht* (1956–1957); *Aller Augen warten auf dich Herre* (Kanon) {1914881} [59740], *Es steht ein goldnes Garbenfeld* {1914884} [59740], *Gott sta mi bi* {1632627} [59740], *Komm Herr Jesu sei unser Gast* {1630117} [59740], in: *Alle gute Gabe* (1956), M 91.901, *Als unsre Welt erschaffen war* {623449} [80179] (M. Kukuck), *Hei so sausen wir den Hang hinunter* {621104} [50989, 59551], in: *Von Winter, Eis und Schnee*, hg. v. M. Derlien, *Hoffen und Harren* (Kanon) {1914970}, in: *Das Karussel* (1952). Wolfenbüttel und Zürich: Möseler Verlag, Lieder, Kanons und Sätze in den Musizierblättern: *Seid alle eingeladen* {1632653} [64897], in: *Die Fidel 37*; *Ich danke meinem Gott* (Kanon) {1915001} [66376], in: *Die Fidel 38*; *Aus tausend Traurigkeiten* {1629498}, in: *Die Fidel 40*; Drei Vogelrätsel: *Hört ihr den Vogel schrein* {621141} [66221] (Kanon), *Kennt ihr dieses Vögelein* {621371} [66221] (Kanon), *Wer ist denn das* {623412} [66221] (Kanon) (1956), in: *Musisches Mosaik 11*, *Die Worte des Glaubens* {1916044} [66229, 85034], in: *Musisches Mosaik 4*; Drei Lieder, nach Texten von Weinheber: *Fuhrmannslied* (Hü Bräunl hü) {1914923}, für ein- bis zweistimmigen Chor [662230], auch für Singstimme und Klavier, für Streicher und Blokflöte, *Bauerngarten* {1629995} [66230], *Im Grase* {621190}, in: *Musisches Mosaik 5*; *Ihr kleinen Vögelein* {621186}, in: *Musisches Mosaik 13*; *Herr schicke was du willst* {1629980} [59552], *Musisches Mosaik 44*; *Komm Trost der Nacht* {1916045} [66383], in: *Musisches Mosaik 45* (1954), *Der Winter ist zu Ende* {623470} [66221], Satz für zwei Singstimmen und Instrumente (1956). Boppard/Rhein: Fidula-Verlag

Über die Heide {1285212}, in: *Liederbuch für Schleswig-Holstein* (1970). Wolfenbüttel und Zürich: Möseler Verlag

Neue geistliche Lieder: Der Worte sind viele {1345512} (Text: B. Venus) (1974), in: M 51.058. Wolfenbüttel und Zürich: Möseler Verlag

Das Gebet des Herrn (Vater unser) (1972), *Christus-Hymnus* (1975), in: *Gottes Volk geht nicht allein. Lieder für die Gemeinde heute* (1975). Hamburg: Friedrich Wittig Verlag

Lieder der Hoffnung {1246392}, nach Texten von B. Craxius: *Mitten in der Welt haben wir Angst* {1246369}, für Singstimme und Gitarre [97728], für drei gleiche Stimmen [97728], *Wir träumen von dem gelobten Land* {1246372}, für Singstimme und Gitarre [97728], *In unsern Nächten flieht uns der Schlaf* {1246376}, für Chor und Gemeinde [97728], *Herr, wir hören dein Wort* {1246478}, für Chor und Gemeinde [97728], *Herr, dein Licht im Stall ist längst erloschen* {1246378}, für zwei gleiche Stimmen [97728], *Haben wir das Kleid aus dem Ghetto denn schon abgestreift* {1246380}, für zwei gleiche Stimmen [97728], *Er wurde ganz arm in Stalle geboren* {1246482}, für dreistimmigen gemischten Chor [97728], *Wer führt uns noch einmal in die Arche* {1246385}, für drei gleiche Stimmen [97728], *Sollen wir noch Bäume pflanzen* {1246388}, für vierstimmigen gemischten Chor [97728], *Danach hab ich Sehnsucht* {1246390}, für Singstimme und Gitarre [97728], für drei gleiche Stimmen [97728], zehn neue geistliche Lieder für Chor, Instrumente, Gemeinde und Einzelgesang, M 28.419 (1980). Wolfenbüttel und Zürich: Möseler Verlag

Verzweifelte wir, Herr hilf uns leben in Hoffnung, Die Dornenkrone, in: *Du hast es mir ver-*

sprochen: Gebete und Lieder gegen die Angst (Texte: B. Cratzius) (1981). Stuttgart: J. F. Steinkopf Verlag

Sommerlied (Lasst uns singen, kommet all herbei) {1678053}, in: *Schokolade, Sandmann und Costa Pirania* (1983). Regensburg: Gustav-Bosse-Verlag

Lied von den vielen Wünschen (B. Cratzius), in: Barabara Cratzius: *Kinder im Kirchenjahr* (1984). Gießen/Basel: Brunnen Verlag

Zahlreiche Lieder und Liedsätze in *ars musica*: Bd. I (Singbuch): *Nikolaus, komm zu uns in Haus* (Kanon) {1915869} [48678, 84712, 85047], *Bunt sind schon die Wälder* (Kanon) {620567} [67195], *Bitte um Frieden* (Herr denk an uns hinieden) (Kanon) {1914873} [50986, 85023], *Die Erde kreist* {620886} [88611, 53451, 80895], *Himmel und Erde müssen vergehn* {1915952} [55785] (Kanon), *Es führt über den Main* {620553}, *Sommertanz* (Herbei ihr Groß und Klein) {938544} [54879]; Bd. II (Chor im Anfang, gem. Stimmen): *Draußen da wachsen blau Beern* (Satz) {1218077}, *Es dunkelt schon in der Heide* (Satz) {620898} {1388075} [62701], *Alle die mit uns auf Kaperfahrt fahren* (Satz) {620410} [80655], *Kennt ji all* (Von Herrn Pastor sin Ko) {1470350} [80655], *Nun ist dieser Tag vergangen* (Satz für dreistimmigen gemischten Chor){867166} (Komp.: H. J. Weber), *Nun wollen wir singen das Abendlied* (Satz) {546493} [52070], {1914844} [47731, 58706], *So treiben wir den Winter aus* (Satz) {622488} [72628], *Wacht auf wacht auf der helle Tag* (Text u. Weise) {1491106, 621873, 621885} [52054]; Bd. III (Chor im Anfang, gleiche Stimmen): *Es dunkelt schon in der Heide* (Satz) {620898} {1388075} [51978], *Es führt über den Main* (Weise u. Satz, Text ergänzt) {620553} [58706; 5559], *Hört ihr den Vogel schrein* (Kanon) {621141} [66221] (zwei Fassungen) (Rechte bei Fidula), *Trägt der Maciek* (Satz) {1054579} [1183], *Nun wollen wir singen das Abendlied* (Satz) {546493} [47729], {1914844} [47731, 58706], *Traritraro der Sommer der ist do* (Satz) {622650} [77192], *Draußen da wachsen Blaubeern* {1218077} (Satz), *Wacht auf wacht auf der helle Tag* (Text und Weise) {1491106, 621873, 621885} [52054]; Bd. IV (Chorbuch für gem. Stimmen): *Es führt über den Main* (Weise, Text ergänzt) {620553} [57398], *Nach grüner Farb mein Herz verlangt* (Satz) {738235} [84335], *Nun komm der Heiden Heiland* (Satz) {1414044} [58693]; Bd. V (Chorbuch für gleiche Stimmen): *Aller Augen warten auf dich Herre* (Kanon), *Früh wenn die Hähne krähn* (Weise u. Satz) {623245} [84047], *Zur Feier* (Einmal nur in unserem Leben) {623586} [80728], *Wanderspruch* (Herz, in deinen sonnenhellen Tagen) (Fassung: Toccata f. Tasteninstrumente u. zwei Chorgruppen) {621118?} [80728?], *Ich hab' die Nacht geträumet* (Weise u. Satz){621159}, *So treiben wir den Winter aus* (Satz) {622488} [80655], *Werkleute sind wir* (Weise u. Satz) {623419} [80728] {1692026} [48173], *Wie heimlicher Weise* (Weise u. Satz u. Cello) {1630040} [80728] {623455} [88611] (E. Möricke). Wolfenbüttel und Zürich: Möseler Verlag

Seid alle eingeladen {1632653}, Lied zu eigenem Text, in: *Wir singen all*, Folge 7. Kassel: Eichenkreuzverlag, Kassel

Manchmal kennen wir Gottes Willen {621725}, in: Edition VS 1671. München: Strube Verlag [vgl. Gustav Bosse Verlag]

Lieder-Werkverzeichnis 195

Manchmal kennen wir Gottes Willen {621725}, in: Edition VS 3122. München: Strube Verlag [vgl. Gustav Bosse Verlag]
Lieber Frühling in: *Kinder singt*, Nr. 12 (o. J.). Mainz: Verlag B. Schott's Söhne
Hei so sausen wir {621104} [50989, 59551], in: *Kinder singt*, Nr. 10 (o. J.). Mainz: Verlag B. Schott's Söhne (s. Burckhardhaus-Verlag)
Hü, Bräunl hüh, in: *Kinder singt*, Nr. 4 (o. J.). Mainz: Verlag B. Schott's Söhne

Unveröffentlichte Lieder

Klavierlieder

Datiert

Drei Klavierlieder, nach Texten deutscher Minnesänger des 12. und 13. Jahrhunderts: *Komm ach komm, Wenn in meiner Kammer* (v. Kürenberg), *Unter der Linde* (W. v. d. Vogelweide) (1950)
Sieben Drehorgelsongs für Singstimme und Klavier, nach Gedichten von Alfred Kerr: *Frage* (Steht das Dasein manchmal stille) {621010}, *Volkslied* (O grüne Zeit) {623264}, *Ungeduld* (Die Entwicklung schleicht so müde) {623164}, *Sterbelied* (Laß wenn ich tot bin Liebster) {622544}, *Fünfzig Jahre* {621021}, *Die Schlesische Wanduhr* {622207}, *Erkenntnis* (Alles in der Welten Lauf) {3439609} (sechziger Jahre)
Vierundzwanzig Drehorgelsongs für Singstimme und Klavier: *Die Erde kreist in alle Ewigkeit* {620694} (siehe Möseler), *Hallo komm mit* {621253} (F. Kukuck) (siehe Möseler), *Song von der Ware* (B. Brecht), *Die Sommerballade von der armen Louise* {622354}, *Jammerballade von einer alten Klempnersfrau* {620482}, *Ballade von der Selbsthilfe* {620496} (F. Villon), *An Margarethe* {620459} (H. v. Hofmanns-Walden), *Die Wette* {622528} (R. Friedenthal), *Schöpfungslied* (H. Heine), *Das verlassene Mägdlein* (Früh wenn die Hähne krähn) {623245} [80728] (E. Möricke), sieben Limericks: *Ein Tippfräulein tippte in Steinen* {621713}, *Der Außenseiter, St. Pauli* {622196}, *Schokoladen-Josefine* {622214} (F. Iskus), *Komödie in drei Küssen* {621578} (A. Rimbaud), *Das Hochzeitsbett* {621126} (Franz. Volkslied), *Vernunft der Liebe* (A. Puschkin), *Die Schöpfung des Weibes* (J. W. L. Gleim), *Das Lied des Lale aus Till Eulenspiegel* {621667} (H. Mautz) (1955–1968), als Schallplatte (Hilde Stoeck, Tom Tromnau, Hugo-Diestler-Chor, Ltg. Helmut Förster, Heinrich Stolte) mit 24 Liedern: Canon, Modern Music Records LP 20
Sechs neue geistliche Lieder für Singstimme und Klavier, nach Texten von A. Juhre, R. Schulz, M. Cammerer-George: *Weihnachtslied* (Es ward ein Kind geboren) {1745881}, *Gehen oder bleiben, Wir haben gehört* {1745887}, *Weihnachtspsalm* (Du hast dich in den Weg gestellt) {1745892} (A. Juhre), *Und lösten wir sämtliche Rätsel der Welt* (R. Schulz), *Kann sein er kommt gänzlich anders als du es dir denkst* (M. Cämmerer-George) (1975–1985)

Ich hab' im Traum geweinet {1656053}, zwölf Lieder für Tenor und Klavier, nach Gedichten von Heinrich Heine (1996)
Frühlingserwachen, zwölf Lieder für Männerstimme und Klavier, nach Gedichten von Gottfried Keller (1996)
Es mangelt nie Gelegenheit (8 Lieder): *Krieg und Friede* {4510667}, *Glauben* {4510670}, *Es mangelt nie Gelegenheit* {4510671}, *Frage* u. a. {4510675}, für Frauenstimme und Klavier, nach Sinngedichten von Friedrich v. Logau (1997)
Der Brief des Paulis an die Galater (Gnade sei mit euch) {4620479}, *Die Himmelsleiter* (Jakob zog aus von Beerscheba) {4601168}, für Singstimme und Orgel (1998)
Die Rache {4651869} (L. Uhland), für Singstimmen und Klavier (1998)
Die Himmelleiter (Text: 1. Mose 28, 10–12), für Singstimme und Tasteninstrument (1998)
Ich habe nichts getan (Text: Ali Saheli, a. d. Persischen), für Singstimme und Klavier (1998, Rechte-Inh. unbek.)
Schreie des Raben (Text: Li-Tai-Pe, Nachdichtung: Klabund), für Tenor, Flöte und Cello (1998)
Im Segel ein heißer Wind {4746653}, elf Lieder: *Zwei Welten, Das Licht, Wintersonne, Der Sekundenzähler, Innig, Ein neuer Morgen, Gefässe, ein Lachen, Das Feuer, Im Herbst, Zeitlos*, für Tenor und Klavier, nach Texten von Norman Alexander (1998)
123 weitere Lieder: *Regenbogentreppen* {4838874}, *Die Tangotänzer* {4838878}, *Auch deshalb* {4838880}, *Verklungen* {4838881}, *Über Jahr und Tag* {4838882}, *Hundewache* {4838883}, *Melancholie* {4838885}, *Tide* {4838886}, *Ein Wort* {4838887}, *Noch leben* {4838889}, *Herz des Himmels* {4838890}, *Gläser der Morgenröte* {4838892}, *Die Brücke* {4838894}, *Jeden Tag* {4838896}, *Eine Rose im Wind* {4838899}, *Refugum* {4838901}, *Hans im Glück* {4838902}, *Blaue Stunden* {4838904}, *Der Adler ist gelandet* {4838906}, *Zuversicht 1* {4838907}, *Zuversicht 2* {4838909}, *Nähe* {4838910} *Tanzend im Winde* {4838911}, *All das* {4838912}, *Wandlung* {4838914}, *Nachtwache* {4838915}, *Die Geburt* {4838916}, *Gold* {4838917}, *Alle Zeit* {4838918}, *Junges Blut* {4838920}, *Das gläserne Boot* {4838921}, *Und wiederum* {4838922}, *Das Siegel* {4838923}, *Madonna* {4838924}, *Der Clown im Winter* {4838925}, *Du und ich* {4838926}, *Wo der Nordwind* {4838927}, *Herbstgesang* {4838928}, *Nach der Ernte* {4838930}, *Das Salz der Erde* {4838931}, *Dann vielleicht* {5021974}, *Der Nebel von Astrachan* {5021975}, *Frühlingselegie* {5021977}, *Schwester der Wahrheit* {5021978}, *Windspiele* {5021979}, *Ohne ein Wort* {5021981}, *Weißer Traum* {5021982}, *Der Morgen* {5021983}, *Solitude* {5040419}, *Das Zerfallen* {5045102}, *Geisterstädte* {5045104}, *Du bist in meinen Adern* {5045105}, *An uns* {5047050}, *Suspension* {5047051}, *Reflektion* {5047052}, *Eiszeit* {5068178}, *Mit dir* {5068184}, *Regi Mortis* {5068185}, *Die Tauben Herzen* {5068193}, für Tenor und Klavier, nach Texten von Norman Alexander (1998–2000)
Zuhause {5021986} (L. Petzold), für Singstimme und Klavier (1999)
Tauflied {4961196} (H.-G. Meinhof), für Singstimme und Klavier (1999)
Morgengruß {5068188} (H.-G. Meinhof), für Singstimme und Orgel (1999)
Salomo (Verstummt sind Pauken) {4651873} (H. Heine), für Singstimmen und Orgel

Lieder-Werkverzeichnis 197

(1999)
Lieder über Geschichten aus der Bibel: *Zwei Wanderer* {4651877} (G. F. Hebbel), *Argwohn Josephs* {4652315} (R. M. Rilke), *Adams Opfer* (G. F. Hebbel), *Judaskuß, Fischlegende* (J. Klepper), für Singstimme und Klavier/Orgel (1999)
Promenade, Verlassene Küste, Der fremde Reiter, Worte, vier Lieder für Singstimme und Klavier, nach Gedichten von Karl Krolow (2000)
Kennst du das Gefühl, Lied für Singstimme und Klavier (zwei Fassungen), nach einem Text von Ulrike Schnieder (2000)
13 Goethe-Lieder: *An meine Lieder, Wer mit dem Leben spielt, März, Geheimnis, Offne Tafel, Mailied, Vom Vater, Wanderlied, Gartenhaus am untern Park , Beschildeter Arm, Die Lustigen von Weimar, Vor Gericht, An die Günstigen*, für Singstimme und Klavier, nach Gedichten von J. W. v. Goethe (2000)
Lieder in Kürze, 76 Lieder nach klassischen japanischen Gedichten (Haikus) zu den vier Jahreszeiten (4 Frühlingslieder f. Sgst. u. Klav. (2000), 2 Frühlingslieder für Sgst., Fl. und Klav. (2000), 54 Herbstlieder f. Sgst. u. Klav. [46 Gedichte, davon 39 einmal, 6 zweimal, 1 einmal komponiert]) (2000), zwei Winterlieder für Singstimme und Klavier (2000), 14 Winterlieder für Singstimme und Klavier (davon 1 Gedicht viermal komponiert) (2001)
Tomar schaltet sich ein, für Singstimme und Klavier (Fragment, Bezug: Th. Mann, Zusammenfassung einer Lesung) (Mai 2001)
Hamburg das Tor zur Welt (Text: D. Kukuck), für Solostimme und Klavier/Combo (1964)
In Hamburg sagt man Prost (Text: M. Johannsen), für Solostimme und Klavier/Combo (1994)
In Hamburg heißen alle Möwen Emma (Text: M. Johannsen), für Solostimme und Klavier/Combo (1994), für dreistimmigen gemischten Chor und Flöte (2000)
Hamburg im Gegenwind (Text: M. Johannsen), für Solostimme und Klavier/Combo (1994)
Blankenese im Fahrtwind (Text: M. Johannsen), für Solostimme und Klavier/Combo (Git. u. Akk.) (1994/2001)

Undatiert

Apfellied {1914897}, auch für Singstimme, Streicher und Blockflöte, *Es gingen zwei Gespielen* {1914931}, *Von erst so wolln wir loben* {1915771} (Satz), *Tanz mir nicht mit meiner Jungfer Käthen* (Satz) {1915774}, für Singstimme und Klavier
Gebet um Regen {1914909}, für Singstimme und Klavier (Text: M. Claudius) [als Chorfassung in *Nikolaus von Myra*, s. Fidula]
Fünf Lieder nach Gedichten aus der Romantik {1951658}: *Ich hab im Traum geweinet* {1656053} (H. Heine), *Lebewohl* {1951658}, *Das verlassene Mägdlein* (Früh wenn die Hähne kräh'n) {623245} [80728] (E. Möricke), *Ich hab' die Nacht geträumet* {621079} [80728] (Volksliedtext), *Der Spinnerin Lied* (Es sang vor langen Jahren) {620694} (C. v. Brentano) (vermutl. fünfziger u. sechziger Jahre)

Fünf Lieder für Singstimme und Klavier, nach Texten von Theodor Storm {1656002}:
Die Zeit ist hin {623541}, *Trost* (So komme was da kommen mag), *Gode Nacht* (Över de stillen Straten), *Wohl rief ich sanft dich an mein Herz, Beginn des Endes* (Ein Punkt nur ist es), *Wohl fühl ich, wie das Leben rinnt*

Zwölf Lieder für Singstimme und Klavier/Blockflöte/Flöte/Oboe/Metallophon zu verschiedenen Anlässen (Hochzeit, Taufe etc.): 1. Klavier: *Der Herr des Tanzes* (aus dem Engl. v. M. Johannsen), *Wiegenlied einer alten frommen Magd* (aus: *Des Knaben Wunderhorn*), Zwiegesang aus dem Hohenlied Salomonis (Tenor, Sopran, Tasteninstrument, Bongos): *Die Stuten von Pharaos Festwagen* {3298218} (M. Hausmann), *Song des Paris* {1857526} (H. Steiner), *Ich ziehe selbst den Wagen, Hier kommt kein Schiff vorüber* (A. Juhre), *Jeden Tag* (Zwischen Krieg und Frieden) {1345514}, *Wenn das Kind schläft* (M.- L. Kaschnitz, aus *Kassandra*); 2. Blockflöte: *Tanz der Götter* (Li-Tai-Pe/H. Bethge) (Alt-f-Blfl. und Ob. od. Klav.); 3. Metallophon: *Die linden Lüfte sind erwacht* (L. Uhland), *Frühling läßt sein blaues Band* (E. Mörike); *Lustge Vögel in dem Wald* (J. v. Eichendorff)

Drei Lieder nach Texten von Ute Ohlen: *Der Abend* {599559}, *Aurora* {459562}, *Spur im Sand* {4599564}

Gitarrenlieder

Weihnachtslied für Singstimme und Gitarre (Text: Th. Storm)
Fairy Song aus *A Midsummer nights dream* {1592405} (Text: W. Shakespeare) für Tenor und Gitarre
Drei Lieder für Männerstimme und Gitarre, nach Gedichten von Kurt Marti: *Erstes Lied für die Erde, Familiäres Lied zum 5 Gebot, Wütendes Liebeslied* (1992)

Andere solistische Lieder

Datiert

Fünf Lieder {1285217}, für Bariton und Streichtrio (auch Ob., Va. u. Vlc.), nach Texten von Th. Storm: *Meeresstrand* (Ans Haff), *Weiße Rosen* (Du gehst an meiner Seite hin), *Februar* (Im Winde wehn die Lindenzweige), *Über die Heide, Hyazinthen* (Fern hallt Musik) (1950/1979) [s. *Neue Stormlieder* f. gem. Chor bei Möseler {1285212, 1621620} [98932]]
Trompetenlieder, nach Texten von M. Häussermann, für Singstimme oder Trompete und Klavier (1960)
Fünf Lieder über Josua, die zur langen Polonaise gesungen werden sollen, für Solostimme und Gitarre oder Fideln (Text: F. Iskus, R. Schulz) (1972)
Weihnachtsgeschichte in Liedern nach eigenen Texten {1345521}, Fassung für Singstimme und Orgel, Singstimme und Fideln, Singstimme mit Orff-Instumenten, *Alsterdorfer Fassung* mit Antiphon für gemischte Stimmen, Geige, Bratsche, Cello, Xylophon (1972) (Chorfassung u. Gitarrenfassung bei Möseler) (1975)

Lieder-Werkverzeichnis

Es geht ein dunkle Wolk herein. Meditation über das Lied für eine kleine Fidel in *d* (und *Seit der Himmel sich trübt,* aus: *Das Paradies)*
Fünf plattdeutsche Weihnachtslieder, für Singstimme und Orgel (Text: H. Wichmann) (etwa 1975)
Ostergeschichte in Liedern {1393254}, für eine Singstimme und Orgel, zu eigenen Texten (1980) (Chorfassung bei Möseler)
Passionsgeschichte in Liedern {1560551}, für Männerstimme und Orgel, zu eigenen Texten (1987) (Chorfassung bei Möseler)
Acht Liebeslieder {4501512, 3310533}: *Die letzte Seerose, In deinem Lächeln, blau vergraben, Und pfeift auf die Welt, Meine Liebe war eine Feder, Bruchstück, Treibhaus, Geliebter Katz, Oktoberlied II* (Von Zeit zu Zeit) {3310530}, für drei Solostimmen (SSA), nach Texten von M. Johannsen (1987) (Gitarrenfassung v. 6 Liedern bei Möseler) (frühe neunziger Jahre)
Abendmahlslied zu Weihnachten, für Tenor und Orgel (Text: J. Klepper) (1992)
Die Ausgegrenzten, Song in zwölf Strophen, für Singstimme, zwei Geigen und Cello, für ein Theaterstück von U. Ohlen (1992)
Sechs weltliche und geistliche Lieder, für Singstimme und Orgel, nach deutschen Gedichten: *Wessobrunner Gebet* (A. Gryphius, 8. Jh., hochdt. Text: H. Naumann)
Die Schritte {4595709} (Tauflied v. A. Goes) u. a. (1997)
Das Lamm und die Wolke {4595716}, Kinderlied mit leichtem Klaviersatz (Text: M. Johannsen) (1998)
Der Tanz auf der Wolke, für Tenor, Flöte und Cello (Text: Li-Tai-Pe, dt. Nachdichtung: Klabund) (1998)
Kein Strohhalm {5068186} (Text: M. Johannsen), für Flöte und Oboe (1999)

Undatiert

Leise hauchst du ins Holz, für Sopransolo und Altblockflöte (Text: Joh. Linke)
Apfellied {1914897}, für Singstimme, Streicher und Blockflöte
Da war eine Frau, die Kuchen backen wollt {1914899}, für Singstimme, zwei Violinen, Viola und Violincello
Der Kuckuck ruft {1678692}, für Singstimme und Klavier, für Singstimme und Streicher, für Singstimme und Blockflöte
Gebet um Regen {1914909} (Text: M. Claudius), für Singstimme und Klavier, für Singstimme, Streicher und Blockflöte [als Chorfassung in *Nikolaus von Myra,* s. Fidula]
Lasst uns singen mit den Vöglein im Wald {1284201}, für Singstimme und Klavier/ Streicher/Blockflöte
Flötenlieder {1491108}, für Singstimme, Flöte und Klavier (Text: B. Götz): *Frost, Wende des Sommers, Morgenruf*
Das Miserere der Engel, nach einem Text v. Peter Weiß (aus: *Mockingpott),* für Singstimme, Gitarre und Flöte

Weltliche Chorlieder

Datiert

Fünf weltliche Lieder, für gemischten Chor (SATB): *Mandelzweig* {2012205} (auch für Sgst. u. Git.) (S. Ben-Chorin), *Wiegenlied* (Singet leise) (C. v. Brentano), *Ich ging im Walde so für mich hin* (SSA) (J. W. v. Goethe), *Allen Bruder sein* (Ch. Morgenstern), *Das will ich mir schreiben in Herz und Sinn* (Volksspruch), *Im Wattenmeer* {621198} (m. Klavier od. Drehorgel) (Ch. Morgenstern) (1960–1970)

Piff paff poltrie und die schöne Katrinelje, Kreisspiel für Kinder, für einstimmigen Chor und Gitarre (1964)

Eichendorff-Lied *Wem Gott will rechte Gunst erweisen* {2176653} (1970)

Sieben neue Lieder, für einstimmigen Chor (davon drei m. Gitarrensätzen), nach Texten von B. Cratzius: *Wer bringt dem Kind das Lachen bei, Die Bäume wollte ich dir vererben, Glühst du Erde schon, Hol deine Leier David spiel, Lied vom Fischen, Lied vom Friedensschiff, Verzweifelte wir* (1975)

Tauflied, Kein Paradies (Text: L. Zenetti), für drei Stimmen a cappella (1979)

Acht Liebeslieder {3310533}, für drei Frauenstimmen a cappella (Text: M. Johannsen) (1987) [s. 22 Klavierlieder]

Drei Lieder für vierstimmigen Chor (SATB), nach Gedichten von K. Marti: *Abendlied, Zweites Lied für die Erde, Kinderlied* (1992)

Wie ein Morgen, der sich lösend bindet (Text: L. Holzmeister), dreistimmiges Lied zum Tode von L. Holzmeister (1994)

Singen auf bewegter Erde {4194427}, zehn Lieder für vierstimmigen Chor (SATB), nach Gedichten von A. Juhre: *Was Frieden heißt, Es ist noch nicht entschieden, Abendlied/Es bleibt dabei, Morgenlied/Es ist soweit, Singen, um gehört zu werden, Wir stehn auf dünner Erdenhaut, Worauf warten wir, Was tun wir hier auf diesem Stern?, Was haben wir zu sagen, Den Boten sei Dank* (1996–1997)

Du gabst mir Augen, Herr, vier Lieder für vierstimmigen Chor (SATB), nach Gedichten von A. Juhre: *Du gabst mir Augen, Herr, damit ich sehe, Wächterlied, Glaube den Glauben, der Berge versetzt, Auf Erden Gast sein* (1996–1997)

Zehn Weihnachtslieder für Chor (SATB), nach Texten von A. Juhre: *Zweiter Advent, Hirtenlied, Weihnachtspsalm, Altes Marienlied, weiter gesungen, Erinnerung, Kaschubische Weihnachtskrippe, Geburt im Stall, Es ward ein Kind geboren, Wir haben gehört* {1745887} (1996–1997)

Der Regenbogen, 28 Lieder für vierstimmigen gemischten Chor (SATB), nach Gedichten von E. Köhne (1997)

Drei Rilke-Lieder: *Herbsttag* {4510660}, *Der Panther* {4510665}, *Die Sonette an Orpheus* {4510663}, Lieder für vierstimmigen Chor (SATB) (Rainer-Maria Rilke) (1997)

Verschweigen wir, was uns verwehrt ist (Komm in den totgesagten Park) {4512013}, *Es lacht in dem steigenden Jahr dir* {4512011}, zwei Lieder für vierstimmigen gemischten Chor (SATB) (Stefan George) (1997)

Lieder-Werkverzeichnis

Fernöstliche Weisheiten {4586040}, 30 kurze Lieder für Chor (SATB) und Klavier/Orgel (Vorspiele): *Würden die Menschen danach streben* {4585927} (Konfuzius), *Fordere viel von dir selbst* {4585954} (Konfuzius), *Achtet mich, wenn ich arbeite* {4585962} (Tagore), *Wer ruhig leben will* {4585966} (Cho-Wen-Chuen), *Ein Wort, das in ein Amt* {4585972} (Tagore), *In allem nur den Vorteil* {4585976} (Konfuzius), *Ein Boot* {4585980} (Cho-Wen-Chuen), *Wer auch in hoher Stellung* {4585982} (Wen Tse), *Die Blumen* {4585983} (Tagore), *Güte in den Worten* {4585986} (Laotse), *Wenn die Menschen* {4585989} (Konfuzius), *Besser als einer* {4585993} (Laotse), *Sobald die kleine Quelle* {4585996} (Konfuzius), *Wahrlich* {4585999} (Konfuzius), *Nicht die Gabe* {4586002} (Laotse), *In einem guten Wort* {4586015} (Konfuzius), *Die bestverschlossene Tür* {4586018} (Laotse), *Jugend ist Tollheit* {4586022} (Kung-Fu-Tse), *Der Trieb zum Guten* {4586024} (Meng-Tse), *Der Hunger* {4586027} (Le Yue), *Das Juwel* {4586028} (Kung-Fu-Tese), *Gold* {4586030} (Tagore), *Einem Auge* {4586031} (Konfuzius), *Begrenzt* {4586032} (Laotse), *Liebe* {458603} (Meng Tse), *Der Geist* {4586035} (Tschu-Li), *Der Narr* {4586036} (Laotse), *Menschenliebe* {4586037} (Konfuzius), *Wer lächelt* {4586039} (Li Yue) (1998)

Undatiert

Es freit ein wilder Wassermann (Lilofe), neue Weise zur alten passend
Drei Laub auf einer Linden {1161938}, *Jetzt fängt das schöne Frühjahr an* {1536452}, für zweistimmigen Chor [s. Moeck]
Lasst die blaue Flagge wehen {1914928}, *Es fuhr ein Bauer ins Holz* {1915755}, *Der Winter ist vergangen* {1915757}, für zweistimmigen Chor
Das neue Werk {1915842} (Lasst uns den neuen Bau beginnen) (Text: W. Teich)
Mädchenlieder, nach Gedichten von Th. Storm: *Einen Brief soll ich schreiben* {1237289}, *Elisabeth* {1237298}, *Lied des Harfenmädchen* {1237301}, *Verirrt* {1237307}, für vierstimmigen gemischten Chor [Fassung f. Frauenstimme u. Klav./Git., s. Möseler]
Bekränzt mit Laub den liebevollen Becher (Rheinweinlied) (Text: M. Claudius), für vierstimmigen Chor a cappella
Drei Weinlieder für vierstimmigen gemischten Chor (SATB): *Was ist das Leben, da kein Wein ist* {623270} (aus: Sirach 32), *Der Rausch* {622156} (Li-Tai-Pe), *Kommt her, laßt uns Wein holen* (Kanon) {621526} (Jes. 56, 12)

Geistliche Chorlieder

Datiert

Vier Psalmvertonungen (Psalm 67 *Gott sei uns gnädig und segne uns,* Psalm 86 *Herr neige deine Ohren,* Psalm 98 *Singet dem Herrn ein neues Lied,* Psalm 139 *Herr du erforschest mich*) und Vaterunser, für einstimmigen gemischten Chor (1972/73)
Das Glaubensbekenntnis der Dorothee Sölle für Gemeinde und Chor (SATB) (1978)
15 neue geistliche Lieder, für gemischten Chor (SATB od. SAB od. Chor für gleiche Stimmen SSA), nach Texten von H. Wohlgemut, R. O. Wiemer, W. Willms,

A. Juhre, K. Rommel, B. Cratzius sowie nach biblischen Texten: *Und das nicht nur zur Weihnachtszeit* {2054911}, *Wer nach Bethlehem fliegen will* {1745897}, *Sie gehen durch den Garten, Golgatha* (Dein Tod hätte genügen sollen) {2047505}, *Da wächst eine Wand aus Stein* {2054914} (auch: zweistg. gem. Ch. u. Orgel), *Du sagst zu mir ich solle ruhig bleiben* (H. Wohlgemut), *Ihr Hirten kommt und lacht* (R. O. Wiemer), *Passionslied* (Wir schlugen ihn) (mit drei Trompeten) (W. Willms), *Wo und wann fängt das Leben wirklich an?* (Kanon), *Wir haben gehört* {1745887}, *Weihnachtspsalm* (Du hast dich in den Weg gestellt) {1745892}, *Es ward ein Kind geboren* (SSA), *Geburt im Stall, Stadtrand* {1345497} [91852] (A. Juhre), *Wir wissen nicht was kommt* (SAB) (K. Rommel), *In der heiligen Nacht* (SSA), *Wer bringt dem Kind das Lachen bei* (SSA), *Weihnachtslied, Osterlied* (Cratzius), *Lebt in der Liebe* (Epheser 5,2), *Cantate domino* (Text: aus dem 17. Jh.) (1978–1997)

Hochzeitslied aus dem Hohenlied Salomonis, für Chor (SATB), Nachdichtung von M. Hausmann (1980)

Acht Lieder, für einstimmigen Chor mit Generalbaß oder zweistimmigen Chor, nach Texten von A. Juhre, L. Petzold: *Sing nicht so schnell dein Glaubenslied* {622254}, *Friedenslied, Fürbitte-Lied, Wir haben gehört* {1745887}, *Weihnachtspsalm* (Du hast dich in den Weg gestellt) {1745892}, *Es ward ein Kind geboren* (A. Juhre), *Gesang aus der Arche, Nehmet einander an* (L. Petzold) (Lied zum Motto des Dt. Ev. Kirchentages 1993) (1980–1992)

Sechs Lieder für vierstimmigen Chor (SATB) zum Thema *Weihnachten auf der Erde*, nach Gedichten von Jochen Klepper: Weihnachtslied: *Die Nacht ist vorgedrungen*, Weihnachtslied: *Sieh nicht an, was du selber bist*, *Weihnachtskyrie, Abendmahlslied zu Weihnachten, Weihnachtslied im Kriege*, Weihnachtslied: *Wo warst du Herr vor dieser Nacht* (1993)

Und wenn diese meine Haut zerschlagen sein wird (Hiob), für vierstimmigen gemischten Chor (SATB) (Motto über Nelly Sachs: *O die Schornsteine*) (Mitte neunziger Jahre)

Kanons

Datiert

Weltliche Kanons zu verschiedenen Anlässen: *Immerdar enthüllt sich das Ende als strahlender Beginn* (Text: W. Bergengruen) (1965), *Du sehnst dich weit hinaus zu wandern* (Text: J. W. Goethe), *Hab ich lieb so hab ich Not, Vom Himmel kommt es* (Text: J. W. Goethe), *Man sieht die Blumen welken* (Text: J. W. Goethe), *Herz mein Herz sei nicht beklommen* (Text: H. Heine), *Über Rosen lässt sich dichten* (Text: J. W. Goethe), *Wo kämen wir hin*, zwei Kanons zu drei Stimmen (Text: Kurt Marti) (1998), *Sine Musica nulla vita, Nicht müde werden* (Text: H. Domien), *Der Größte unter uns soll sein wie der Jüngste, Als wir noch in der Wiege lagen* (Schüttelreim), *Dreißig Jahre lang ist es her am Hang* (Text: J. Beimfohr), *Hallo hallo H. O., 10 Jahre Fidula, Für USA* (1982)

Kanons für den Gottesdienst: *Es ist nichts Besseres* (1966), drei Kanons zu den Gleichnissen Jesu {1497097}: *Liebe deinen Nächsten, Du Narr* (1982), *Wer da hat, dem wird gegeben, Glücklich die Frieden machen* (1983) {1621018}, *Kanon zum Gottesdienst* {1846959}, *Wenn doch auch du erkenntest* (1985), *Ich lasse dich nicht* (1984), *Erkenne mich, mein Hüter, Gott, meine Zeit steht in deinen Händen, Wir säen unsre Saaten mit Tränen* (Kanon) (Text: B. Cratzius) {1496515}, *Mache dich auf, werde Licht, Wir sehen mit sehenden Augen* (Kanon) (1984) {1695341}, *Ich lasse dich nicht* {1695346}

Undatiert

In Hamburg, da lebten zwei Ameisen {1632652} [49992] (Text: J. Ringelnatz), Kanon für einstimmigen Chor

Kantaten und Motetten

Datiert

Weihnachtsmusik {1445590}: *Es sungen drei Engel* {632021} [105276], {1445574} [47234], *Joseph lieber Joseph mein, Lieb Nachtigall, Vom Himmel hoch o Englein kommt, Was soll das bedeuten, Laufet ihr Hirten, Kommet ihr Hirten* {1445587}, *Die Engel, Kindelwiegen, Die Hirten*, für dreistimmigen Frauenchor, Violine, zwei Violen und Blockflöte [85042] (1947)

3 Flötenlieder {1491108}, für Singstimme, Flöte und Klavier (Text: B. Goetz) (1954)

Kinderlieder-Kantate {621388}, 14 Kinderlieder: *Alle meine Entchen, Tuck tuck tuck, Zehn Gäns, Was haben die Gänse für Kleider an* {1915751}, *Kuckuck, Kuckuck, Auf unserer Wiese, Hop hopp hopp, Summ summ summ, Ei wie langsam, I fahr mit der Post, Iglein, ABC die Katze, Mäh Lämmchen mäh, Widewidehenne* (davon 13 traditionell) in Sätzen, für Singstimme und sieben Instrumente (versch. Orffinstr., Altbl.fl. u. Str.trio), (Text: R. Schaumann) (1966), auf Schallplatte Heliodor 2578010

Lieder aus dem Hohenlied Salomonis {1497104} *Kleines Hirtenlied* (Meine Seele verlangt), *Die Wächterin* (Mag ich auch braun sein), *Was zieht da durch die Steppe, Frühling* (Das ist seine Stimme), *Zwiegesang* (Die Stuten von Pharaos Festwagen), für ein oder zwei Singstimmen, zwei Oboen, Gitarre, Metallophon, Xylophon, Bongos, Tamburin, für gemischten Chor (1982) [davon: *Wächterlied* (Mag ich auch braun sein), für Solosopran und Klavier bei Möseler *Das Lied der Lieder, das man dem König Salomo zuschreibt* {1572890} [210096]]

Die Passionsgeschichte in Liedern {1928420}, zu eigenen Texten, Fassung für Singstimme und Orgel [s. Möseler: Fassung f. gem. Chor]

Undatiert

Weihnachtliche Musik für Kinder: *Kleine Adventskantate: O Heiland reiss die Himmel auf, Kindelein im Stall, Es sungen drei Engel, Nikolaus komm zu uns ins Haus* {1915869} [48678, 84712, 85047], für Chor, ein bis zwei Blockflöten, Xylophon und Glockenspiel

Siebensohn oder die Singerleinsage {1915799} (Text: G. Prox): *Das Singerlein-Lied* (Kommt ihr lieblichen Stimmen all) {621528}, *Das Loblied, Glockenspielweise des Mondmannes, Gesang der Bülltöchter,* für drei gleiche Stimmen und Glockenspiel
Das Paradies {622036} (neue vereinf. Fassung) (erste Fassung bei Fidula), Kantate mit 19 ein- und zweistimmigen Liedern für Chor, Gitarre, Xylophon, Trommel und Sprecher (etwa 1983)

Liedsätze

Sechs Volksliedsätze, für Singstimme und drei Instrumente: *Kuckuck hat sich zu Tode gefalln, Tanz mir nicht mit meiner Jungfer Käthen, Es sungen drei Engel, Es taget vor dem Walde, Zwei Gespielen, Schenkenbachs Reiterlied*
Fünf zweistimmige Volksliedsätze, für Singstimme und Alt-*f*-Blockflöte: *Es gingen zwei Gespielen gut, Drei Laub auf einer Linden, Der Jäger in dem grünen Wald, Ach Elslein, liebes Elselein, Jetzt gang i ans Brünnele* [s. Moeck, *Deutsche Volkslieder,* dort u. a. *Drei Laub auf einer Linden* {1161934} [48081], *Ach Elslein* {1632673} [48081], *Der Jäger in dem grünen Wald* {1914983} [48081]]
Volksliedersätze {1477513}, für dreistimmigen Frauenchor: *Es taget in dem Osten, Mit Lieb bin ich umfangen, Was wolln wir auf dem Abend tun* [s. Möseler]
Volksliedersätze {1915775} {1477513}, für dreistimmigen Frauenchor: *Ach Elslein, liebes Elslein* {1632673}, *Es gingen zwei Gespielen, Der Maien* (Viel Freuden mit sich bringet), *Jetzt gang i ans Brünnele, Kuckuck hat sich zu Tode gefallen, Mit Lieb bin ich umfangen, Was woll'n wir auf den Abend tun* [s. Hänssler]

Verschiedenes

Datiert

Die Prinzessin mit den klingenden Gläsern {622135} (zwei Fassungen), Musikalisches Tanzspiel für zwei Singstimmen, Sprecher und kleines Orchester (Texte der Lieder: H. Wichmann und F. Kukuck) (1962)
Die Verfolgung und Ermordung des Jean Paul Marat, Songs (Text: P. Weiß) (1964)
Jasons letzte Nacht, ein- und mehrstimmige Lieder sowie Tänze, für Singstimmen und Klavier (sowie Trommel u. Flöte), zu einem Stück von M.-L. Kaschnitz (etwa 1965)
The Only Jealousy of Emer, drei Lieder und ein Tanz, zu einem Theaterstück von W. B. Yeats (1968)
Musik zu *Die Blumen der kleinen Ida* {620523}: *Die Lerche* {621025} *Die Rose, Der Harlekin, Im Walde* {1632621}, für Klavier, zu einem Märchen von H. C. Andersen *Das Gänseblümchen* {621025} (1970), auf Schallplatte: Heliodor 25 78 007 [s. Furore Verlag]
Ewige Jokaste, Schauspiel mit Musik zu eigenen Text, darunter: *Das Lied* (W. v. d. Vogelweide), *Das Wiegenlied* (Eia Kindelein), *Die Improvisation* (1972)
Neue Sportlieder {622506}, Melodiestimmen mit Bez.: *Auftrag* (Und Schwung und Schwung) {620466} (W. Fietkau), *Die Geschichte vom Segler Peter* {621030}

Lieder-Werkverzeichnis 205

(E. Bücken), *Gruß für Turner* (Von Parteien, Völkern, Rassen) {621085}
(G. Valentin), *Sing mit* {622254}, *Die Welt ist rund* {623389} (A. Juhre), *Turner-Festlied* {622664} (G. Valentin) (1973)
Schritte und Stufen {1629896}, Musik zu einem Film von Michael G. Neubauer: *Ritornell, Meditation 1, Meditation 2, Abendmahlslied* {620880}, *Meditative Sequenz, Christe du bist der helle Tag* {546485}, Wiegenlied (Eia Kindelein) {546479}, *Kommt ihr Leut herbei herbei* (M. Johannsen), *Zwischen Krieg und Frieden* {1345514}, *Liebe deinen Nächsten* {1497097}, *Wer sein Leben verliert, Was ihr getan habt, Wir säen unsre Saaten* (Kanon) {1496515}, Psalm 117 {149651}, *Nun wollen wir singen das Abendlied* {546493}, *Befiehl du deine Wege* {489709}, für den Ev. Diakonieverein e. V. Berlin-Zehlendorf (1983)

Undatiert

Laternenlied {1915815} (Wir ziehn mit unsern Laternen) (Text: F. Kukuck)
Neues Schlagerlied (*Originell sein*) (Text: F. Kukuck)
Lieder und Liedentwürfe zu verschiedenen Themen: *Aus dem Himmel ohne Grenzen*
Eine Vielzahl von Liedern und Sätzen zu europäischen Volksliedern, zum Teil für Chor a cappella, zum Teil für Instrumentalbegleitung: *Es waren zwei Königskinder* (zwei Sätze), *Pierlala, Marsch der Könige, Nach grüner Farb mein Herz verlangt, Hab' meine Liebe wohl verborgen, Fällt ein Regen, Steige ich hinauf zur Bergeshöhe, Ach wie dunkel ist die dunkle Nacht, Mädel hast du hier Verdruß, Ich danke Gott und freue mich, Ich wollte mich zur lieben Maria vermieten* {1745878}, *Nun sagen wir euch allen ‚Gute Nacht* {621990}, und viele andere, für Instrumente ad libitum

XII. Abbildungsverzeichnis

Alle Originalfotos befinden sich im Besitz der Erbengemeinschaft Felicitas Kukuck.

Abb. 1:	Felicitas Kukuck mit Ende zwanzig (Foto: Privatbesitz)	19
Abb. 2:	Felicitas Kukuck mit Blockflöte (Foto: Fritz Kestner)	23
Abb. 3:	Felicitas Kukuck mit Fidel, siebziger Jahre (Foto: Rainer Tern)	25
Abb. 4:	Dietrich Kukuck, 1937 (Foto: Privatbesitz)	28
Abb. 5:	Felicitas Kukuck mit ihren vier Kindern und ihrer Mutter (Foto: Privatbesitz)	37
Abb. 6:	Felicitas Kukuck, Paul Hindemith und Kommilitonen, ca. 1937 (Foto: Privatbesitz)	44
Abb. 7:	Felicitas Kukuck, ca. fünfzigjährig (Foto: Thomas Kukuck)	56
Abb. 8:	Felicitas Kukuck am Klavier, fünfziger Jahre (Foto: Dietrich Kukuck)	59
Abb. 9:	Felicitas Kukuck am Klavier, ca. 1998 (Foto: Margret Johannsen)	64
Abb. 10:	Felicitas Kukuck, ca. 1982/83 (Foto: Gisela Sautter)	124
Abb. 11:	Felicitas Kukuck im Garten, 1998 (Foto: Margret Johannsen)	151

XIII. Struktur Material-CD-ROM

Das Problem der jüdischen Abstammung in antisemitischen Zeiten
Reichskulturkammerakte

Felicitas Kukuck als Schülerin von Paul Hindemith
Brief 31. August 1939
Brief 28. Dezember 1939
Brief 1. April 1984

Volkslieder
Klangbeispiel – Es führt über den Main
Noten – Es führt über den Main
Noten für Chor – Es führt über den Main
Brief 17. Juli 1979
Brief Antwort 17. Juli 1979
Brief 22. Februar 1984
Es führt über den Main – Zeichnung und Text

Religiöse Lieder
Brief 8. Februar 1976
Brief 11. Februar 1976
Manchmal kennen wir Gottes Willen
    Noten – Manchmal kennen wir Gottes Willen
    Noten für Chor – Manchmal kennen wir Gottes Willen
    Brief 24. Juni 1997
    Brief 27. Juni 1997
Ostergeschichte in Liedern
    Noten – Drittes Lied
    Brief 23. März 1978
    Brief 8. Mai 1978

Kinderlieder – Lieder für pädagogische Zwecke

Die Sintflut
   Noten – Lied von der Arche Noah
   Szenische Anweisungen zur Sintflut-Geschichte
Gib dem kleinen Stöffel
   Noten – Gib dem kleinen Stöffel
   Brief 20. März 2007
   Notiz Margret Johannsen 20. März 2007
Das Lamm und die Wolke
   Noten – Das Lamm und die Wolke

Songs

Klangbeispiel – Sterbelied
Noten – Sterbelied
Zeitungsartikel – Heinrich Stolte wird Drehorgelmann

Lieder zu Hamburg

Noten – Hamburg, das Tor zur Welt

Dichterlieder

Klangbeispiel – Die Nachtigall
Klangbeispiel – Meeresstrand
Noten – Die Nachtigall
Noten – Meeresstrand
Brief 16. September 1950
Brief 25. Januar 1953
Brief 20. April 1981

Liebeslieder

Klangbeispiel – Liebesnacht
Noten – Liebesnacht
Brief 23. Februar 1969

Struktur Material-CD-ROM

Brief 26. Februar 1982
Brief 1. März 1982
Brief 2. März 1982
Brief 28. Oktober 1982

Lieder zu Krieg und Frieden

Klangbeispiel – Kriegslied
Noten – Kriegslied
Worte von Felicitas Kukuck zu ihren Chorliedern

Lieder zum Holocaust

Klangbeispiel – Nimm hin mein Lied
Noten – Lied

Interview mit Margret Johannsen

Interview Teil 1
Interview Teil 2
Interview Teil 3
Interview Teil 4

XIV. Register

A

Adenauer, Konrad •142, 184
Antholz, Heinz •61, 62

B

Bach, Johann Sebastian •29, 59
 – Matthäus-Passion •70
 – Präludium und Fuge in c-Moll •47
Bacigalupo, Giovanni •107
Baerwolff •132, 188
Beethoven, Ludwig van
 – Klaviersonate in As-Dur •47
Ben-Chorin, Shalom •150, 185
Blaszke, Teresa •12
Blume, Friedrich •78
Brahms, Johannes •29, 59, 70, 177
Brecht, Bertolt •106, 116, 144
 – Dreigroschenoper, Die •106
Brentano, Clemens •116, 157, 185
Briner, Andres •44, 77
Bröck, Marianne •80
Bullerjahn, Claudia •10, 12

C

Celan, Paul •150, 185
Claudius, Matthias •144
 – Kriegslied •144–47
Cohnheim, Benjamin •27
Cohnheim, Dorothea (geb. Salomon) •27
Cohnheim, Elisabeth (später Kestner) •17, 18, 29, 79
Cohnheim, Eva (geb. Barth, später Kestner) • 17, 28, 34, 35, 39, 40, 69, 175, 180
Cohnheim, Fanny Martha Therese (geb. Lewald) •27, 175
Cohnheim, Felicitas Siehe Kukuck, Felicitas
Cohnheim, Fritz (später Kestner) •17, 24, 28
Cohnheim, Heidi (später Kestner) •28
Cohnheim, Otto (später Kestner) •27, 28, 34, 35, 175, 180

D

Distler, Hugo •60–63, 71, 107
Drewermann, Eugen •181

E

Eichendorff, Joseph von •116, 157, 165, 185
Exter, Ruth •17, 22, 27, 41, 54, 55, 59, 60, 65, 88, 117

F

Feilchenfeld, Elisabeth (Anna Pastor) •31, 32, 176
Fichman, Lejser •151
Förster, Helmut •107
Franck, Karl •132, 189
Freud, Sigmund •132, 188
Friedel, Claudia •20, 21, 33, 35
Fromm-Michaels, Ilse •164

G

Genzmer, Harald •44, 47
Gerigk, Herbert •32
Gerteis, Eva-Maria •23, 25, 41, 72
Goethe, Johann Wolfgang von •116
Grieg, Edvard •45
Grodzicki •132, 188

Gröger, Gabriele •80
Gurlitt, Wilibald •106

H

Hausmann, Manfred •107, 137, 139
 – Lied der Lieder, Das •133–36
Heine, Heinrich •116
Hensel, Walther •61
Herrmann, Ursula •61
Hildebrandt, Irma •19, 98, 111
Hindemith, Paul •10, 13, 18, 20, 35, 43–48, 49–52, 52–56, 59, 60, 61, 65, 75–77, 82, 88, 98, 159, 163, 164, 175, 181
 – Marienleben, Das •75
 – Unterweisung im Tonsatz. Theoretischer Teil •54
 – Wir bauen eine Stadt •98
 – Zweite Sonate für Klavier •47
Hoffmann, Freia •39
 – Instrument und Körper •36–37
Holst, Ortwin von •67
Holtbernd, Barbara •85
Homann, Klaus •131, 188
Husmann, Matthias •134

I

Iskus, Franz •107

J

Jöde, Fritz •61
Johannsen, Margret (geb. Kukuck) •10, 12, 14, 22, 23, 25, 26, 27, 28, 34, 38, 39, 40, 51, 64, 66, 68, 69, 70, 71, 73, 74, 75, 79, 82, 84, 85, 95, 96, 101, 103, 111, 112, 119, 126, 130, 131, 132, 133, 142, 144, 150, 151, 156, 157, 162, 165, 166, 176, 179–90
Jost, Peter •60, 75
Juhre, Armin •86
Jussenhoven •136

K

Keetmann, Gunild •165
Keppler, Gerlinde •87
Kerr, Alfred •107, 108, 109
Kestner, Elisabeth Siehe Cohnheim, Elisabeth
Kestner, Eva Siehe Cohnheim, Eva
Kestner, Felicitas Siehe Kukuck, Felicitas
Kestner, Fritz Siehe Cohnheim, Fritz
Kestner, Heidi Siehe Cohnheim, Heidi
Kestner, Otto Siehe Cohnheim, Otto
Klabund •144
Kohlhase, Hans •49, 55, 76, 163, 164
Krabiel, Klaus-Dieter •50
Kühn •32
Kukuck, Dietrich •21, 23, 29, 30, 31, 37, 63, 84, 101, 110, 112, 126, 130, 131, 144, 150, 176, 177, 181, 186, 187, 188
Kukuck, Fabian •96, 103
Kukuck, Felicitas (geb. Cohnheim, später Kestner)
 – ...und kein Soldat mehr sein. 10 Lieder gegen den Krieg •143–49, 160, 185
 – An meine Landsleute •143
 – Auf dem Schlachtfeld •143
 – Befriedigung •143
 – Für dich Kleines •143
 – Hiroshima •143
 – Kriegslied •143, 144–49, 159
 – Manöverplatz •143
 – müde Soldat, Der •143
 – Postkarte an junge Menschen •143
 – Stundengebet •143
 – Acht Liebeslieder •130
 – Allein zu Dir Herr Jesus Christ •23
 – Blankenese im Fahrtwind •111
 – Bremer Musikantenfibel, Die •25
 – De profundis •57, 150, 185
 – Du hast es mir angetan •130
 – Ecce Homo. Die letzten Tage des Jesus aus Galiläa •57, 74, 150, 183
 – Eia Kindelein •95, 180
 – Einführung in die Grundkenntnisse der Musik •24

Register

- Es führt über den Main eine Brücke von Stein •58, 75, 79–83, 88, 184
- Fidelbogen, Der •25
- Gib dem kleinen Stöffel einen blanken Löffel •96, 101–3, 112
- Gottesknecht, Der •57, 94
- Hamburg im Gegenwind •111
- Hamburg, das Tor zur Welt •112–15, 186
- Hei, du rabenschwarze Stute •95
- In Hamburg heißen alle Möwen Emma •111
- In Hamburg sagt man Prost •111
- Josef und seine Brüder •95
- Klagelieder Jeremias •57
- kommende Reich, Das •57
- Lamm und die Wolke, Das •96, 103–6
- Lieder der Verlassenen •188
- Lieder im Volkston •116
- Mädchenlieder •116
- Manchmal kennen wir Gottes Willen •84, 86–89, 159
- Mann am Weiher, Der •133, 189
- Mann im Spiegel, Der •132, 189
- Mann Mose, Der •57, 64, 74, 106, 183
- Mariae Verkündigung •57
- Nun schlaf mein liebes Kindelein •95, 180
- O der weinenden Kinder Nacht •150
- O die Schornsteine •150
- Ostergeschichte in Liedern •84, 89–94, 159
  - Drittes Lied •89–94, 160
- Paradies, Das •95
- Psalm •150
- rote Meer, Das •95
- Sieben Lieder zu Gedichten von Selma Meerbaum-Eisinger •151–57
  - gelben Astern ein Lied, Den •151
  - Lied •152–57
  - Regenlied •152
  - Schalflied für dich •152
  - Schlaflied •151
  - Schlaflied für mich •152
  - Wiegenlied •152
- Sintflut, Die •84, 95, 97–101, 159, 160
  - Ansingelied •97
  - Aussendung der Taube •97
  - Auszug aus der Arche •97
- Flutkanon •97
- Lied von der Arche Noah •97, 98–101
- Lied von der Errettung •97
- Loblied •97
- Regenbogenlied •97
- Sterbelied •108–10
- Storm-Lieder I •116–19, 119–24, 129, 160
  - In der Frühe •117
  - Käuzlein •117
  - Mai •117
  - Nachtigall, Die •117, 118, 159, 186
  - Oktoberlied •117
- Storm-Lieder II •116–19, 160
  - Abseits •118
  - Meeresstrand •118, 124–29
  - Stadt, Die •118
  - Über die Heide •118
  - Weihnachtslied •118
- Todesfuge •150
- Und es ward: Hiroshima. Eine Collage über Anfang und Ende der Schöpfung •58, 74, 183
- Vier Lieder für Sopran und Klavier nach Texten aus dem Hohelied Salomonis •133–42, 160
  - Lechzende, Die •133
  - Liebesnacht •133, 136–41
  - Traum, Ein •133
  - Wächterin, Die •133
- Von der Barmherzigkeit •74, 183
- Wer war Nikolaus von Myra? Wie ein Bischof seine Stadt aus der Hungersnot rettete und vor dem Krieg bewahrte •58, 74, 183
- Zehn Liebeslieder •130

Kukuck, Irene Siehe Leis-Bendorff, Irene
Kukuck, Jan •21, 22, 23, 31, 38, 39, 40, 51, 70, 71, 95, 96, 101, 126, 130, 165, 176, 179–80, 181, 186, 187, 188, 190
Kukuck, Margret Siehe Johannsen, Margret
Kukuck, Thomas •22, 23, 38, 39, 40, 51, 59, 69, 70, 71, 95, 96, 101, 126, 130, 165, 176, 179–80, 181, 186, 187, 188, 190
Kunert, Günter •143

L

Laage, Carl •118
Lamerz, Monika •24, 25, 161
Landahl, Heinrich •28
Lehmann-Grube, Gudula •151, 185
Leis-Bendorff, Christoph •69, 73, 101, 180, 182
Leis-Bendorff, Irene (geb. Kukuck) •22, 23, 38, 39, 40, 51, 70, 71, 95, 96, 101, 126, 130, 165, 176, 179–80, 181, 186, 187, 188, 190
Lemmermann, Dirk •60, 61
Lewald, Otto •27
Lichtwarck, Alfred •18
Lohmeier, Dieter •117, 120, 125
Loos, Ulrike •11, 42
Luserke, Martin •175

M

Maack, Lulu (genannt Lolo, geb. Becker) • 131, 187, 188
Marti, Kurt •86
Meerbaum-Eisinger, Selma •151, 152, 154, 156, 185
Morgenstern, Christian •107, 116
Mörike, Eduard •107, 116, 157, 185
Möseler, Karl-Heinz •136
Mozart, Wolfgang Amadeus •29, 59

O

Oster, Martina •57, 72

P

Pailer, Wolfgang •64, 182
Peiter, Thomas •107
Philipp, Beate •34, 36, 41, 45, 66, 67, 73, 85, 90

Puschkin, Alexander •107

R

Reinacher, Eduard •76
Reizenstein, Franz •45
Rexroth. Dieter •44, 77
Rieger, Eva •57, 66, 67, 68, 72
Rilke, Rainer Maria •75, 116
Rimbaud, Arthur •107
Rübben, Hermann Josef •67, 78

S

Sachs, Nelly •150, 185
Sautter, Gisela •135
Scheck, Gustav •20, 175
Scheunert •132, 188
Schick, Philppine •164
Schmidt, Rudolf •47
Schmieden, Toni •189
Schubert, Franz •29, 59, 70
Schubert, Giselher •43, 44, 46, 47, 50, 51, 53, 54, 75, 76, 77
Schütz, Heinrich •60
Seitz, Robert •98
Serke, Jürgen •151, 153
Sieg, Christina •10
Storm, Theodor •116–19, 120, 121, 124, 125, 126, 128, 129, 156, 185, 186

T

Tern, Rainer •26
Thieringer, Susanne •11
Thomas, Kurt •30, 60, 70
 – *Markus-Passion* •70
 – *Messe in a-Moll* •70
Töpel, Michael •60, 61
Twittenhoff, Wilhelm •78